2024

法考30天快刷黄金考点

民事诉讼法真题名师带练

法律考试中心/组编
杨艳霞/主编
蔡辉/编写

法律出版社
LAW PRESS · CHINA
北京

图书在版编目(CIP)数据

民事诉讼法真题名师带练 / 法律考试中心组编 ; 杨艳霞主编 ; 蔡辉编写. -- 北京 : 法律出版社, 2023

(法考30天快刷黄金考点)

ISBN 978-7-5197-8609-0

Ⅰ. ①民… Ⅱ. ①法… ②杨… ③蔡… Ⅲ. ①中华人民共和国民事诉讼法-资格考试-自学参考资料 Ⅳ. ①D925.104

中国国家版本馆CIP数据核字(2023)第231834号

民事诉讼法真题名师带练
MINSHISUSONGFA ZHENTI MINGSHI DAILIAN

法律考试中心 组编
杨艳霞 主编
蔡 辉 编写

策划编辑 陈 睿
责任编辑 陈 睿
装帧设计 李 瞻

出版发行 法律出版社
编辑统筹 法律考试·职业教育出版分社
责任校对 张翼羽
责任印制 胡晓雅
经　　销 新华书店

开本 710毫米×1000毫米 1/16
印张 11.5　**字数** 290千
版本 2023年12月第1版
印次 2023年12月第1次印刷
印刷 三河市龙大印装有限公司

地址:北京市丰台区莲花池西里7号(100073)
网址:www.lawpress.com.cn
投稿邮箱:info@lawpress.com.cn
举报盗版邮箱:jbwq@lawpress.com.cn

销售电话:010-83938349
客服电话:010-83938350
咨询电话:010-63939796

书号:ISBN 978-7-5197-8609-0
定价:38.00元

凡购买本社图书,如有印装错误,我社负责退换。电话:010-83938349

刷得快，记得住

摆在各位面前的这套书是我们从司考元年（2001 年）开始不断升级，连续出版的，今年是她的第 24 版。

在法考备考中，真题的重要性不言而喻。统计显示，在每年的考试中，80% 以上的知识与考点都是对之前真题所涉知识与考点的重复考查。在各种法考复习资料中，最贴近下一年真题的是上一年的考题。所以，把握住了这 80%，也就把握住了考试成功的根本。

有考生说："我知道真题很重要，但是太多了，根本看不完；就算囫囵吞枣地看完了，也记不住。"针对考生这个切肤之痛，我们今年对本套书进行了大幅改版。首先，原来的上下两册改成了八个小单本，大家可以随时带着书看。其次，我们精选历年真题，压缩解析。我们今年这套书的写作目标是"刷得快，记得住"。对于考点多次重复的真题，我们不再选入，目前所呈现的都是最具代表性的题目，学会这道题，你就能掌握一类题。在解析中，我们也不再追求以前的"大而全"，而是改为"小而精"。围绕一道题，扎扎实实地把知识点讲清楚，让大家刷一道题等于过了几十道题。

由于法考的客观题不再公布题目，每年"回忆真题"成了一个艰巨的工作。经过多年努力，我们这套书里的法考题已经多于司考题。今年，我们也新增了大量 2023 年回忆版真题。

本套书的编写者都是目前活跃在法考培训中的各科名师。给大家精挑细选的题目，兼顾了数量和质量。刷完这些题，不用花很长的时间，但是能力肯定会有很大的提升，因为读者实际得到的是比这本书的容量多十几倍的知识点和做题量。

祝各位读者在 2024 年的法考中顺利通关！有朝一日春雷动，得会风云上九重！

杨艳霞

目　录

民事诉讼法

仲裁制度

答案及解析

民事诉讼法

仲裁制度

关于民事诉讼法与仲裁制度客观题的考试说明

民事诉讼法与刑事诉讼法、行政诉讼法并称为三大诉讼法,在整个法学体系中具有非常重要的地位,也在历年考试中占据着举足轻重的位置。据考生回忆,2018～2023年法考客观题部分民事诉讼法与仲裁制度的分值约为30分,占客观题试卷二的1/5。在复习备考过程中,要特别注重知识积累,对于其中的重点制度,大家应加强关注。

一、命题基本规律

(一)基本规律

通过梳理民事诉讼法与仲裁制度的历年考试真题可以看出,考试总体呈现以下基本规律:

1. 全面考查,重点突出。民事诉讼法与仲裁制度部分的考题主要是对《民事诉讼法》和《仲裁法》这两个部门法以及相关司法解释进行考查。虽然主要考查对象只有两个部门法,但加上以两个部门法为核心的相关司法解释后,考查体量就显得相当大了。从考查内容来看,考试对《民事诉讼法》和《仲裁法》属于全面考查,本书所列的25个章节在已有的真题中都能找到出处。因此,从整体上来说,每一个章节都有被考到的可能,考生要做到对所有基础考点都了然于心。此外,在全面考查的基础上,管辖、适格当事人、证据、一审程序、二审程序、执行以及仲裁等重点内容基本每年必考,突出了重者恒重的考试特点。

2. "法""案"结合,风格多变。"法""案"结合,风格多变是客观题近年来的命题趋势,是指在客观题中法条考查题和案例考查题或交叉出现,或同时出现。法考(司考)客观题经历了从简单法律条文考查到法律条文考查与案例考查并举,再到如今的以案例考查为主的变化,考查的内容也从单纯考查法条,到法条、理论观点、实务观点的考查并存。究其原因,在于民事诉讼法本身是一门实践性很强的法律,而法考改革也在朝着理论与实践并重的方向进行。因此,在考试中加大对案例题的考查力度势在必行。法条考查意在测试考生的理论水平和记忆能力,而案例考查则重在测试考生综合运用理论知识解决实际问题的能力,二者的侧重点有所不同。对此,考生不仅要对基本概念和相关法条烂熟于胸,还要在平时多锻炼自己梳理案情、分析案例的能力,要避免"一看法条就会,一看案例就懵"的情况。

3. 关注实践,考"热"、考"新"。首先,法考越来越关注对热点问题的考查。根据现有真题可知,近两年法考着重关注"执行难"这一热点问题。据考生回忆,2018年至2023年的法考客观题均对该考点进行了考查,2021年则专门考查了执行中特定标的物毁损、灭失的救济。其次,法考注重考查对新制度的掌握。近两年法考对当年新出台的最高人民法院《关于仲裁司法审查案件报核问题的有关规定》及最高人民法院《关于人民法院办理仲裁裁决执行案件若干问题的规定》这两个司法解释都进行了考查。故考生在复习时,应该把握住法考命题趋势,对最新、最热的知识点进行重点关注。

4. 学科交叉,考点灵活。近年的法考试题越来越倾向于进行学科交叉形式的考查,最为典型的方式即为民商法与民事诉讼法的结合。例如,侵权法律关系中被告的确认往往与侵权人的确认相关联,以及监护人与诉讼代理人的关系等。此外,这种跨学科的考查不仅在案例中体现,也在理论知识题目中体现,如2020年法考中对"反诉"和"抗辩"进行了对比。因此考生在复习过程中,应当将不同学科之间可能存在关联的知识点进行对比联想,增强综合解题的能力。

(二)命题变化

除以上的基本命题规律外,在试题类型方面也出现了一些变化,总结如下:

1. 从考查单一概念向考查相似概念转变。在法考(司考)开始之初,对民事诉讼法和仲裁制度部分的主要考查方式为单纯考查基本概念和基本理论,各概念之间联合考查的比率较低,从整体上来看题目较为简单。但近年来,随着法考改革的进行,考查难度逐渐加大。以前单纯考查单个概念的情况呈现逐年下降的趋势,考查的方式已经变为考查两个或两个以上有联系、不易区分的基本概念和基本理论,目的在于测试考生的理论功底扎实与否。

2. 从考查单一法律条文向考查多个法律条文转变。与基本概念考查相类似,在过去,考试对法律条文的主要考查方式为单独对某一法律条文进行考查,如“下列哪一项符合人民法院调解的原则”等。但近年来,单独考查某一法律条文的情况越来越少,考试已逐步侧重于对关于同一内容的多个法律条文进行综合考查,同时需要准确把握法律条文立法本意的试题也逐渐出现在考试中。

3. 从单独考查概念、法条向综合考查基本概念及其适用条件与法律条文转变。相较于前两点中对基本概念和法律条文的直接考查,这类试题要求考生在准确把握基本概念及其适用条件的同时,从题干中提炼出适用的条件,并将之与相关法律条文对比,从而进行解答。因此,这是一种较高层次的考查,是对考生的理论水平和运用能力的双重考查,难度最大。

二、复习技巧

在了解命题基本规律的前提下,掌握一定的复习技巧可以帮助考生尽可能多地得分,事半功倍。因此,建议考生在复习备考时做到:(1)从准确的复习方向入手,方向不对是南辕北辙,找对方向才能得偿所愿;(2)用实力说话,掌握基本概念,深刻理解重点、难点;(3)放开眼界,复习后期多与其他程序法对比记忆,并联系实体法中的相关知识点。具体来说,主要有以下几点需要考生注意。

(一)确定复习方向

考试涉及的部门法非常广泛、知识点非常庞杂,考生们必须把握关键、正确的复习方向。虽然近两年诉讼法考题难度有所增加,但相较于刑事诉讼法部分而言,在民事诉讼法部分的考题中,考生基本不会出现即使掌握了相关法条和基本制度理论仍然无所适从的状况。因此,考生应从以下四个方面把握复习方向:

1. 重点法条和司法解释。根据对历年试题中已考法条的归纳,70%以上的法条和司法解释是被重复考查的,尤其是2023年新修正的《民事诉讼法》,对涉外民事诉讼程序、指定遗产管理人案件等作了修改和新增的规定,考生应该特别予以注意,一定要做到烂熟于胸,考试时才能得心应手。

2. 历年真题。统计表明,每年考试重复考查的知识点高达80%,解读历年真题是复习备考必不可少的捷径。但考生们要注意的是,解读真题时不能就事论事,要学会举一反三,融会贯通,力争达到“以点带面”的效果;不能似是而非,要认真揣摩每一道题目和每一个选项,做到知其然且知其所以然。

3. 基础知识和基本理论。研究历年真题可以发现,命题朝着越来越注重基本理论的方向发展,有些题目是没有明确的法条依据的,需要考生对民事诉讼法学原理加强掌握,比如对重复起诉、代位诉讼、诉的预备合并与重叠合并的考查。所以在法条之外,考生应该注意对理论知识的复习,扎实的基础知识对于法条的理解和记忆也是大有裨益的。

4. 实务案例。从2022年开始,最高人民法院的指导案例和公报案例也成为考试的内容。如2022年就考查了代位诉讼中的重复起诉、协议管辖中约定"守约方"法院管辖无效等公报案例的观点。

(二)掌握基本概念

首先,基本概念是基础的基础,把握好基本概念是做题的关键。基于基本概念的基础性地位,考生在复习的第一阶段应当花大力气去掌握它们,将它们理解透彻,以达到事半功倍的效果。其次,对难以区分的基本概念准确进行理解,全面加以把握。考生平时复习时,在掌握基本概念含义的基础上,还应注意多加总结和比较,深刻进行理解。最后,在复习基本概念的同时,强化对相关法条及重点法条的立法本意的全面把握。例如,在复习反诉概念的时候,第一步必须知道什么是反诉,第二步要掌握反诉适用的条件,第三步要弄清楚法院对反诉是如何处理的,包括在一审期间提出以及在二审中提出等各种情况。经过这样的复习,考生应该能够对反诉有一个比较全面的把握。即使出现了法条无明文规定的情况,考生也不用担心,只要有了基础性的知识,再参考法条中对其他情形的有关规定,完全可以正确解答。

(三)强化重点难点

任何考试的试题都是有规律、有重点的,法考也不例外。考生在对考查范围内的知识点全面复习的基础上,更要下大力气对考试的重点和难点透彻理解、强化记忆、予以突破。结合近年来的考试题目及民事诉讼法和仲裁制度自身的特性,本学科的重点和难点主要有:

1. 诉讼管辖。首先,要区分主管与管辖的不同;其次,要特别注意对特殊地域管辖的掌握,尤其是关于公司诉讼管辖和协议管辖的规定;再次,要注意区分移送管辖和管辖权转移的不同,以及管辖权下移的限制条件;最后,需要掌握对管辖权异议的处理,以及关于应诉管辖的规定。

2. 诉。第一,应当明确区分确认之诉、给付之诉以及变更之诉三者之间的区别和联系。近几年的考题更侧重于让考生在具体案例中分析案例属于哪一种诉,考生要十分明确三者的根本区别,才能做对考题。第二,掌握关于反诉的规定。反诉是近几年考试的热点,已从不同角度进行过考查,考生应重点掌握反诉的实体要件和程序要件,反诉与抗辩的区别,以及法院对不同阶段的反诉的处理。

3. 当事人。重点掌握第三人和共同诉讼人。对于第三人:其一,掌握可以成为第三人的条件;其二,对有独立请求权第三人和无独立请求权第三人进行区分(从诉讼权利义务、参诉方式、诉讼地位、上诉权的享有等方面进行对比记忆);其三,掌握第三人撤销之诉的规定。另外,考生需要掌握第三人权利救济体系。在民事审判程序中,第三人通过参加之诉进行救济;在执行程序中,第三人可以通过执行异议之诉主张权利;在终审判决作出后,第三人可以选择适用再审或第三人撤销之诉两种制度。第三人权利救济途径的交叉是考试中的重点内容。对于共同诉讼人,要掌握共同诉讼的适用条件、普通共同诉讼和必要共同诉讼的区分。此外,应把第三人及共同诉讼人结合起来复习。

4. 证据。证据是近几年考试的重点和难点,考生需要结合学理及《民事诉讼法》、最高人民法院《关于民事诉讼证据的若干规定》(以下简称《民事诉讼证据规定》)中的重点法条进行复习,尤其是2019年12月25日最高人民法院修改后的《民事诉讼证据规定》,相较于之前发生了较大规模的变化。该部分主要包括以下内容:(1)证据的种类;(2)鉴定程序的启动;(3)证人和鉴定人的出庭义务;(4)专家辅助人出庭作证;(5)人民法院出具证据收据的义务;(6)诉前证据保全;(7)自认。

5. 保全和先予执行。首先,考生需要明确,保全不仅包括财产保全,还包括行为保全。考生需要掌握行为保全的含义等内容。其次,涉外民事诉讼的财产保全也适用保全的一般规定。再次,熟悉抵押物、留置物保全的特别规定,结合最高人民法院《关于适用〈中华人民共和国民法典〉有关担保制度的解释》(以下简称《民法典担保制度解释》)等法律法规进行记忆。最后,对于先予执行,需要掌握对紧急情况的界定和先予执行的三种情况。

6. 一审程序、二审程序。对于一审程序,重点掌握起诉的条件,不予受理的情况,开庭审理的各项程序和要求,延期审理、诉讼中止和诉讼终结的情形和区别。其中,起诉状、答辩状的内容,开庭准备程序,先行调解制度和裁判文书的公开等内容需要引起重视。对于二审程序,需要掌握二审程序中增加诉讼请求的处理和调解等内容。此外,最高人民法院《关于适用〈中华人民共和国民事诉讼法〉的解释》(以下简称《民诉解释》)和最高人民法院《关于审理消费民事公益诉讼案件适用法律若干问题的解释》(以下简称《民事公益案件解释》)对公益诉讼作了全面细化的规定,考生应对其进行掌握。

7. 简易程序。考生需要掌握当事人简易程序的选择权,小额诉讼程序的基本内容,以及《民诉解释》对简易程序更为细化的规定。

8. 审判监督程序。重点掌握当事人申请再审的条件、受理法院以及不得提起再审的情形,检察院启动审判监督程序的理由、方式和途径以及再审适用的审理程序。此外,关于当事人申请再审,应掌握申请再审的期限及管辖法院;关于检察院启动审判监督程序,应掌握检察监督的范围、检察监督的方式、检察监督的手段。

9. 执行程序。重点把握负责执行的法院、执行通知、执行依据、被执行人、执行措施、申请执行期限、执行和解和执行回转、执行中止和执行终结、被执行人到期债权的执行、执行中追加和变更当事人等内容。

对于以上提到的知识点,考查的频率特别高,没有提到的其他章节也都有各自的重点。考生要在全面复习的基础上,用心揣摩,把握其中的重点和难点并予以突破。

(四)三大诉讼法对比记忆

法考是对法律的全面考查而不是对单个部门法的考查。对于诉讼法来说,三大诉讼法都属于考查的范围,而且都是重点,它们的很多规定既是相通的又是有区别的,这就非常容易造成混淆。所以考生复习的时候一定要把三大诉讼法结合在一起研究,掌握相同的原理,区分记忆不同的规定,尤其是细微的差别,而且要掌握适当的法学原理。例如,由于刑事诉讼法涉及罪与非罪的问题,所以三大诉讼法中有相关规定的时候,刑事诉讼法的规定是最严格的;由于行政诉讼和民事诉讼有很多相同的地方,因而行政诉讼法没有规定或规定不明确的可适用民事诉讼法的相关规定。这样就有助于考生区别记忆,全面掌握。

(五)把握特殊规定

民事诉讼法虽然是程序法,但它以实体法为基础,其中的规定有相当一部分是和实体法紧密联系在一起的。比如,管辖中的合同纠纷或者其他财产权益纠纷的管辖就涉及《民法典》合同编的很多内容,在当事人未约定管辖的法院时,应由被告所在地或合同履行地法院管辖。考试中一般不会直接给出合同履行地是哪个地方,这就需要考生运用《民法典》合同编中对合同履行地的相关规定作出判断。若是协议管辖,那么当事人可以选择原被告住所地、合同签订地、合同履行地、标的物所在地等与争议有实际联系的地点的法院管辖;如果当事人选择了合同签订地法院管辖,当纠纷发生时，就需要判断哪个地方是合同签订地，《民法典》合同编规定，如果双方当事人未在同一地点签字，则以最后签字盖章的地点为合同签订地。除这些相关的知识外，有些实体法中也有关于管辖的特殊规定，如《民法典担保制度解释》中就有关于主合同和担保合同发生纠纷提起诉讼的应当根据主合同确定案件管辖的规定。也就是说，当原告以债务人和一般担保人为共同被告提起诉讼时，只能根据债务人的情况来确定管辖法院，这和一般的有共同被告的纠纷中可根据任何一个被告人的情况确定管辖法院是不一样的。此外，考生应格外加强对新施行的实体法律规定的关注，尤其是2021年1月1日正式施行的《民法典》，并做到将之与民事诉讼法结合进行掌握。由此可见，注意与相关实体法的联系，把握特殊规定也是十分重要的。

(六)训练答题技巧

考试需要技巧，掌握了知识不代表就能拿高分，还需要进行答题技巧的训练。掌握好答题技巧往往能达到出奇制胜的效果。关于具体的技巧，这里结合考试自身的特点提两点：

第一，现在的考试不仅题干中提出问题比较隐蔽，而且对选择项的设计也是非常巧妙的，不会直截了当地给出问题的实质，而需要考生去理解判断。结合这种情况，考生做题时就要“透过现象看本质”。举个简单的例子，对于一道选择管辖法院的题，选择项中给出了四个地点，考生就需要把各个地点转化为民事诉讼中的地点，即把它们和被告住所地、侵权行为地等一一对应起来，有了这一步，就把题目中所有隐含的东西全部暴露出来了，做题也就相对容易多了。

第二，对时间的控制很重要。平时怎样安排做题时间都没太大关系，但到了考前一个月，考生就要进入状态，做题时需要合理地控制时间，尤其在做模拟题的时候更是如此，不能拖更不能急。大多数考生都会犯急躁的通病，一张模拟卷在一小时内就做完了，这是很不正常也是要不得的。一张卷子有100道题，而且题干和选项都有很多隐含信息，这种情况下一小时是远远不够的。考生需要保持每道客观题在1～2分钟内完成，每道主观题的完成不超过45分钟，这样才能在实战中按时高效完成题目。

以上是根据历届考生反馈总结出的部分复习技巧，考生也可根据自己的实际情况挖掘适合自己的小技巧，制定适合自己的策略。总之，在掌握知识的基础上，学会一些小技巧可以帮助大家在一定程度上减轻考试的压力，发挥出真实的水平，在考场上不留下遗憾。在此预祝所有考生能在考试中拿到理想的分数，顺利通关！

民事诉讼法

第一章　诉的基本理论

名师带练

1　考点考查统计

- 诉的基本理论
  - 诉的分类
    - 确认之诉的内容和特点 *
    - 给付之诉的内容和特点 *
    - 变更之诉的内容和特点 *
  - 反诉
    - 反诉的概念与特征 *
    - 反诉和抗辩的区别 *
  - 既判力 *
  - 诉的合并 *

2　命题基本规律

通过对历年真题的梳理,本部分呈现以下几点基本命题规律:

第一,考点恒定,重点明确。本部分以四个概念为核心考点:(1)诉讼标的;(2)诉的分类;(3)反诉;(4)既判力。其中,诉讼标的可以展开为诉讼标的、诉讼标的物、诉讼请求三个子概念,诉的分类包括确认之诉、给付之诉和变更之诉,而反诉重在掌握其与反驳、抗辩的区别,既判力的重点在于其效力范围。可以说,只要掌握了这些基本概念,本部分难度总体不大。

第二,重在判断概念间的联系与区别。如诉讼标的注重区分诉讼标的与诉讼请求,诉的分类注重考查三种诉的区别,而反诉则注重考查什么是反诉,什么是反驳、抗辩。因此在学习本部分考点时,要善于利用表格,通过表格简化对概念的对比理解。我们在考点解析中为考生制作了大量清晰易懂的表格,考生在看解析时要注重对表格的记忆。这样不仅有利于梳理该知识点,后期复习起来也会更加轻松。切记对相似概念应该进行对比理解记忆,效果将会事半功倍。

2014~2015 年诉的基本理论每年至少考 1 道题,2016~2019 年虽然本考点未在客观题中出现,但并不表示诉的基本理论不重要,如 2021 年重点考查了既判力制度,2022 年重点考查了诉的合并,2023 年考查了既判力。诉的基本理论是整个民事诉讼法的基石,考生在复习过程中不能忽视对本部分的学习,要对诉讼标的、诉的分类和反诉有清楚的认识,并能熟练运用。

3 设题陷阱

陷阱一:有"请求"的不一定是"诉讼请求",有"确认"的不一定是"确认之诉",有"变更"的不一定是"变更之诉"。例如,"王某要求法院保障自家正常通行权的请求""王某要求刘某维护环境卫生的请求""孙某向法院申请确认其妻无民事行为能力,属于确认之诉"。这些都是极具迷惑性的选项,其中有"请求""确认"等与正确答案相关的字眼,如果考生对"诉讼请求""确认之诉"等基本概念理解不深,很容易误选。出题人设陷阱的思路是试图以偏概全、以部分概念代替整体概念,以达到迷惑考生的目的。破解方法是心中牢记基础概念,不被选项表面迷惑,认真分析选项所表达的意思。

陷阱二:"增加房租的要求"是诉讼请求增加,而不是诉讼标的变更。某试题考查的就是原告要求被告支付的租金从6000元增加为7000元,问此题是诉讼请求增加还是诉讼标的变更,此题的考点即诉讼请求与诉讼标的的区分。对于此类题目只要记住诉讼标的是一种实体法律关系,诉讼请求则是当事人基于诉讼标的而请求法院所作出的特定裁判,再观察题中的实体法律关系是否发生变化,即可作出正确选择。

陷阱三:本诉与反诉的关系不是非此即彼的,两诉的主张可以同时成立。这是需要考生警惕的一个知识点,虽然反诉的目的是吞并、抵销本诉,但不是所有的反诉都能达到吞并、抵销本诉的效果。很多时候,反诉的主张和本诉的主张可以同时成立。比如,甲、乙二人打架,甲把乙打伤了,乙把甲的手机弄坏了。乙起诉甲赔偿医疗费,诉讼中甲要求乙赔偿自己的手机。通过审理,法院认为二人的主张均成立,判决甲赔偿乙医疗费,乙赔偿甲手机一部。由此可见,反诉成立,并不会当然导致本诉的诉讼请求被依法驳回。

真题快刷

考点一 诉的分类

1 甲公司将设备出租给乙公司,乙公司未按照操作规程使用,甲公司致函告知须按章操作,乙公司不予理会。后甲公司诉至法院,提出诉讼请求:(1)确认乙公司违规操作;(2)要求乙公司返还设备;(3)要求乙公司赔偿损失;(4)要求解除甲乙两公司之间的租赁合同。下列说法正确的是:(2023年回忆版,多选)

A. (1)是确认之诉　　B. (2)是给付之诉

C. (3)是给付之诉　　D. (4)是变更之诉

2 李某驾车不慎追尾撞坏刘某轿车,刘某向法院起诉要求李某将车修好。在诉讼过程中,刘某变更诉讼请求,要求李某赔偿损失并赔礼道歉。针对本案的诉讼请求变更,下列哪一说法是正确的?(2015年,单选)

A. 该诉的诉讼标的同时发生变更　　B. 法院应依法不允许刘某变更诉讼请求

C. 该诉成为变更之诉　　D. 该诉仍属给付之诉

考点二 反诉

甲起诉乙要求履行合同,乙主张合同已经解除。乙提出自己两个月之前已经因合同目的无法

实现而通知甲解除合同,甲没有提出异议。以下说法正确的是:(2020 年回忆版,多选)

A. 乙可以抗辩的方式提出合同解除

B. 如果乙以抗辩的方式提出合同解除,则法院的判决对合同解除没有既判力

C. 乙可以以反诉方式确认合同解除

D. 如果乙以反诉的方式提出合同解除,则法院的判决对合同解除有既判力

考点三 既判力

甲因咨询服务合同起诉乙,要求乙返还合同金额 2 万元,法院在审理时发现合同金额为 20 万元,故询问甲。甲表示知晓此事,但因乙背信弃义,要求分 10 次起诉乙,给乙教训,此时法院应当如何处理?(2021 年回忆版,单选)

A. 对 2 万元的判决的既判力客观上及于 20 万元

B. 对 2 万元的判决的既判力客观上仅及于 2 万元

C. 法院以 20 万元判决不违反处分原则

D. 法院经过乙同意可以将剩余 18 万元一并审理

考点四 诉的合并

甲公司与乙公司订有购销合同,而乙公司不履行。甲公司提起诉讼,请求确认合同无效,同时提出若法院不支持合同无效,则请求解除合同并让乙公司承担违约责任。法院应如何处理?(2022 年回忆版,单选)

A. 裁定不予受理,因为诉讼请求存在矛盾

B. 按诉讼请求的顺序进行审理

C. 法院应当让甲公司明确诉讼请求,否则不予受理

D. 法院可判决支持甲公司的全部诉讼请求

(本章答案及解析见第 79 页)

第二章 民事诉讼基本原则

名师带练

1 考点考查统计

民事诉讼基本原则
- 处分原则——处分原则的含义和内容 * *
- 辩论原则
- 在线诉讼原则 *

2 命题基本规律

通过对历年真题进行梳理,本考点的基本命题规律如下:

1. 考查方式简单,难度不大。与其他考点多以案例题为主不同,民事诉讼基本原则大多是以直接考查的方式出题的。例如,选项设置为"下列哪一民事诉讼基本原则最能体现法律面前人人平等原则的内涵"等。从真题可以看出,在基本原则这一考点上出题人并不想为难考生,题干一般较短,题目较为简单,属于"送分题"。

2. 考查内容全面细致,每个原则都是重点原则,需要认真对待。在考查方式简单的同时,本考点考查的内容十分全面。通常情况下,一道题可以同时考到四个基本原则或者更多。以2014年试题为例,该题问"下列哪一民事诉讼基本原则最能体现法律面前人人平等原则的内涵",设置的选项分别为"检察监督原则""诚实信用原则""当事人诉讼权利平等原则""同等原则和对等原则"。要正确作答此题,就要求考生掌握题目所涉及的五个基本原则的内涵,在此基础上选出最适合的答案。因此,以上基本原则每一个都很重要,都有可能考到。考生在学习本考点时,要注意全面性,切不可"狗熊掰玉米,掰一个掉一个"。

3 设题陷阱

陷阱一:选出"对的"还不够,要选"最适合的"。仍以2014年试题为例,该题题干中问"最能体现法律面前人人平等原则",言下之意是选项中不止一个原则体现了该原则的内涵,考生要加以甄别,选出最能体现的一个原则。例如,B选项"诚实信用原则"是每个人都需要遵守的,该原则在一定程度上也体现出人人平等;但是与C选项"当事人诉讼权利平等原则"相比,B选项就没那么合适。因此,考生在做题时,一定要仔细阅读题干的要求,避免丢分。

陷阱二:超出法律范围的"处分权"将不再受保护。处分原则是意思自治在民事诉讼程序中的体现,它确保当事人在诉讼中可以自由地处分自己的权利。但这种自由不是无限度的,行使处分权必须在法律规定的框架内进行。一旦超出法律这条红线,行为则无效。例如,2014年就考查了处分权应该在法律规定的范围内行使,当事人约定的事项均因违反法律而无效。

陷阱三:"外国人与中国人享有同等的诉讼权利义务"体现的不是平等原则。平等原则、同等原则、对等原则是考生在初学时极易混淆的三个原则,出题人也常在此处"挖坑"。平等原则,是指当事人之间诉讼地位平等、诉讼权利相同或相对应,如原告可以起诉、被告有权答辩,这一对权利不相同但相对应,这就体现了平等原则。因此,平等原则与当事人的国籍无关,只针对当事人的诉讼权利。同等原则与对等原则强调国民待遇,一定涉及外国主体。只要把握住"三等"原则各自的关键点,此类题目可迎刃而解。

真题快刷

考点一 处分原则

1 甲公司与乙公司于2016年10月签订房屋租赁合同一份,甲公司将房屋出租给乙公司使用。该合同约定:租赁期限自2016年10月30日起至2026年10月29日止,每月租金为人民币11.8万元,装修免租期为5个月,逾期支付租金需按日租金5‰支付违约金,逾期支付租金累计超过1个月,出租方可提前解除合同,承租方应支付违约金11.8万元。合同签订后,乙公司自2017年7月起拒不履行支付租金的义务。甲公司经多次催讨无果,2018年2月诉至法院,要求乙公司支付自2017年7月30日起至2018年2月28日止的房屋租金70.8万元。一审法院审理后,判决乙公司支付拖欠的房屋租金70.8万元,并支付逾期付款的利息3600元,解除双方之间的租赁合同。关于法院对该案的判决,下列哪一选项是正确的?(2018年回忆版,单选)

A. 该判决符合法律规定,实事求是,全面保护了权利人的合法权益

B. 该判决不符合法律规定,违反了民事诉讼的处分原则

C. 该判决不符合法律规定,违反了民事诉讼的公开审判制度

D. 该判决不符合法律规定,违反了民事诉讼的两审终审制度

2 杜某和表姐曹某自小青梅竹马、情投意合,便私下登记结婚,杜母知晓后不同意,以二人系近亲为由向法院起诉确认婚姻无效,但杜某坚持要和曹某在一起,杜母无奈向法院申请撤诉。法院应如何处理?(2020年回忆版,单选)

A. 裁定准许撤诉

B. 作出婚姻无效的判决

C. 可以调解结案

D. 判决驳回诉讼请求,防止再诉

3 当事人可对某些诉讼事项进行约定,法院应尊重合法有效的约定。关于当事人的约定及其效力,下列哪些表述是错误的?(2014年,多选)

A. 当事人约定"合同是否履行无法证明时,应以甲方主张的事实为准",法院应根据该约定分配证明责任

B. 当事人在诉讼和解中约定"原告撤诉后不得以相同的事由再次提起诉讼",法院根据该约定不能再受理原告的起诉

C. 当事人约定"如果起诉,只能适用普通程序",法院根据该约定不能适用简易程序审理

D. 当事人约定"双方必须亲自参加开庭审理,不得无故缺席",如果被告委托了代理人参加开庭,自己不参加开庭,法院应根据该约定在对被告进行两次传唤后对其拘传

考点二　辩论原则

关于辩论原则的表述,下列哪些选项是正确的?(2009年,多选)

A. 当事人辩论权的行使仅局限于一审程序中开庭审理的法庭调查和法庭辩论阶段

B. 当事人向法院提出起诉状和答辩状是其行使辩论权的一种表现

C. 证人出庭陈述证言是证人行使辩论权的一种表现

D. 督促程序不适用辩论原则

考点三　在线诉讼原则

张某起诉程某要求人身损害赔偿10万元,程某答辩称赔偿数额过高。法院决定线上开庭审理,张某同意,程某不同意线上开庭。法院向双方送达传票后,程某既没有参加线上开庭,也没有到线下开庭。则法院应如何处理?(2023年回忆版,多选)

A. 对程某进行公告送达

B. 法院用简易程序审理

C. 对程某缺席审判

D. 对张某线上开庭

(本章答案及解析见第83页)

第三章　民事诉讼基本制度

名师带练

1　考点考查统计

- 民事诉讼基本制度
  - 合议制度
    - 合议的概念与内容 *
    - 合议制度的适用范围 *
    - 合议制在不同审判程序中的运用 *
  - 回避制度
    - 回避的含义 *
    - 回避的适用对象和具体情形 * *
    - 回避的法律后果 *

2　命题基本规律

梳理本部分历年真题，可以发现命题呈现以下基本规律：

1. 从考查内容来看，合议制度与回避制度常考常新，考查重心在合议制度与回避制度上，公开审判制度与两审终审制度偶尔考查。本书特意为考生们制作了关于合议庭与独任制适用情形的表格，方便考生记忆。考生也可根据该表格形成一套自己的记忆表格，以便理解合议制度。

适用情形	审判组织类型	具体内容
合议庭的适用情形	第一审合议庭	(1)人民法院审理第一审民事案件，由审判员、人民陪审员共同组成合议庭或由审判员组成合议庭； (2)第二审人民法院发回重审的民事案件，原审人民法院应当按照第一审程序另行组成合议庭
	第二审合议庭	(1)人民法院审理第二审民事案件，由审判员组成合议庭； (2)中级人民法院对第一审适用简易程序审结或者不服裁定提起上诉的第二审民事案件，事实清楚、权利义务关系明确的，经双方当事人同意，可以由审判员一人独任审理
	再审合议庭	(1)原来是第一审的，按照第一审程序另行组成合议庭； (2)原来是第二审的或者是上级人民法院提审的，按照第二审程序另行组成合议庭
	非诉讼程序合议庭	选民资格案件，重大、疑难案件，标的额超出基层法院的实现担保物权案件，公示催告程序中的除权判决程序，由审判员组成合议庭审理

续表

适用情形	审判组织类型	具体内容
独任制的适用情形	简易程序	适用简易程序审理的民事案件,由审判员一人独任审理
	一审普通程序	基层人民法院审理的基本事实清楚、权利义务关系明确的第一审民事案件,可以由审判员一人适用普通程序独任审理
	二审	中级人民法院对第一审适用简易程序审结或者不服裁定提起上诉的第二审民事案件,事实清楚、权利义务关系明确的,经双方当事人同意,可以由审判员一人独任审理
	非讼程序	(1)特别程序中,除选民资格案件或重大、疑难的案件,标的额超出基层法院的实现担保物权的案件特别由审判员组成合议庭审理外,其他案件由审判员一人独任审理; (2)督促程序适用独任制; (3)公示催告程序可由审判员一人独任审理;但判决宣告票据无效的,应当组成合议庭
	不能适用独任制的情形	(1)涉及国家利益、社会公共利益的案件; (2)涉及群体性纠纷,可能影响社会稳定的案件; (3)人民群众广泛关注或者其他社会影响较大的案件; (4)属于新类型或者疑难复杂的案件; (5)法律规定应当组成合议庭审理的案件; (6)其他不宜由审判员一人独任审理的案件

2. 从考查方式来看,合议制度常与审判程序结合出题,题目具有一定的综合性。民事诉讼基本制度需要在具体的诉讼程序中发挥作用,因此这部分的知识点常与民事诉讼程序结合起来出题,题目具有一定的综合性。例如,2016 年试题问“关于审判组织的适用,下列哪一选项是正确的”,题目选项分别与简易程序、普通程序和特别程序结合,考查考生是否掌握了合议制与独任制的适用范围。要想正确作答此类题目,考生需要知道哪些程序必须适用合议制,哪些程序必须适用独任制,哪些程序既可以适用合议制又可以适用独任制。这就要求考生在备考时应注意总结归纳,结合上表对比合议制和独任制的区别与联系。

3 设题陷阱

陷阱一:“合议不简易,独任可普通”。“合议不简易”,是指合议制不能适用在简易程序中。合议制是我国民事诉讼程序中最基本的审判组织形式,除了普通程序之外,适用合议制的案件还有特别程序中的选民资格案件和重大疑难案件,以及撤销仲裁裁决案件。“独任可普通”是指独任制可以适用在普通程序中,即基层人民法院审理的基本事实清楚、权利义务关系明确的第一审民事案件,可以由审判员一人适用普通程序独任审理。

陷阱二:人民陪审员不是“其他人员”,人民陪审员的回避应由院长决定。在回避制度中,关于回避的决定权一直是考试的“常客”。很多考生脑海里有个误区,即容易把人民陪审员看作“其他人员”,觉得其回避应由审判长或者独任审判员决定。其实,在法庭上“坐在一起的人”地位一般都相同,如审判席上坐的人无论有几个,也无论各自是什么身份,都属于审判人员,应由院长决定其是否回避。

真题快刷

考点一 合议制度

1 某民事案件一审简易程序由赵四担任法官独任审判,一审判决作出后,甲上诉,二审法院

裁定发回重审。关于发回重审,下列说法正确的是:(2023 年回忆版,单选)

A. 适用普通程序,重组合议庭,赵四不得担任合议庭组成人员

B. 适用普通程序,重组合议庭,赵四和人民陪审员不得担任合议庭组成人员

C. 适用简易程序,可由赵四以外的审判员一人独任审判

D. 适用普通程序,可由审判员一人独任审判

2 不同的审判程序,审判组织的组成往往是不同的。关于审判组织的适用,下列哪一选项是正确的?(2016 年,单选)

A. 适用简易程序审理的案件,当事人不服一审判决上诉后发回重审的,可由审判员独任审判

B. 适用简易程序审理的案件,判决生效后启动再审程序进行再审的,可由审判员独任审判

C. 适用普通程序审理的案件,当事人双方同意,经上级法院批准,可由审判员独任审判

D. 适用选民资格案件审理程序的案件,应组成合议庭审理,而且只能由审判员组成合议庭

考点二 回避制度

1 王某诉马某侵权纠纷一案,庭审终结后,法院通知双方当事人将于 2023 年 8 月 1 日宣判。马某于 2023 年 7 月 31 日向法院提出回避申请,主张书记员是原告王某弟弟的表妹夫。下列说法正确的是:(2023 年回忆版,单选)

A. 法院以书记员不是回避对象驳回申请

B. 法院以不属于回避法定理由驳回申请

C. 回避超期,法院应当不予审查

D. 法院应当延期宣判,对回避申请予以审查

2 刘某因买卖合同纠纷向法院起诉,要求被告冯某履行合同并承担违约责任。法院按照普通程序审理该案件,决定由法官张某和人民陪审员乔某、吉某组成合议庭,张某任审判长。刘某得知人民陪审员乔某是被告的表弟,便要求其回避,但回避申请被张某当场拒绝。法庭审理后作出判决,原告不服判决,提起上诉。关于本案,下列说法正确的是:(2018 年回忆版,单选)

A. 刘某申请回避理由成立

B. 乔某作为人民陪审员,其是否应当回避审判长有权决定

C. 对法院作出的决定不服的,刘某可以提出上诉

D. 发回重审后,应当组成新的合议庭进行审理,且合议庭组成人员中不得有人民陪审员

3 某区法院审理原告许某与被告某饭店食物中毒纠纷一案。审前,法院书面告知许某合议庭由审判员甲、乙和人民陪审员丙组成时,许某未提出回避申请。开庭后,许某始知人民陪审员丙与被告法定代表人是亲兄弟,遂提出回避申请。关于本案的回避,下列哪一说法是正确的?(2015 年,单选)

A. 许某可在知道丙与被告法定代表人是亲兄弟时提出回避申请

B. 法院对回避申请作出决定前,丙不停止参与本案审理

C. 应由审判长决定丙是否应回避

D. 法院作出回避决定后,许某可对此提出上诉

(本章答案及解析见第 85 页)

第四章 管 辖

名师带练

1 考点考查统计

- 管辖
  - 级别管辖
    - 级别管辖的概念和依据 *
    - 级别管辖异议 *
  - 地域管辖
    - 地域管辖的概念和依据 *
    - 一般地域管辖 * *
    - 特殊地域管辖 * *
    - 共同管辖与选择管辖 *
    - 协议管辖 * *
  - 裁定管辖
    - 移送管辖 * *
    - 指定管辖 *
    - 管辖权转移 *
  - 管辖权异议
    - 管辖权异议的概念和条件 * *
    - 法院对管辖权异议的处理 * *

2 命题基本规律

本部分的基本命题规律如下：

1. 从考查内容来看，管辖部分的知识点每年必考，考查内容集中在级别管辖、地域管辖、裁定管辖、管辖权异议及其下属概念上。其中，地域管辖以其庞大的体系占据了第一的位置。

2. 从考查深度来看，程序法规范与实体法规范交叉，题目难度加大。民事诉讼中的管辖部分本身难度并不大，但是其内容庞杂、知识点多，不仅《民事诉讼法》中的规定多，而且很多民事实体法律规范也对民事诉讼的管辖作出了特别的规定。由于特别法的效力要高于普通法，其他实体法律规范是特别法，因而当发生冲突时，应优先适用实体法律规范中的规定。

3 设题陷阱

陷阱：案件在上下级法院之间移送，不一定是“管辖权的转移”。例如，某选项说“甲区法院受理某技术转让合同纠纷案后,发现自己没有级别管辖权,将案件移送至甲市中院审理,这属于管辖权的转移”。很多考生一看到甲区法院“将案件移送至甲市中院审理”,就误认为案件从下级法院移送到了上级法院是管辖权的转移。究其原因,是考生没有掌握移送管辖与管辖权转移间的本质区别。移送管辖的本质是对错误立案的纠正,而管辖权转移的本质是在上下级法院间对级别管辖的调整与变通。由此可知,移送管辖是已经立案的法院发现自己对案件没有管辖权,要纠正错误;而在管辖权转移中,已经立案的法院是有管辖权的,只不过法律规定由上级或下级法院审理更加合适才转移案件管辖权。上述选项中甲区法院“发现自己没有级别管辖权”,此时“将案件移送至甲市中院审理”是对错误立案的纠正,所以这是移送管辖而不是管辖权的转移。考生在看到案件在上下级法院间转移的时候,一定要擦亮眼睛,具体情况具体分析。在此,本书为大家制作了移送管辖和管辖权转移的对比表供大家参考。

区别项	移送管辖	管辖权转移
移送对象	具体案件	案件的管辖权
主体	上下级法院之间或者同级法院之间	只能在上下级法院之间
限制	受移送法院不得自行再次移送	在某些情况下须经上级法院同意
方向	从无管辖权法院移送至有管辖权法院	从有管辖权法院移送至无管辖权法院

真题快刷

考点一 级别管辖

1 最高人民法院规定部分地区基层法院只能受理标的额在3000万元以下的案件,甲公司向该地区的基层法院起诉乙公司,案件诉讼标的额为2900万元,开庭后甲公司又增加了要求乙公司支付290万元违约金的诉讼请求。本案被告乙公司以案件标的额超过基层法院的管辖权限为由提出管辖权异议。本案基层法院的下列做法正确的是:(2020年回忆版,单选)

A. 基层法院应当将案件移送中级法院

B. 案件已经开庭,不能增加诉讼请求,告知另诉

C. 基层法院已经受理案件,根据管辖恒定可以继续审理

D. 驳回被告提出的管辖权异议

2 根据《民事诉讼法》相关司法解释,下列哪些法院对专利纠纷案件享有管辖权?(2015年,多选)

A. 知识产权法院　　B. 所有的中级法院

C. 最高人民法院确定的中级法院　　D. 最高人民法院确定的基层法院

考点二 地域管辖

1 甲市A区的王某和E区的李某婚后不久就协议离婚,约定存于C区银行的50万元存款和位于B区价值100万元的房产归李某所有。离婚后半年,李某就搬至乙市D区居住。但王某离婚后发现,李某存在婚内出轨的情形,于是向法院起诉,请求将离婚协议中约定分割给李某的银行存款和房产判归自己所有,问本案有管辖权的法院是:(2023年回忆版,单选)

A. 甲市A区法院　　B. 甲市B区法院

C. 乙市D区法院　　D. 甲市E区法院

2 甲、乙、丙三人成立某公司，章程约定与公司相关的诉讼由A地法院管辖，后丙把股权转让给丁，丙、丁约定该转让协议涉及任何纠纷由B地法院管辖。后丁以甲、乙未通知自己作出某个决议为由，申请法院撤销甲、乙作出的公司决议，则撤销该决议的案件应由哪个法院管辖？（2023年回忆版，单选）

A. A地法院管辖　　B. B地法院管辖

C. 公司住所地法院管辖　　D. 被告住所地法院管辖

3 A区杜某和B区曹某签订买卖合同，双方在合同中约定因为履行本合同发生纠纷的，应当由合同履行地C区法院管辖。后经过曹某同意，杜某将合同权利义务转让给温某，温某对管辖协议不知情。曹某、温某又约定因为履行本合同产生纠纷的，应当由合同签订地D区法院管辖。后曹某和温某因为履行本合同发生纠纷，可以向下列哪个法院起诉？（2021年回忆版，单选）

A. A区法院　　B. D区法院　　C. B区法院　　D. C区法院

4 王某和A签订借款协议，约定因借款发生纠纷的由甲法院管辖，并和B签订保证合同，约定因保证合同发生纠纷的由乙法院管辖，现A不能履行还款义务，王某应该如何起诉？（2021年回忆版，多选）

A. 向甲法院起诉A　　B. 向乙法院起诉B

C. 向甲法院起诉A和B　　D. 向乙法院起诉A和B

5 甲地的张三有块石头，价值10万元。张三把石头交给乙地的李四去参加展览，展览地在丙地。后来李四在丙地将该石头以20万元的价格卖给了王五，并告诉张三该石头卖了15万元。之后张三偶然得知真相，于是向法院起诉李四，要求其支付其余的5万元。本案管辖法院如何确定？（2020年回忆版，单选）

A. 甲地法院和乙地法院　　B. 乙地法院

C. 丙地法院　　D. 丙地法院和乙地法院

6 某外国博士被聘请到一家中国公司，约定年薪1000万元。该外国博士工作一年半后，该中国公司破产，其因此一直未收到工资。已知该地区的中级法院管辖标的额为1000万元以上的案件，那么该外国博士可以怎样追讨工资？（2020年回忆版，不定项）

A. 申请劳动仲裁　　B. 到人民调解委员会申请调解

C. 到中国公司住所地中级法院起诉　　D. 到债务人住所地基层法院起诉

7 A区公司的货车在C区与另一辆小汽车相撞，经查，小汽车在B区保险公司投保交强险，小汽车司机甲对该起事故负全部责任。甲住所地在D区，该车车主为E区的乙，甲系向乙借用该车。现该公司欲起诉赔偿，请问对本案有管辖权的法院包括以下哪些？（2018年回忆版，多选）

A. A区　　B. B区　　C. C区　　D. D区

8 A市东区居民朱某（男）与A市西县刘某结婚，婚后双方住A市东区。一年后，公司安排刘某赴A市南县分公司工作。三年之后，因感情不和朱某向A市东区法院起诉离婚。东区法院受理后，发现刘某的经常居住地在南县，其对该案无管辖权，遂裁定将案件移送南县法院。南县法院收到案件后，认为无管辖权，将案件移送刘某户籍所在地西县法院。西县法院收到案件后也认为无管辖权。关于本案的管辖问题，下列哪些说法是正确的？（2016年，多选）

A. 东区法院有管辖权

B. 南县法院有管辖权

C. 西县法院有管辖权

D. 西县法院认为自己没有管辖权,应当裁定移送有管辖权的法院

考点三 裁定管辖

1 居住在A市甲区的蒋某在A市乙区某住宅楼拥有住房一套。为了能够顺利出租该住房,蒋某雇用住在A市丙区的杨某进行保洁处理。在工作过程中,杨某不慎将窗户上的玻璃撞破,其中的一块碎玻璃掉下来,将从住宅楼下经过的张某(女)的脸严重划伤。张某被送到医院紧急治疗后,与蒋某以及杨某进行交涉,但是因双方分歧较大,未取得任何结果。张某向A市乙区人民法院提起诉讼,乙区人民法院认为该案由甲区人民法院审理更为便利,于是把案件移送至甲区人民法院。甲区人民法院却认为该案由乙区人民法院审理更适宜,不接受移送。下列说法正确的有:(2018年回忆版,不定项)

A. 甲区人民法院、乙区人民法院对本案都有管辖权

B. 张某可以任意选择向甲区或乙区人民法院提起诉讼

C. 乙区人民法院的移送管辖是错误的

D. 甲区人民法院可以自己对本案无管辖权为由,再行移送

2 根据《民事诉讼法》和相关司法解释的规定,法院的下列哪些做法是违法的?(2014年,多选)

A. 在一起借款纠纷中,原告张海起诉被告李河时,李河居住在甲市A区。A区法院受理案件后,李河搬到甲市D区居住,该法院知悉后将案件移送D区法院

B. 王丹在乙市B区被黄玫打伤,以为黄玫居住在乙市B区,而向该区法院提起侵权诉讼。乙市B区法院受理后,查明黄玫的居住地是乙市C区,遂将案件移送乙市C区法院

C. 丙省高院规定,本省中院受理诉讼标的额1000万元至5000万元的财产案件。丙省E市中院受理一起标的额为5005万元的案件后,向丙省高院报请审理该案

D. 居住地为丁市H区的孙溪要求居住地为丁市G区的赵山依约在丁市K区履行合同。后因赵山下落不明,孙溪以赵山为被告向丁市H区法院提起违约诉讼,该法院以本院无管辖权为由裁定不予受理

考点四 管辖权异议

1 甲与乙约定如发生合同纠纷由A市B县法院管辖,但是纠纷发生后,甲却向C市D县法院提起诉讼,乙因此提出管辖权异议。C市D县法院驳回了乙的异议,继续审判,乙没有参加一审。一审结束后,乙向C市中院上诉。C市中院发现本案确实应由A市B县法院管辖,那么此时C市中院应该如何处理?(2022年回忆版,单选)

A. 继续审理

B. 撤销一审判决,移送A市B县法院审理

C. 移送A市中院审理

D. 退回C市D县法院审理

2 甲县的杜某向乙县法院起诉乙县的张某还钱,张某在答辩期内提交了答辩状,未提出管辖权异议。开庭时,杜某未到庭参加诉讼。张某前来开庭,并表示二人之间订立了管辖协议。法院审查后发现二人的合同约定了管辖法院。关于本案,下列说法正确的是:(2019年回忆版,单选)

A. 因张某未提出管辖权异议,法院对本案有管辖权

B. 未提出管辖权异议,法院应该移送管辖

C. 法院应缺席判决

D. 合同履行地和被告住所地都在乙县

3 甲公司因购销合同纠纷,向乙公司住所地基层法院起诉乙公司和丙公司承担违约责任。一审法院判决丙公司向甲公司承担违约责任,但认定乙公司不是本案的适格被告,而未判其承担责任。甲公司不服一审判决,提起了上诉。丙公司在二审答辩期满前,认为乙公司住所地基层法院对本案无管辖权,由此提出管辖权异议。下列说法正确的是:(2019 年回忆版,多选)

A. 乙公司住所地基层法院对本案具有管辖权

B. 二审法院应当裁定撤销原判,移送管辖

C. 二审法院不予处理管辖权异议

D. 若二审法院发回一审法院重审此案,丙公司则有权在重审时提出管辖权异议

4 住所在 A 市 B 区的甲公司与住所在 A 市 C 区的乙公司签订了一份买卖合同,约定履行地为 D 县。合同签订后尚未履行,因货款支付方式发生争议,乙公司诉至 D 县法院。甲公司就争议的付款方式提交了答辩状。经审理,法院判决甲公司败诉。甲公司不服,以一审法院无管辖权为由提起上诉,要求二审法院撤销一审判决,驳回起诉。关于本案,下列哪一表述是正确的?(2017 年,单选)

A. D 县法院有管辖权,因 D 县是双方约定的合同履行地

B. 二审法院对上诉人提出的管辖权异议不予审查,裁定驳回异议

C. 二审法院应裁定撤销一审判决,发回一审法院重审

D. 二审法院应裁定撤销一审判决,裁定将案件移送有管辖权的法院审理

(本章答案及解析见第 88 页)

第五章 当 事 人

名师带练

1 考点考查统计

- 当事人
  - 当事人适格
    - 当事人适格的含义与标准 * * *
    - 当事人适格与诉讼权利能力的关系 * * *
    - 原告与被告地位的确定 *
  - 诉讼主体的变更
    - 诉讼中民事实体权利义务发生转移的处理 *
  - 共同诉讼
    - 共同诉讼的概念和特征 *
    - 必要共同诉讼 * * *
    - 普通共同诉讼 *
  - 代表人诉讼 *

2 命题基本规律

1. 从考查内容来看,民事诉讼当事人在考试中主要有具体案件中的当事人适格、诉讼主体的变更及共同诉讼等。其中,原告与被告的确定、共同被告与无独立请求权的第三人的区分是最高频的考点,2022 年考查了侵权案件中共同诉讼当事人的确定,2018 年考查了具体案件中原告与被告的确定。

2. 从考查方式来看,经常在案例题中对相似概念进行考查,而且经常结合民事实体法,尤其是侵权责任编的内容考查当事人适格问题。历年考试经常举一个案例来让考生判断该人究竟应当属于有独立请求权的第三人还是无独立请求权的第三人,属于普通共同诉讼人还是必要共同诉讼人。因此,准确掌握这四个概念之间的区别及相同之处非常重要。

3 设题陷阱

陷阱一:诉讼行为能力≠诉讼权利能力,民事权利能力≠诉讼权利能力。此处涉及两组概念的对比:一组是诉讼权利能力与诉讼行为能力,另一组是诉讼权利能力与民事权利能力。以 2014 年试题的 B 选项"被宣告为无行为能力的成年人可以自己的名义作为当事人进行诉讼"和 C 选项"不是民事主体的非法人组织依法可以自己的名义作为当事人进行诉讼"为例进行说明:(1)诉讼行为能力是指当事人可以亲自实施诉讼行为,并通过自己的行为行使诉讼权利和承担诉讼义务的诉讼法上的资格;而诉讼权利能力是指成为民事诉讼的当事人,享有民事诉讼权利和承担民事诉讼义务所必需的诉讼法上的资格。公民的诉讼权利能力始于出生,终于死亡,因此公民无论有无诉讼行为能力,只要他活着,就有诉讼权利能力,可以以自己的名义进行诉讼。(2)为了方便一些不具有民事权利能力的其他组织能够以自己的名义进行诉讼,《民事诉讼法》规定只要这些组织符合一定的条件,就具有诉讼权利能力。这就出现一个现象:一些其他组织在民法上不具有主体资格,但是在诉讼中却有当事人资格。记住,这是立法中的特殊规定,不应刻板地认为没有民事权利能力的主体一定没有诉讼权利能力。

陷阱二:共同被告与无独立请求权的第三人的区分。共同被告与无独立请求权的第三人的区分是历年考试的常考易错点,很多考生容易在这里犯错的原因在于:(1)未能正确认识共同被告与无独立请求权的第三人之间的本质区别;(2)虽能够分清二者之间的区别,但是不熟悉实体法关于基础法律关系的规定。以 2016 年试题为例,该题背景为幼儿园的学生被冲入幼儿园的精神病人姜某打伤,问在姜某、姜某的监护人朱某以及幼儿园中,谁是被告,谁是无独立请求权的第三人。本题中,考生很容易选出姜某及其监护人朱某是共同被告,但是在对幼儿园在诉讼中的身份进行判断时极易出错。究其原因在于,考生不熟悉《民法典》侵权责任编的规定。《民法典》侵权责任编规定,幼儿园未尽管理责任的,应当承担补充责任,因此幼儿园在本案中是与原告有直接权利义务关系的,其明显是共同被告,而不是无独立请求权的第三人。考生在学习这部分内容时,要多翻法条,在做题中巩固记忆,训练做题思维。

陷阱三:《民法典》和《民事诉讼法》都对适格当事人作出了规定,对于考试中经常考到的以下适格当事人,考生们应重点掌握:

(1)个人合伙相关的诉讼中以全体合伙人为共同诉讼人。个人合伙有依法核准登记字号的,应在法律文书中注明登记的字号。

须注意,合伙包括合伙组织、合伙型联营企业和个人合伙。前两者有诉讼权利能力,可以作为独立当事人,故应当以合伙组织、合伙型联营企业为当事人。个人合伙不具备诉讼权利能力,因此以全体合伙人作为共同诉讼人。

个人合伙中合伙人承担连带责任,因此起诉时,可以将全体合伙人列为共同被告,也可以只起诉其中的一部分合伙人,都是适格的当事人。

(2)个体工商户相关的诉讼中以营业执照上登记的经营者为当事人。有字号的,以营业执照上登记的字号为当事人,但应同时注明该字号经营者的基本信息。营业执照上登记的经营者与实际经营者不一致的,以登记的经营者和实际经营者为共同诉讼人。

(3)法人或其他组织相关的诉讼中以主要责任人为当事人。具体包括三种情形:法人或其他组织应登记而未登记即以法人或者其他组织名义进行民事活动;他人冒用法人或其他组织的名义进行民事活动(表见代理除外);法人或其他组织依法终止后仍以其名义从事民事活动。

(4)法人分支机构相关的诉讼中的当事人可分为以下两种情况:①法人分支机构非依法设立,或者虽然依法设立但没有领取营业执照的,以设立该分支机构的法人为当事人。②法人分支机构依法设立并领取营业执照的,或者银行、非银行金融机构的分支机构依法设立并领取营业执照的,以分支机构为当事人。

(5)职务行为相关的诉讼中以该法人或其他组织为当事人。如果是非职务行为引起的诉讼,则以该工作人员自己为当事人。

(6)提供劳务的一方因劳务造成他人损害的诉讼中,以接受劳务一方为被告。

(7)劳务派遣相关的诉讼中,被派遣的工作人员因执行工作任务造成他人损害的,以接受劳务派遣的用工单位为当事人。当事人主张劳务派遣单位承担责任的,该劳务派遣单位为共同被告。

(8)侵权纠纷相关的诉讼中:

①无民事行为能力人、限制民事行为能力人侵权纠纷诉讼中,以无民事行为能力人、限制民事行为能力人和其监护人为共同被告。

②教育机构相关的诉讼中以侵权人为被告。无民事行为能力人或者限制民事行为能力人在幼儿园、学校或者其他教育机构学习、生活期间,受到幼儿园、学校或者其他教育机构以外的人员损害,如果教育机构未尽到管理职责,则应将教育机构与侵权人列为共同被告。

③安保义务人相关的诉讼中:宾馆、商场、银行、车站、机场、体育场馆、娱乐场所等经营场所、公共场所的经营者、管理者或者群众性活动的组织者未尽到安全保障义务造成他人损害的,以经营者、管理者或组织者为被告。因第三人行为造成他人损害的,以第三人为被告;经营者、管理者或组织者未尽到安全保障义务的,将第三人和经营者、管理者或组织者列为共同被告。

真题快刷

考点一 当事人适格

1 甲把自己的私家车借给乙,因为乙刚拿驾照,两人约定乙只能在市里驾驶。但是乙开车出市后,直接开上高速。行人丙横穿马路,乙为躲避丙急打方向盘,将丁撞伤。交警大队对本次事故责任进行认定:乙承担本次事故30%的责任,丙承担本次事故70%的责任。现丁为治疗撞伤花了医疗费1万元,欲起诉要求相关主体承担赔偿责任,问被告应该如何列明?(2023年回忆版,多选)

A. 以乙为适格被告　　　　B. 以丙为适格被告

C. 甲和丙是共同被告　　D. 甲、乙和丙是共同被告

2 牛某驾车撞了任某,经查,车是刘某的,某天被苏某盗走后,借给了牛某,那么任某应当如何起诉?(2022 年回忆版,多选)

A. 以牛某为被告起诉　　B. 以苏某为被告起诉

C. 以苏某、牛某为共同被告起诉　　D. 以刘某为被告起诉

3 小张(17 周岁)打了小赵(16 周岁),小赵的家长大赵因找小张的家长大张赔偿未果而到法院起诉,此时小张已满 18 周岁但不具有经济能力。下列选项中对于本案的当事人说法正确的是:(2022 年回忆版,多选)

A. 大赵为原告　　B. 小赵为原告

C. 大张为被告　　D. 小张为被告

4 朱某去 4S 店试驾,想在高速公路测试汽车性能,4S 店让客户经理程某陪同朱某试驾。二人在高速公路试驾期间,突然遇到曾某横穿高速公路。虽然朱某采取了紧急制动措施,但是仍由于制动距离过近而撞伤了曾某。曾某拟向法院起诉,请问下列哪些民事主体是适格被告?(2021 年回忆版,多选)

A. 朱某　　B. 4S 店

C. 程某　　D. 高速公路管理人

5 刘某经工商登记注册了一家个体餐馆,命名为"刘大厨私房菜",其与张某协议由张某实际经营餐馆。张某在经营中因供货质量问题与供应商甲发生争执,拟提起诉讼,下列哪一主体为本案适格原告?(2020 年回忆版,单选)

A. 刘某为原告　　B. 张某为原告

C. "刘大厨私房菜"为原告　　D. 刘某和张某为共同原告

6 程某把房子租给陆某,双方约定租赁期间产生的一切责任由陆某承担。陆某在阳台养花,由于程某的房子临街,小区物业多次提醒其花盆掉下容易砸伤楼下行人,不要在阳台放花盆,陆某置若罔闻。某日,狂风暴雨致使阳台花盆掉落,正巧砸中楼下的李某。李某欲请求赔偿,以下可以作为被告的是:(2020 年回忆版,不定项)

A. 程某和陆某为共同被告　　B. 程某为被告

C. 小区物业为被告　　D. 陆某为被告

7 居住在 A 市甲区的蒋某在 A 市乙区某住宅楼拥有住房一套。为了能够顺利出租该住房,蒋某雇用住在 A 市丙区的杨某进行保洁处理。在工作过程中,杨某不慎将窗户上的玻璃撞破,其中的一块碎玻璃掉下来,将从住宅楼下经过的张某(女)的脸严重划伤。张某被送到医院紧急治疗后,与蒋某以及杨某进行交涉,但是因双方分歧较大,未取得任何结果。在本案中,张某应当以谁作为被告提起诉讼才是正确的?(2018 年回忆版,不定项)

A. 应以蒋某作为被告　　B. 应以杨某作为被告

C. 应以蒋某和杨某作为共同被告　　D. 可以蒋某或杨某作为被告

8 精神病人姜某冲入向阳幼儿园将入托的小明打伤,小明的父母与姜某的监护人朱某及向阳幼儿园协商赔偿事宜无果,拟向法院提起诉讼。关于本案当事人的确定,下列哪一选项是正确的?(2016 年,单选)

A. 姜某是被告,朱某是无独立请求权第三人

B. 姜某与朱某是共同被告,向阳幼儿园是无独立请求权第三人

C. 向阳幼儿园与姜某是共同被告

D. 姜某、朱某、向阳幼儿园是共同被告

9 小桐是由菲特公司派遣到苏拉公司工作的人员,在一次完成苏拉公司分配的工作任务时,失误造成路人周某受伤,因赔偿问题周某起诉至法院。关于本案被告的确定,下列哪一选项是正确的?(2016年,单选)

A. 起诉苏拉公司时,应追加菲特公司为共同被告

B. 起诉苏拉公司时,应追加菲特公司为无独立请求权第三人

C. 起诉菲特公司时,应追加苏拉公司为共同被告

D. 起诉菲特公司时,应追加苏拉公司为无独立请求权第三人

考点二 诉讼主体的变更

1 甲公司与乙公司因为合同纠纷诉至法院,二审时甲、丙公司合并为丁公司。关于本案表述正确的是:(2021年回忆版,多选)

A. 法院对甲、乙公司的一审判决对丁公司具有既判力

B. 乙公司无权要求法院追加丁公司作为当事人参加诉讼

C. 法院可以依职权决定由丁公司作为当事人参加诉讼

D. 如果丁公司作为当事人参加诉讼,已经进行的诉讼程序对丁公司具有拘束力

2 程某诉刘某借款诉讼过程中,程某将对刘某因该借款而形成的债权转让给了谢某。依据相关规定,下列哪些选项是正确的?(2016年,多选)

A. 如程某撤诉,法院可以准许其撤诉

B. 如谢某申请以无独立请求权第三人身份参加诉讼,法院可予以准许

C. 如谢某申请替代程某诉讼地位,法院可以根据案件的具体情况决定是否准许

D. 如法院不予准许谢某申请替代程某诉讼地位,可以追加谢某为无独立请求权第三人

考点三 共同诉讼

1 2019年杜某与银行签订借款合同,曹某提供担保;2020年杜某再次和银行签订借款合同,温某提供担保。杜某逾期拒不还款,银行起诉杜某要求还本付息,并要求曹某和温某承担保证责任。关于本案表述正确的是:(2021年回忆版,多选)

A. 两笔借款属于诉的单纯的合并,无须经过杜某的同意

B. 本案系必要共同诉讼,故合并审理无须经过被告杜某同意

C. 曹某、温某保证责任之间不存在牵连关系,法院不能合并审理

D. 曹某、温某分别为两次借款提供担保,属于诉的主体合并,合并审理需要经过曹某、温某同意

2 在一起众多投资人和A公司的投资纠纷中,原告选定甲作为代表人参加案件审理,审理过程中甲与被告A公司达成调解。对此调解协议,除投资人张某要求判决解决纠纷外,其他人一致同意。关于本案,下列选项正确的是:(2020年回忆版,单选)

A. 调解协议对全部人有效　　B. 法院应作出判决

C. 调解协议对张某无效，张某应另行起诉　　D. 法院应当制作调解书

3 老张有一套房。老张死后，儿子张甲与张乙就房产分割发生争议，张甲将张乙诉至法院。老张出嫁的女儿张丙知道后，认为自己有权继承遗产，于是向法院提出请求，下列选项正确的是：(2019 年回忆版，单选)

A. 张甲和张乙为原告，张丙为被告　　B. 张甲和张丙为原告，张乙为被告

C. 张丙为原告，张甲和张乙为被告　　D. 张甲为原告，张乙为被告，张丙为第三人

考点四　代表人诉讼

上市公司甲公司在公报中虚构业绩，导致大量投资者损失，某投保基金受易某等 80 名投资者的委托，提起特别代表人诉讼，法院依法认定了 5808 名投资者的委托，并确认其受到虚假陈述影响，后仅有郭某一人声明退出诉讼。关于本案判决对投资者的约束力，下列说法正确的是：(2023 年回忆版，单选)

A. 如代表人败诉，判决约束易某等 80 名投资者，其他投资人另行起诉

B. 如代表人胜诉，判决约束除郭某外的 5807 名投资者

C. 如代表人胜诉，判决约束全部投资者

D. 如代表人败诉，判决只约束其投保基金，所有投资者均可另行起诉

(本章答案及解析见第 96 页)

第六章　第　三　人

名师带练

1　考点考查统计

- 第三人
  - 第三人的概念与分类
    - 第三人的概念和特征 *
    - 有独立请求权的第三人 * *
    - 无独立请求权的第三人 * *
  - 第三人撤销之诉
    - 第三人撤销之诉的概念和特征 *
    - 第三人撤销之诉的程序设置 * *
    - 第三人撤销之诉与案外人申请再审、原裁判所涉及的案件再审的关系 * *

2　命题基本规律

1. 从考查内容上来说，本部分知识内容较少，但是难度较大。这体现在本部分主要就考查几

个相似概念之间的区别与联系，但概念之间的区别有难度。例如，有独立请求权第三人和无独立请求权第三人的异同，尤其是可以和不可以作为无独立请求权第三人的情形，以及无独立请求权第三人的诉讼权利。此外，还有第三人参加之诉和第三人撤销之诉的关系。它们二者之间有相同的部分，但更多的是不同点，需要考生对此加以注意。

2. 从考查方式上来说，第三人部分只会以案例题的形式进行考查。一方面，第三人与实践联系紧密，案例题可以更好地考查考生对第三人概念的理解；另一方面，这部分知识以法条的形式考查意义不大。此外，需要注意的是，第三人部分经常与前一考点当事人一起出题。最常见的形式是给出一个案例背景，问在这个案例中原告、被告、第三人分别是谁。

3 设题陷阱

陷阱一：有独立请求权的第三人提起的诉讼中原告与被告的确定。以 2016 年试题为例进行说明，该案是继承纠纷案件，本诉是基于法定继承关系进行的，原告、被告分别为丁一、丁二，有独立请求权的第三人丁爽基于遗嘱法律关系参加到诉讼中，主张应该由自己继承系争的财产。后本诉原告丁一撤诉，问程序上怎么处理。对于这种题目，首先应该清楚有独立请求权的第三人之诉具有独立性，无论本诉是否继续进行，都不影响有独立请求权的第三人之诉继续进行。因此，第一步可以判断有独立请求权的第三人之诉继续进行。但是很多考生接下来就犯错了，认为本诉原告丁一撤诉，说明丁一退出诉讼，因此继续进行的诉讼中的被告应该只有丁二。考生忽略了一个问题是，丁一撤诉带来的后果是本诉终结，与有独立请求权的第三人之诉无关。在有独立请求权的第三人之诉提起时，丁一的身份就已经确定。现在有独立请求权的第三人之诉继续进行，丁一、丁二应为另案被告。

陷阱二：受理第三人撤销之诉后，不可直接裁定中止执行原判决。“法院受理第三人撤销之诉后，应中止原裁判的执行”，这是一种非常典型的陷阱模式，我们称为“移花接木”，即将另一表面相似、实际完全不同的制度的规定套用到第三人撤销之诉中。学习再审时，我们知道法院决定再审后，应当裁定中止原判决、裁定、调解书的执行。但是在第三人撤销之诉中，除非第三人主动提供担保，或者第三人提出对执行标的的异议且法院裁定异议成立，此时才会中止执行。

陷阱三：共同诉讼人和第三人的区别。详见下表总结：

名称	含义	区别	参诉方式	案例
必要共同诉讼人	当事人一方或双方为二人以上，诉讼标的是共同的，必须共同进行诉讼的当事人	诉讼标的具有同一性（包括拥有共同的权利义务关系和基于同一事实原因、法律原因而产生）	必要共同诉讼是不可分之诉，要求共同诉讼人一并参加，没有参加的，法院依职权追加	如析产案件中的财产共有人、承担连带责任的代理人和被代理人
普通共同诉讼人	当事人一方或双方为二人以上，诉讼标的为同一种类，法院认为可以合并审理，并经当事人同意而一同向法院起诉或一同在法院应诉的当事人	诉讼标的属同一类型，具有共同的法律性质	普通共同诉讼是可分之诉，法院认为可以合并审理且当事人同意合并的，才能合并进行审理	如某人将三套房屋分别租给三人，但三人均未按时支付租金，这三人为普通共同诉讼人
有独立请求权的第三人	认为对原告、被告之间争议的诉讼标的有独立的请求权，而参加到原告、被告已开始的诉讼中进行诉讼的人	既不同意诉讼中原告的主张，也不同意诉讼中被告的主张，且对诉讼标的有独立的请求权	有独立请求权的第三人有权提起诉讼，实际上是提起一个新诉	如在甲、乙之间的所有权纠纷中，丙主张对诉讼标的物享有完整的所有权，丙为有独立请求权的第三人

续表

名称	含义	区别	参诉方式	案例
无独立请求权的第三人	对原告、被告之间争议的诉讼标的没有独立的请求权,但案件处理结果可能与其有法律上的利害关系而申请参加诉讼或由法院通知其参加诉讼的人	支持原告或被告的主张,辅助本诉的一方对抗另一方,对诉讼标的没有独立的请求权	无独立请求权的第三人申请参加或法院通知其参加	如乙无力清偿对甲的10万元债务却怠于行使其对丙的10万元债权,甲提起代位权诉讼,此时法院通知乙以无独立请求权第三人的身份参加诉讼

真题快刷

考点一 第三人的概念与分类

1 李立与陈山就财产权属发生争议提起确权诉讼。案外人王强得知此事,提起诉讼主张该财产的部分产权,法院同意王强参加诉讼。诉讼中,李立经法院同意撤回起诉。关于该案,下列哪些选项是正确的?(2017年,多选)

A. 王强是有独立请求权的第三人

B. 王强是必要的共同诉讼人

C. 李立撤回起诉后,法院应裁定终结诉讼

D. 李立撤回起诉后,法院应以王强为原告、李立和陈山为被告另案处理,诉讼继续进行

2 丁一诉弟弟丁二继承纠纷一案,在一审中,妹妹丁爽向法院递交诉状,主张应由自己继承系争的遗产,并向法院提供了父亲生前所立的其过世后遗产全部由丁爽继承的遗嘱。法院予以合并审理,开庭审理前,丁一表示撤回起诉,丁二认为该遗嘱是伪造的,要求继续进行诉讼。法院裁定准予丁一撤诉后,在程序上,下列哪一选项是正确的?(2016年,单选)

A. 丁爽为另案原告,丁二为另案被告,诉讼继续进行

B. 丁爽为另案原告,丁一、丁二为另案被告,诉讼继续进行

C. 丁一、丁爽为另案原告,丁二为另案被告,诉讼继续进行

D. 丁爽、丁二为另案原告,丁一为另案被告,诉讼继续进行

3 赵某与刘某将共有商铺出租给陈某。刘某瞒着赵某,与陈某签订房屋买卖合同,将商铺转让给陈某,后因该合同履行发生纠纷,刘某将陈某诉至法院。赵某得知后,坚决不同意刘某将商铺让与陈某。关于本案相关人的诉讼地位,下列哪一说法是正确的?(2015年,单选)

A. 法院应依职权追加赵某为共同原告

B. 赵某应以刘某侵权起诉,陈某为无独立请求权第三人

C. 赵某应作为无独立请求权第三人

D. 赵某应作为有独立请求权第三人

考点二 第三人撤销之诉

1 乙向甲借款200万元,丙以自己的一辆车为该笔债务提供担保,到期后乙不能如期还款。一审、二审法院均判决甲胜诉。但甲没有申请执行乙的财产,而是直接向法院申请实现对丙的担保

权。丙向法院起诉,认为甲乙是虚假诉讼,申请撤销甲乙之间的借款合同,同时申请解除担保合同。则法院应如何处理?(2023 年回忆版,单选)

A. 两个反诉均应受理

B. 两个反诉都不应受理,告知丙申请再审

C. 受理解除合同之诉,驳回撤销合同之诉

D. 受理撤销合同之诉,驳回解除合同之诉

2 甲在乙超市购买丙公司生产的食品饼干,该饼干外包装上没有成分标识,甲食用后发生了食物中毒。甲起诉乙超市请求损害赔偿,法院判决甲胜诉。此时丙公司提出第三人撤销之诉,提出自己的饼干没有质量问题,甲与乙超市之间的判决错误,要求撤销判决。乙超市赞成丙公司的观点。下列说法正确的是:(2022 年回忆版,单选)

A. 法院判决驳回丙公司的诉讼请求

B. 法院裁定驳回丙公司的起诉

C. 乙超市是第三人撤销之诉的共同被告

D. 乙超市是第三人撤销之诉的第三人

3 在甲公司诉乙公司买卖合同之诉中,法院经审理判决合同无效。丙公司得知该判决后,认为该判决导致合同目的无法实现,损害其合法权益,遂向法院起诉。经审理,法院认为甲公司在合同无效之诉中提供的证据确系伪造,但丙公司未证明该判决损害其利益。关于法院对本案的处理,下列哪些选项是正确的?(2020 年回忆版,多选)

A. 裁定驳回起诉

B. 判决驳回诉讼请求

C. 自行启动再审,裁定撤销原判,发回重审

D. 自行启动再审,判决撤销原判,依法改判

4 丙公司因法院对甲公司诉乙公司工程施工合同案的一审判决(未提起上诉)损害其合法权益,向 A 市 B 县法院提起撤销诉讼。案件审理中,检察院提起抗诉,A 市中级法院对该案进行再审,B 县法院裁定将撤销诉讼并入再审程序。关于中级法院对丙公司提出的撤销诉讼请求的处理,下列哪一表述是正确的?(2017 年,单选)

A. 将丙公司提出的诉讼请求一并审理,作出判决

B. 根据自愿原则进行调解,调解不成的,告知丙公司另行起诉

C. 根据自愿原则进行调解,调解不成的,裁定撤销原判发回重审

D. 根据自愿原则进行调解,调解不成的,恢复第三人撤销诉讼程序

5 汤某设宴为母祝寿,向成某借了一尊清代玉瓶装饰房间。毛某来祝寿时,看上了玉瓶,提出购买。汤某以 30 万元将玉瓶卖给了毛某,并要其先付钱,寿典后 15 日内交付玉瓶。毛某依约履行,汤某以种种理由拒绝交付。毛某诉至甲县法院,要求汤某交付玉瓶,得到判决支持。汤某未上诉,判决生效。在该判决执行时,成某知晓了上述情况。对此,成某依法可采取哪些救济措施?(2017 年,多选)

A. 以案外人身份向甲县法院直接申请再审

B. 向甲县法院提出执行异议

C. 向甲县法院提出第三人撤销之诉

D. 向甲县法院申诉,要求甲县法院依职权对案件启动再审

(本章答案及解析见第 102 页)

第七章　诉讼代理人

名师带练

1　考点考查统计

诉讼代理人——法定诉讼代理人 *

2　命题基本规律

1. 从考查内容来看,委托诉讼代理人主要包含委托诉讼代理人的范围、权限,以及委托诉讼代理权的产生与消灭。法定诉讼代理人主要包含法定诉讼代理人的范围、权限,以及法定诉讼代理权的取得与消灭。

2. 从考查方式来说,案例考查与法条考查各占一半。无论是案例考查还是法条考查,归根结底都是对题目背后知识的考查。考生在复习这部分时,要做到心中有数。

3　设题陷阱

陷阱一:法定代理人可以实施所有的诉讼行为。“法定诉讼代理人在诉讼中可以按照自己的意志代理被代理人实施所有诉讼行为”,这是2011年试题的原话,很多考生在当年的考试中遗漏了该选项,认为这个选项说法过于绝对,因此不敢选。但是根据《民事诉讼法》的规定可知,法定代理是一种全权代理,法定代理人就是可以按照自己的意志代理被代理人实施所有诉讼行为。此处的绝对说法是正确的,千万不能用刑事诉讼法中法定代理人不能代为最后陈述来反驳这道题。

陷阱二:委托代理仅写“全权代理”,没有具体授权的,仍然理解为一般代理。这个问题反复多次考查,需要特别注意。

真题快刷

一对夫妻因车祸死亡,他们有四个孩子甲、乙、丙、丁,其中丁17周岁,夫妻的遗产由甲在实际使用。现因不满意遗产分配情况,乙、丙、丁对甲提起诉讼,但丁对他们的分配方案都不满意。本案应如何确定丁的监护人?(2020年回忆版,单选)

A. 法院指定甲、乙、丙以外的人做丁的监护人

B. 法院指定甲做丁的监护人,并且担任丁的法定代理人参与诉讼

C. 丁没有监护人,自己参与诉讼

D. 丁委托乙做自己的诉讼代理人

(本章答案及解析见第108页)

第八章　证　　据

名师带练

1　考点考查统计

- 证据
  - 民事证据的种类
    - 证据的证明力 * *
    - 八大法定证据的内涵及区分 * * * *
  - 民事证据的分类
    - 本证与反证 *
    - 直接证据与间接证据 *
    - 原始证据与传来证据 *

2　命题基本规律

从历年试题来看,本部分主要命题规律为:

1. 在常规考点的基础上,考“新”、考“热”。在证据的法定种类这部分,证人证言是常规高频考点,而鉴定人和专家辅助人则是最近几年出现的考试热点。考生使用本书时,要对陷阱点拨部分的表格加以重点关注。在证据的理论分类这部分,共考查三对理论概念。考生需要注意掌握直接证据与间接证据的划分标准与区别、本证与反证的划分标准与区别以及原始证据与传来证据的划分标准与区别。

2. 基础知识难度一般,但题目难度较大,如电子数据的概念界定简单,但实际案例中的微信聊天记录、网银转账记录是否为电子数据判断。

3. 易于出题,考查频率居高不下。从“考点考查统计”中可以看到,从 2014 年至今证据部分已经考查多次,与前面第三人制度的考查频率不相上下。而且 2018 ~ 2023 年法考均对证据制度进行了考查,本证与反证也是近两年的热门考点。可以说,证据制度是民事诉讼法的灵魂所在,法官通过证据对整个案件形成心证,在此基础上按照法律规定形成判决。因此,作为考生,无论是为了考试,还是为了以后的职业生涯,都应熟练掌握证据方面的知识。

3　设题陷阱

陷阱一:若当事人有异议或法院要求,鉴定中心必须派员出庭。“丙鉴定中心应当派员出庭,但有正当理由不能出庭的除外”,该选项比较具有干扰性,看起来似乎很正当。但是根据《民事诉讼法》的规定,当事人对鉴定意见提出异议或者法院认为鉴定人应当出庭的,鉴定人必须出庭对鉴定意见作出说明,否则该鉴定意见将不被采纳。在这一点上,鉴定中心不得以任何理由拒绝出庭。

陷阱二:与证人出庭费用不同,有专门知识的人的出庭费用应该由申请方承担。有专门知识的人出庭的本质在于帮助申请人一方对证据进行质证,虽然其发表的专业知识不具有立场,但是一般是在帮助申请人一方。证人出庭作证是站在中立的立场上如实陈述，且证人出庭的费用是诉讼中必不可少的费用。因此，证人出庭费用由败诉方承担，而有专门知识的人的出庭费用由申请方承担。考试中多次出现“有专门知识的人的出庭费用应由败诉方承担”这一干扰选项，故在此特别说明。

陷阱三：照片在民事诉讼中证据种类的判断以及电子证据的特殊性。(1)如果是已经洗印出来的照片，其种类应根据该照片所摄的具体内容判断。比如，以照片形式拍摄的证人证言，不因采用照片这一形式改变其证人证言的属性。(2)如果是存放在电脑硬盘、光盘等介质中，需要特定设备才能被人感知的照片，应属于电子数据。(3)民事诉讼证据种类的分类标准并不一致。如书证和物证是按照其证明待证事实的方式划分的，以内容证明的为书证，以外在物理形态证明的为物证。电子数据是以其存放证据介质的特殊性以及该证据被人感知方式的特殊性划分的，电子数据其被人感知的具体内容可能是书证、物证等其他种类的证据。因此，电子数据可能与其他证据种类存在重合，但目前法律将这类存放形式的证据统一归为电子数据。

真题快刷

考点一　民事证据的种类

1 人民法院审理某民事案件过程中，A鉴定机构根据法院委托就案件中的某个事实作出了鉴定报告，原告甲申请专业人士李教授出庭，询问鉴定机构的鉴定人；被告乙询问了李教授。下列说法正确的是：(2023年回忆版，单选)

A. 李教授询问鉴定人，适用鉴定人规则

B. 被告询问李教授，适用鉴定人规则

C. 被告询问李教授，适用证人规则

D. 被告询问李教授，适用当事人规则

2 温杜公司开发的软件屡遭盗版，其遂派公司人员假扮消费者与盗版商磋商，请公证人员用手机秘密拍摄磋商过程。公证处对此制作了公证书，温杜公司据此向法院起诉盗版商索赔。关于公证书，下列说法正确的是：(2019年回忆版，单选)

A. 公证人员制作的公证书属于书证

B. 公证书是原始证据

C. 假扮消费者有违公平原则，有损经济秩序，应予排除

D. 公证处只应公证合法法律行为，该公证书有瑕疵，应予排除

3 贾某因家里突发急事而急需用钱，向好友艾某借了30万元，并承诺下月还钱。因艾某与贾某是朋友关系，再加上贾某承诺很快就会归还欠款，艾某就没有让贾某打借条。过了半年之后，贾某仍未归还该笔欠款。此时，正好赶上艾某家里有事需要用钱，其就打电话给贾某，要求贾某归还欠款30万元，并要求贾某支付逾期利息3000元。贾某承认借款30万元，但请求艾某免除利息。后双方没有协商成功，艾某向法院起诉，要求贾某归还欠款及支付利息。艾某将其与贾某打电话时私下偷录的电话录音剪辑后提交给了法院。关于本案证据的认定，下列说法错误的是：(2018年回忆版，多选)

A. 电话录音没有经过对方同意，不能作为证据使用

B. 电话录音虽然没有经过对方同意，依然可以作为证据使用

C. 电话录音经过了剪辑，存有疑点，不能作为证据使用

D. 贾某对借款事实的承认构成了自认

4 甲公司与乙公司签订长期代销产品合同。2015～2017年，甲公司支付给乙公司货款660万元，乙公司供货后开具590万元的增值税发票。2018年1月，甲公司向法院起诉要求乙公司返还差款价额70万元，乙公司辩称发票少开是对方同意的，但是确实给甲公司提供了价值660万元的货物，并提供了双方2017年12月合同期限结束时的对账单，对账单写明了双方以先送货后付款的方式发生了660万元的业务并全部结清。甲公司辩称该对账单是传真件，是对方伪造的。关于本案，下列说法正确的是：(2018年回忆版，不定项)

A. 对账单只是对账簿记录审核、对照形成的会计凭证，并不能作为证据使用

B. 该对账单是传真件，没有单位盖章，不能作为证据使用

C. 该对账单可以作为证据使用，法官可以综合案件情况对该事实进行认定

D. 该对账单是伪造的，该事实举证证明责任应该由甲公司承担

5 杨青(15岁)与何翔(14岁)两人经常嬉戏打闹，一次，杨青失手将何翔推倒，致何翔成了植物人。当时在场的还有何翔的弟弟何军(11岁)。法院审理时，何军以证人身份出庭。关于何军作证，下列哪些说法不能成立？(2017年，多选)

A. 何军只有11岁，无诉讼行为能力，不具有证人资格，故不可作为证人

B. 何军是何翔的弟弟，应回避

C. 何军作为未成年人，其所有证言依法都不具有证明力

D. 何军作为何翔的弟弟，证言具有明显的倾向性，其证言不能单独作为认定案件事实的根据

考点二 民事证据的分类

1 甲公司主张乙公司欠钱不还，在法庭上拿出了双方的买卖合同作为证据。乙公司主张虽曾欠钱但现已经归还，并拿出了打印出来的网银转账电子对账单。甲公司主张该转账记录代表的不是这笔钱，是乙的子公司之前向甲公司借款，只是通过乙公司还款而产生的还款转账，并拿出了乙的子公司的借款合同。则关于上述证据，下列说法正确的是：(2023年回忆版，多选)

A. 甲公司拿出的借款合同是本证

B. 乙公司拿出的证明已经还款的转账记录证据是本证

C. 子公司需要承担与甲公司之间借款合同真实性的举证责任

D. 乙公司提供的电子对账单是电子数据

2 甲向法院起诉乙归还325万元，向法院提供了借条。乙称借条是伪造，并向法院提交了转账凭证200万元，证明乙只借了200万元，其余的125万元是高利贷。以下说法正确的是：(2020年回忆版，多选)

A. 乙提供的转账凭证是反证

B. 甲向法院申请鉴定借条的真伪，否则承担诉讼的不利结果

C. 乙向法院申请鉴定借条的真伪，否则承担诉讼的不利后果

D. 甲提供的借条是本证

3 王某诉钱某返还借款案审理中，王某向法院提交了一份有钱某签名、内容为钱某向王某借款5万元的借条，证明借款的事实；钱某向法院提交了一份有王某签名、内容为王某收到钱某返还借款5万元并说明借条因王某过失已丢失的收条。经法院质证，双方当事人确定借条和收条所说

的 5 万元是相对应的款项。关于本案，下列哪一选项是错误的？(2017 年，单选)

A. 王某承担钱某向其借款事实的证明责任　　B. 钱某自认了向王某借款的事实

C. 钱某提交的收条是案涉借款事实的反证　　D. 钱某提交的收条是案涉还款事实的本证

4 战某打电话向牟某借款 5 万元，并发短信提供账号，牟某当日即转款。之后，因战某拒不还款，牟某起诉要求战某偿还借款。在诉讼中，战某否认向牟某借款的事实，主张牟某转的款是为偿还之前向自己借的款，并向法院提交了证据；牟某也向法院提供了一些证据，以证明战某向其借款 5 万元的事实。关于这些证据的种类和类别的确定，下列哪一选项是正确的？(2016 年，单选)

A. 牟某提供的银行转账凭证属于书证，该证据对借款事实而言是直接证据

B. 牟某提供的记载战某表示要向其借款 5 万元的手机短信属于电子数据，该证据对借款事实而言是间接证据

C. 牟某提供的记载战某表示要向其借款 5 万元的手机通话录音属于电子数据，该证据对借款事实而言是直接证据

D. 战某提供一份牟某书写的向其借款 10 万元的借条复印件，该证据对牟某主张战某借款的事实而言属于反证

(本章答案及解析见第 108 页)

第九章　证　　明

名师带练

1　考点考查统计

- 证明
  - 证明责任
    - 证明责任的概念 *
    - 证明责任的分配 * * *
  - 证据保全
    - 证据保全的条件和程序 *
    - 证据保全的措施 *
  - 证明程序
    - 举证时限的概念及确定 *
    - 证据交换与质证 *
    - 人民法院调查收集证据 *
    - 证明妨碍 * *

2　命题基本规律

1. 从考查内容上来看，本部分经常考查的知识点包括：(1)当事人可以申请人民法院调查收集

的证据类型以及人民法院可以依职权调查收集的证据类型；(2)逾期举证的后果；(3)三大诉讼法中的非法证据概念的不同；(4)证明妨碍的概念及后果；(5)证明责任的分配。

2. 从考查形式上来看，本考点以案例考查为主，兼有少量的法条考查。法条考查主要围绕自认的范围、证据的证明力等内容展开，而案例考查则集中在证明责任的分配、举证时限和证明妨碍等实务性较强的部分。侵权案件、合同案件中证明责任的分配是历年的考查重点。尤其结合民间借贷纠纷、不当得利、买卖合同、高空坠物侵权等实务热点问题考查原、被告应对何种事实承担证明责任是高频考点。因此，考生在复习过程中应有所侧重，在证明责任和证明程序上多分配一些时间。

3 设题陷阱

陷阱一：为达成调解协议或和解协议所作的认可，不一定能产生自认的效果。“被告在诉讼调解过程中对原告主张的事实予以承认，但该调解最终未能成功。”该选项意在考查自认的范围。考生需要注意，当事人为达成调解协议或者和解协议作出妥协而认可的事实，不得在其后的诉讼中作为对其不利的证据，除非法律另有规定或双方当事人均认可。在此选项的条件下，显然不能产生自认的法律后果。

陷阱二：没有证明对象，就没有证明责任。这里以 2017 年试题为例，对证明责任与证明对象的关系加以说明。该案中提供劳务方杨某导致原告乔某受伤，乔某诉至法院。首先，乔某应当以接受劳务方薛某为被告提起诉讼。其次，本题问证明薛某主观上有无过错是谁的证明责任。此时，考生应该立刻寻找本案的证明对象是什么，然后再考虑证明责任的承担问题。《民法典》侵权责任编明确规定，提供劳务一方致人损害的，无论接受劳务一方是否具有过错，均应承担赔偿责任。因此，在本案中薛某是否有过错不是证明对象，也就根本不会产生由谁承担证明责任的问题。

陷阱三：证明责任具有双重含义，即行为意义的证明责任与结果意义的证明责任。行为意义的证明责任，是指当事人对所主张的事实负有提供证据证明的责任。结果意义的证明责任是指案件事实处于真伪不明状态时，主张该事实的当事人所承担的不利诉讼结果。一般而言的证明责任是指结果意义的证明责任。行为意义的证明责任与结果意义的证明责任的区别之一就是能否在当事人之间转移。行为意义的证明责任可以在双方当事人之间转移，当一方当事人面临无法说服法官的危险时，就应对其主张举证。比如，甲起诉至法院要求乙返还 5000 元借款，乙主张已还借款，此时乙需为其主张提供证据，如果法院采用乙的意见，则甲的主张可能得不到支持，此时甲需要就乙的欠款问题继续举证。结果意义的证明责任是指一种败诉风险，由实体法确定，不得转移。比如，根据《民法典》的规定，一般侵权纠纷中，受害人需就侵权行为的四个构成要件承担证明责任，如果其不能证明侵权行为成立，就要承担败诉的风险。

真题快刷

考点一 证明责任

1 甲在自己家门口堆放杂物，邻居乙的小孩路过，杂物倒塌将小孩砸伤。乙要求甲赔偿，甲拒不赔偿，乙向法院提起诉讼。下列关于本案证明责任的说法，正确的是：(2023 年回忆版，多选)

A. 甲应就损害事实承担举证责任

B. 乙应就损害事实承担举证责任

C. 乙应就甲主观有过错承担举证责任

D. 甲应就自己主观没有过错承担举证责任

2 原告起诉被告要求其归还借款，开庭时被告辩称自己已经归还欠款，并拿出一张收条证明，原告称收条上原告签名系伪造的。关于本案证明责任，下列说法正确的是：(2021 年回忆版，多选)

A. 被告对签名的真伪负有证明责任

B. 原告对收条负有证明责任

C. 被告对收条负有证明责任

D. 原告对签名的真伪负有证明责任

3 温某在理财公司购买理财产品，后出现了大额亏损。温某便一纸诉状将理财公司起诉至法院，主张自己购买的产品是固定收益型，不应出现亏本现象，故请求撤销合同。庭审过程中理财公司工作人员提供合同原件，并展示合同上有温某亲笔书写"本人已经知悉该产品存在本金损失风险"，并有温某亲笔签名。温某主张理财公司人员明确告知其产品是固定收益型，而该句话是理财公司工作人员说为了完成工作任务让其书写的。关于本案表述正确的是：(2020 年回忆版，多选)

A. 理财公司提供的合同原件是间接证据

B. 理财公司提供合同原件后，行为意义上的举证责任转移给温某

C. 温某应当将其主张的事实证明到排除合理怀疑的证明标准

D. 温某应当将其主张的事实证明到高度可能性标准

4 居住在 A 市甲区的蒋某在 A 市乙区某住宅楼拥有住房一套。为了能够顺利出租该住房，蒋某雇用住在 A 市丙区的杨某进行保洁处理。在工作过程中，杨某不慎将窗户上的玻璃撞破，其中的一块碎玻璃掉下来，将从住宅楼下经过的张某(女)的脸严重划伤。张某被送到医院紧急治疗后，与蒋某以及杨某进行交涉，但是因双方分歧较大，未取得任何结果。于是张某向人民法院提起诉讼。若本案最终由甲区人民法院进行审理，则下列关于双方当事人证明责任的说法正确的是：(2018 年回忆版，不定项)

A. 证明责任的分配，原则上是"谁主张，谁举证"

B. 本案属于证明责任倒置的情形，应当由被告承担举证责任，张某无须承担证明责任

C. 蒋某否认侵权事实的，应当对该事实承担举证责任

D. 蒋某否认自己存在过错的，应当对该事实承担举证责任

5 薛某雇杨某料理家务。一天，杨某乘电梯去楼下扔掉厨房垃圾时，袋中的碎玻璃严重划伤电梯中的邻居乔某。乔某诉至法院，要求赔偿其各项损失 3 万元。关于本案，下列哪一说法是正确的？(2017 年，单选)

A. 乔某应起诉杨某，并承担杨某主观有过错的证明责任

B. 乔某应起诉杨某，由杨某承担其主观无过错的证明责任

C. 乔某应起诉薛某，由薛某承担其主观无过错的证明责任

D. 乔某应起诉薛某，薛某主观是否有过错不是本案的证明对象

考点二 证据保全

甲公司生产的"晴天牌"空气清新器销量占据市场第一，乙公司见状，将自己生产的同类型产

品注册成“清天牌”，并全面仿照甲公司产品，使消费者难以区分。为此，甲公司欲起诉乙公司侵权，同时拟申请诉前禁令，禁止乙公司销售该产品。关于诉前保全，下列哪些选项是正确的？（2015年，多选）

A. 甲公司可向有管辖权的法院申请采取保全措施，并应当提供担保

B. 甲公司可向被申请人住所地法院申请采取保全措施，法院受理后，须在48小时内作出裁定

C. 甲公司可向有管辖权的法院申请采取保全措施，并应当在30天内起诉

D. 甲公司如未在规定期限内起诉，保全措施自动解除

考点三 证明程序

1 叶某诉汪某借款纠纷案，叶某向法院提交了一份内容为汪某向叶某借款3万元并收到该3万元的借条复印件，上有“本借条原件由汪某保管，借条复印件与借条原件具有同等效力”字样，并有汪某的署名。法院据此要求汪某提供借条原件，汪某以证明责任在原告为由拒不提供，后又称找不到借条原件。证人刘某作证称，他是汪某向叶某借款的中间人，汪某向叶某借款的事实确实存在；另外，汪某还告诉刘某，他在叶某起诉之后把借条原件烧毁，汪某在法院质证中也予以承认。在此情况下，下列哪些选项是正确的？（2017年，多选）

A. 法院可根据叶某提交的借条复印件，结合刘某的证言对案涉借款事实进行审查判断

B. 叶某提交给法院的借条复印件是案涉借款事实的传来证据

C. 法院可认定汪某向叶某借款3万元的事实

D. 法院可对汪某进行罚款、拘留

2 哥哥王文诉弟弟王武遗产继承一案，王文向法院提交了一份其父生前关于遗产分配方案的遗嘱复印件，遗嘱中有“本遗嘱的原件由王武负责保管”字样，并有王武的签名。王文在证明责任期间书面申请法院责令王武提交遗嘱原件，法院通知王武提交，但王武无正当理由拒绝提交。在此情况下，依据相关规定，下列哪些行为是合法的？（2016年，多选）

A. 王文可只向法院提交遗嘱的复印件

B. 法院可依法对王武进行拘留

C. 法院可认定王文所主张的该遗嘱能证明的事实为真实

D. 法院可根据王武的行为而判决支持王文的各项诉讼请求

（本章答案及解析见第114页）

第十章　期间与送达

名师带练

1　考点考查统计

- 期间与送达
  - 期间
    - 期间的概念与种类 *
    - 期间的计算 *
    - 期间的耽误与延展 *
  - 送达
    - 送达的概念与特征 *
    - 送达方式 *
    - 送达的效力 *

2　命题基本规律

民事诉讼的期间与送达部分主要考查的内容有:(1)期间的种类与计算方式,期间的耽误与延展;(2)送达的概念和特征,以及六种不同的送达方式分别应该注意的事项。从考试频率来看,期间与送达的重要性要低于其他考点。但 2018 年对送达方式进行了考查,2021 年也对送达进行了考查。2023 年 9 月《民事诉讼法》修正,涉外民事诉讼程序中的送达规则有了较大的修改,此处可能成为 2024 年法考送达部分的考查重点。

另外需要特别提醒考生注意的是,一定要将期间与送达与涉外民事诉讼程序中的期间与送达区分开,不要混淆这两部分的知识。除此之外,期间与送达总体上内容简单,属于“送分题”。只要在备考过程中认真准备了,这部分分数一般都能拿到手。

3　设题陷阱

陷阱一:有正当事由的,法定期间也可以申请顺延。某选项表述为,“上诉期限为法定期间,张弟提出顺延期限,法院不应准许”。部分考生对法定期间的理解有偏差,认为法定期间一定是不可变期间,故认为该选项正确。但事实上,只要当事人因不可抗拒的事由耽误期间的,都可以向法院申请顺延,至于是否被准许,则应由法院来决定。因此,纠正错误的知识储备很必要,同时也要及时纠正错误的思维方式。

陷阱二:委托送达有条件,委托对象是法院。某选项表述为,“法院在审理张某和赵某借款纠纷时,委托赵某所在学校代为送达起诉状副本和应诉通知”。根据法律规定,直接送达诉讼文书确有困难的,可以委托其他人民法院代为送达。这说明在委托送达中,法院只能委托另一法院帮忙送达,除法院之外,其他机构都不可以代为行使送达权。这一点,请考生格外注意。

真题快刷

考点一 期间

张兄与张弟因遗产纠纷诉至法院，一审判决张兄胜诉。张弟不服，却在赴法院提交上诉状的路上被撞昏迷，待其经抢救苏醒时已超过上诉期限一天。对此，下列哪一说法是正确的？（2015年，单选）

A. 法律上没有途径可对张弟上诉权予以补救

B. 因意外事故耽误上诉期限，法院应依职权决定顺延期限

C. 张弟可在清醒后10日内，申请顺延期限，是否准许，由法院决定

D. 上诉期限为法定期间，张弟提出顺延期限，法院不应准许

考点二 送达

1 在李某与赵某的诉讼案件中，法院多次向赵某送达应诉通知书均无人接收，后通过赵某的邻居了解到，赵某在外出差，已经一年多没有回来居住。则法院对赵某可以采用哪一送达方式？（2023年回忆版，单选）

A. 可采取电子送达的方式

B. 可采取留置送达的方式

C. 可采取邮寄送达的方式

D. 可采取公告送达的方式

2 王某与吴某是同学关系。2010年2月王某因结婚需购买住房，向吴某借款2万元，口头约定年底归还。后王某无力偿还借款，吴某在多次催讨无果的情况下，于2012年2月7日诉诸法院。2012年2月28日开庭时，王某辩称此前已还了1万元借款，但未向法庭提供证据。在调解未果的情况下，法庭通知双方决定于2012年3月8日就该案进行宣判。王某因事无法到庭，委托其妻子到庭代为签收判决书。宣判之日，王某妻子发现法院判决王某败诉，并没对1万元还款事实予以认定，当即表示不认可判决结果，并拒绝在送达回证上签字。审判人员、书记员在送达回证上注明了送达情况并签名。关于本案判决书的送达方式，下列说法正确的是？（2018年回忆版，单选）

A. 构成留置送达

B. 构成直接送达

C. 构成委托送达

D. 构成电子送达

（本章答案及解析见第119页）

第十一章　人民法院调解

名师带练

1　考点考查统计

人民法院调解
- 人民法院调解与诉讼外调解＊＊
- 调解书及调解的效力＊＊＊

2　命题基本规律

总体来讲，民事诉讼中的人民法院调解部分难度较低，主要是对法条的直接考查。从考查内容来看，调解在考试中考查的内容包括：(1)人民法院调解的概念与性质，人民法院调解与诉讼外调解、诉讼中和解的区别；(2)调解中当事人自愿原则、合法原则；(3)人民法院调解的程序，从开始到进行再到结束；(4)调解书及调解的效力等。

值得大家注意的是，近年法考连续对调解制度进行了考查。调解作为一种有效的解决民事纠纷的方式，将会在推动多元化纠纷解决机制的浪潮中发挥出更大的作用，而确认调解协议程序作为新增程序，考查力度会加大。

3　设题陷阱

陷阱一：担保人拒绝签收调解书，不影响调解书的效力。“因丙公司反悔，调解书对其没有效力，但对甲公司、乙公司仍具有约束力”“因丙公司反悔，法院应当及时作出判决”，以上是2016年试题的C、D选项，均为迷惑选项，意在考查担保人丙公司反悔是否会影响调解书的效力。在此提醒考生注意，担保法律关系由《民法典》担保制度来调整，自满足《民法典》担保制度规定的条件时起，担保条款即发生效力。因此，担保人丙公司是否拒绝签收是不会影响调解书生效的，也不影响担保人承担担保责任。

陷阱二：执行阶段可“和”不可“调”。某选项表述为“执行过程中，达成和解协议的，法院可根据当事人的要求制作成调解书”。该选项的迷惑性在于将法院纳入了当事人在执行阶段的和解协议中，事实上执行和解协议是双方当事人在执行阶段自行达成的协议，法院并不参与其中。而且，在执行部分我们将会学习到：只有诉讼程序可以调解，其他程序均不能调解；不能调解也就没有制作调解书这一说法。因此，在执行中，双方当事人自行和解达成协议的，执行员只需将协议内容记入笔录，由双方当事人签名或者盖章。如果一方当事人反悔不履行和解协议，那么法院可以根据当事人的申请，恢复对原生效法律文书的执行。

真题快刷

1 周某(男)与张某(女)婚后因感情纠纷，诉至法院，请求离婚。诉讼中双方达成调解协议：

约定两个孩子由女方抚养,两套房屋均归女方所有,男方每月支付抚养费1万元。法院依据调解协议制作调解书送达给双方当事人。签收时,张某发现法院调解书上关于房屋部分的内容错误,将调解协议中约定的“两套房屋均归她所有”写成了“周某和张某一人一套”,遂提出异议。关于本案,下列说法正确的有:(2018年回忆版,单选)

A. 调解书已经生效,不能提出异议,可以违反自愿原则为由申请再审

B. 调解书不生效,法院收回调解书,重新制作后再送达给双方

C. 法院审查后认为异议成立的,及时作出判决

D. 法院审查后认为异议成立的,作出裁定予以补正

2 甲公司因合同纠纷向法院提起诉讼,要求乙公司支付货款280万元。在法院的主持下,双方达成调解协议。协议约定:乙公司在调解书生效后10日内支付280万元本金,另支付利息5万元。为保证协议履行,双方约定由丙公司为乙公司提供担保,丙公司同意。法院据此制作调解书送达各方,但丙公司反悔拒绝签收。关于本案,下列哪一选项是正确的?(2016年,单选)

A. 调解协议内容尽管超出了当事人诉讼请求,但仍具有合法性

B. 丙公司反悔拒绝签收调解书,法院可以采取留置送达

C. 因丙公司反悔,调解书对其没有效力,但对甲公司、乙公司仍具有约束力

D. 因丙公司反悔,法院应当及时作出判决

3 关于法院制作的调解书,下列哪一说法是正确的?(2015年,单选)

A. 经法院调解,老李和小李维持收养关系,可不制作调解书

B. 某夫妻解除婚姻关系的调解书生效后,一方以违反自愿为由可申请再审

C. 检察院对调解书的监督方式只能是提出检察建议

D. 执行过程中,达成和解协议的,法院可根据当事人的要求制作成调解书

(本章答案及解析见第120页)

第十二章　保全与先予执行

名师带练

1 考点考查统计

- 保全与先予执行
  - 保全
    - 执行保全 *
    - 诉前保全和诉讼保全 * * *
    - 财产保全 * *
  - 先予执行
    - 先予执行的条件和范围 *
    - 先予执行的裁定及执行 *

2 命题基本规律

民事诉讼保全与先予执行部分主要考查的内容有:(1)保全的种类;(2)保全的适用范围;(3)保全的程序;(4)保全的解除;(5)先予执行的适用范围;(6)先予执行的程序。总体来说难度不大,是比较容易得分的考点。

3 设题陷阱

陷阱一:保全措施不能自动解除。在诉前保全中,当事人向法院申请诉前保全后,应当在30日内提起诉讼或申请仲裁;当事人未能在30日内提起诉讼或申请仲裁的,法院应当裁定解除保全。因此,诉前保全并不是到期自动解除,应当由法院作出解除保全的裁定。考生可以这么理解,保全相当于法院给被保全对象上了一把"锁",这把"锁"不可能到期自动打开,必须由法院拿着"钥匙"亲自打开,才能解"锁",而解除保全的裁定就是那把"钥匙"。相信这样一来,该考点就变得通俗易懂、方便记忆了。

陷阱二:法院可直接对抵押物、留置物和质押物采取保全措施,无须征得权利人的同意。该观点乍一看似乎是错的,因为一般处分行为需要经过相关权利人的同意。但是在保全中,法院可以不经过抵押权人、留置权人和质权人的同意,直接对抵押物、留置物和质押物采取保全措施。因为保全并不影响权利人的优先受偿权,法院的保全行为不会导致权利人的利益受到损失。

陷阱三:诉前保全、诉中保全和执行保全极易混淆,以表格形式对三种保全进行区分。详见下表总结:

区别	诉前保全	诉中保全	执行保全
申请的时间	在诉讼开始之前	在诉讼进行过程中	法律文书生效后,执行程序开始前
管辖法院	被保全财产所在地、被申请人住所地或者对案件有管辖权的法院	(1)正在审理案件的法院; (2)上诉案件,二审法院接到报送案件前,由一审法院保全	执行法院
启动	只能由利害关系人提出	由当事人申请或者人民法院依照职权采取	依申请
是否要提供担保	应当提供担保	可以提供担保	
法院作出财产保全裁定的时限	必须在48小时内作出裁定	只有情况紧急的,才必须在48小时内作出裁定;其他情况可在48小时之外作出裁定	
解除	(1)采取诉前保全措施后,利害关系人在30日内未起诉的; (2)财产纠纷案件,被申请人提供担保的	财产纠纷案件,被申请人提供担保的	债权人在法律文书指定的履行期间届满后5日内不申请执行的

陷阱四:先予执行的案件,必须权利义务关系明确,如果合同关系一方申请先予执行,另一方认为合同无效,法院不能准许,因为权利义务关系不明确;如果商品房买卖合同中的购房者因为着急结婚要求先予执行,交付商品房,法院不能准许,因为结婚时需要婚房是生活意义上的急需,不是法律意义上的急需。

真题快刷

考点一 保全

1 甲大学毕业后未找到工作,寄住在舅舅乙家。乙对甲游手好闲不满,整天骂甲吃闲饭,甲向法院申请禁止令,要求乙不再辱骂自己,得到法院支持。乙认为自己只是正常的管教,关于乙可以采取的措施,下列说法正确的是:(2021 年回忆版,单选)

A. 向发出禁止令的法院申请再审

B. 向上一级人民法院申请再审

C. 向发出禁止令的法院申请复议

D. 上诉

2 甲与乙签订水果买卖合同,甲支付了货款,但乙未按合同约定提供水果。甲欲起诉,其向水果所在地 A 区人民法院申请诉前财产保全,之后又向乙住所地 B 区人民法院提起诉讼。关于本案,下列说法正确的是:(2019 年回忆版,多选)

A. 诉前保全应当提供担保

B. A 区人民法院应将保全措施全部转移给 B 区人民法院

C. A 区人民法院应冻结这批水果

D. B 区人民法院应把案件移送给 A 区人民法院

3 H 地的刘某创作了歌曲《沙漠骆驼》,B 地的罗某、展某未经过刘某同意演唱了该首歌曲,一炮而红,并计划在 C 地开演唱会。刘某拟申请诉前禁令,关于本案,下列说法错误的有:(2018 年回忆版,多选)

A. 刘某可以向 H 地、B 地、C 地法院申请诉前禁令

B. 刘某应在法院采取保全措施后的 30 日内提起诉讼

C. 刘某申请诉前禁令时应当提供担保,且应当提供相当于请求保全数额的担保

D. 罗某、展某可在收到保全裁定之日起 5 日内提出异议,收到异议后,法院应当撤销原裁定,禁止令失效

4 李某与温某之间的债权债务纠纷经甲市 M 区法院审理作出一审判决,要求温某在判决生效后 15 日内偿还对李某的欠款。双方均未提起上诉。判决履行期内,李某发现温某正在转移财产,温某在甲市 N 区有可供执行的房屋一套,故欲申请法院对该房屋采取保全措施。关于本案,下列哪一选项是正确的?(2016 年,单选)

A. 此时案件已经审理结束且未进入执行阶段,李某不能申请法院采取保全措施

B. 李某只能向作出判决的甲市 M 区法院申请保全

C. 李某可向甲市 M 区法院或甲市 N 区法院申请保全

D. 李某申请保全后,其在生效判决书指定的履行期间届满后 15 日内不申请执行的,法院应当解除保全措施

5 李根诉刘江借款纠纷一案在法院审理,李根申请财产保全,要求法院扣押刘江向某小额贷款公司贷款时质押给该公司的两块名表。法院批准了该申请,并在没有征得该公司同意的情况下采取保全措施。对此,下列哪些选项是错误的?(2015 年,多选)

A. 一般情况下,某小额贷款公司保管的两块名表应交由法院保管

B. 某小额贷款公司因法院采取保全措施而丧失了对两块名表的质权

C. 某小额贷款公司因法院采取保全措施而丧失了对两块名表的优先受偿权

D. 法院可以不经某小额贷款公司同意对其保管的两块名表采取保全措施

考点二 先予执行

1 甲公司和张某签订劳动合同，张某在2016年离职，2018年向劳动争议仲裁委员会申请仲裁。因为生活费不能支撑正常生活，张某希望劳动争议仲裁委员会判决先行予以支付，劳动争议仲裁委员会如何处理？（2022年回忆版，单选）

A. 移送公司住所地法院审查

B. 裁定先予执行，在劳动争议仲裁委员会执行

C. 裁定先予执行，在公司住所地法院执行

D. 不准许先予执行

2 王某与胜达公司订立了商品房购房合同，购买位于甲市的房屋。后胜达公司拒绝交付房屋，王某根据仲裁条款向设立在乙市的仲裁委员会申请仲裁，要求交付房屋。仲裁过程中，王某提出案件法律关系清楚，且自己结婚在即，申请先予执行。关于本案的先予执行，下列说法正确的是：（2020年回忆版，单选）

A. 王某无权申请先予执行

B. 王某应向乙市仲裁委申请先予执行，由仲裁委提交法院

C. 王某应向甲市基层法院申请先予执行

D. 王某应向乙市基层法院申请先予执行

（本章答案及解析见第122页）

第十三章 一审程序

名师带练

1 考点考查统计

- 一审程序
  - 一审的基本程序阶段
    - 起诉 * *
    - 受理 * *
    - 审理前的准备 *
    - 开庭审理 *
  - 延期审理、诉讼中止、诉讼终结
    - 延期审理 *
    - 诉讼中止 * *
    - 诉讼终结 * *

2 命题基本规律

1. 从考查的重点来说，民事诉讼中一审程序部分的重要考点主要包括：民事起诉状的内容、按撤诉处理的情况、撤诉和按撤诉处理的法律后果、缺席审判的情形、一审的审限、诉讼中止和诉讼终结的情形及二者的区别、民事裁判（判决、裁定和决定）之间的区别。法考每年都会涉及对这部分内容的考查，考生在复习中，应将本章节作为重点章节进行掌握。

2. 从考查的难点来说，一审程序主要有以下难点：(1)裁定不予受理、裁定驳回起诉和判决驳回诉讼请求分别应在何时适用；(2)不同案件中，当事人死亡带来的法律后果；(3)一审判决送达后发现错误的处理方式；(4)一审终审的案件类型。

3. 从考查的深度来说，一审程序的题目与其他考点相比，具有一定的复杂性。一是案例题一般题干较长，细节较多，很多时候需要"抠字眼"，比如当事人"拟提起上诉"，应该立刻反应过来是"当事人没有上诉"。细节的增多增加了解题的难度，因此，考生在做题时应仔细审题。若在关键部分有所遗漏，很容易造成题目错解。二是非案例题一般同时考查的内容较多，涉及法条众多。

3 设题陷阱

陷阱一：同一法律关系中，前诉为给付之诉，后诉为确认之诉，一般情况下构成重复起诉。以2017年试题为例进行说明，该题背景为原告起诉被告合同违约，请求被告支付违约金。法院判决被告败诉，被告未上诉。之后被告又向法院起诉，请求确认双方之间的合同无效。很多考生在遇到此题时，没有看出前诉给付之诉实际上包含了对合同效力的确认，后诉确认合同无效的请求实质上是在否定前诉的裁判结果，这符合《民诉解释》第247条第1款第3项关于重复起诉的规定，"后诉与前诉的诉讼请求相同，或者后诉的诉讼请求实质上否定前诉裁判结果"，因此，本题后诉构成重复起诉，该题应该选择裁定不予受理。除此之外，前后两诉的当事人的诉讼地位是相反的，也属于"前诉与后诉当事人相同"。这两点请考生们一定注意，不要只停留在对法条表面意思的理解层次上。

陷阱二：民事一审判决的生效时间不同于刑事一审判决。总结如下：(1)一审判决作出后当事人在上诉期间未上诉的，经过上诉期（一般为15日），一审判决生效。(2)当事人上诉后又撤回上诉的，撤回上诉时起，一审判决生效。(3)二审中因当事人达成和解协议申请撤回上诉的，一审判决生效。

真题快刷

考点一 一审的基本程序阶段

1 甲被乙撞伤，甲起诉乙要求人身损害赔偿，法院判决乙赔偿甲10万元。一年后甲还是觉得脚痛，经检查是撞伤的后遗症，甲又找乙要求赔偿5万元，下列说法正确的是：（2023年回忆版，单选）

A. 10万元判决的既判力对之后的损害有约束力，所以法院应该驳回起诉

B. 10万元判决的既判力对之后发生的事情没有约束力，所以法院应该受理

C. 法院应该先行调解，调解不成的，告知当事人另行起诉

D. 本案构成重复起诉，法院裁定不予受理

2 李某和张某婚后育有一子，后两人感情不和，张某向法院起诉离婚。两人就财产分割问题达成协议，就孩子抚养权问题无法达成协议。法院经核实发现此时两人实际年龄均为20周岁，此时法院应如何处理？(2023年回忆版，单选)

A. 判决准予离婚

B. 判决婚姻关系无效

C. 对孩子的抚养问题制作调解书

D. 根据调解协议制作判决书

3 甲向乙借钱，没有约定利息，约定借款期限为3年。借款期满后的第一年乙没有催促甲还款，第二年过后的第一天乙就催促甲还款。下列说法正确的是：(2023年回忆版，多选)

A. 催告当天，诉讼时效中止计算

B. 催告当天，诉讼时效中断计算

C. 催告的时候已经过了诉讼时效

D. 催告的时候还没有过诉讼时效

4 甲诉至法院要求乙偿还借款100万元，现双方对甲是否向乙支付了借款产生争议。法院依法向甲送达传票后，开庭之日甲以自己忙为由只让律师纪某出庭，法庭为此决定延期7日开庭，并再次向甲送达传票，7日后甲仍旧以自己忙为由只让纪某出庭，法院经审理发现无法确认借款事实存在。法院下列处理正确的是：(2023年回忆版，多选)

A. 视为甲撤回起诉

B. 拘传甲到庭接受审理

C. 认定甲并没有向乙支付借款

D. 缺席审理，驳回诉讼请求

5 乙欠甲200万元，乙怠于行使其对丙的100万元到期债权，甲起诉丙返还100万元胜诉后，丙不主动偿还借款，甲申请强制执行丙的财产，执行法院发现丙无财产可以执行，于是裁定终结本次执行。甲此时再次向法院起诉乙，要求偿还200万元，法院应如何处理？(2022年回忆版，单选)

A. 法院裁定驳回起诉

B. 法院裁定受理

C. 法院判决驳回诉讼请求

D. 法院裁定不予受理

6 刘某和郝某经法定程序结婚，刘母一直不同意，遂以二人结婚时未达法定婚龄为由向法院提起确认婚姻无效之诉，刘某坚决不同意，刘母拗不过刘某，向法院申请撤回起诉，法院应该如何处理？(2021年回忆版，单选)

A. 裁定同意撤回起诉

B. 调解结案

C. 判决结案

D. 裁定驳回起诉

7 甲省规定，超过3000万元的财产纠纷由中院管辖，A公司在甲省乙市丙区法院起诉B公司支付货款2000万元，法庭辩论终结后，合议庭一致决定支持A公司诉求，撰写判决书期间，A公司变更诉求，请求B公司支付货款加违约金3500万元，丙区法院应当如何处理？(2021年回忆版，单选)

A. 移送管辖

B. 报请上级法院指定管辖

C. 判决A公司2000万元诉讼请求成立

D. 询问B公司意见在管辖权异议期中止审理

8 隆发公司和甲市乙区的兴盛公司签订纱线合同，兴盛公司到期未履约交货，隆发公司向法院起诉，要求兴盛公司履行合同。法院经审理查明，兴盛公司上游供货商因疫情原因无法供货。法院判决驳回诉讼请求。隆发公司未上诉。三个月后复工复产，兴盛公司仍未交货。隆发公司可采取下列哪项救济措施？(2020年回忆版，单选)

A. 向法院再次提起诉讼要求履约　　B. 向甲市中级法院申请再审
C. 向乙区法院申请再审　　D. 向甲市中级法院上诉

9 王某与易某有一子王晓,王某因车祸去世,易某在外地打工。王晓由王某的父亲王平抚养,易某每月支付1000元抚养费。为给王晓办理上学,王平向法院申请变更监护人。下列选项正确的是:(2020年回忆版,不定项)

A. 审理过程中,王平与易某和解。王平撤诉,法院应当准许
B. 法院审判后,判决支持王平的请求
C. 法官李某、邓某和人民陪审员周某组成合议庭审理此案
D. 经法院调解,王平与易某达成调解协议,法院因此出具调解书,变更王平为王晓的监护人

10 A公司与B公司发生合同纠纷,A公司提起诉讼,请求法院判令解除合同,并判令B公司支付违约金。审理过程中,A公司增加诉讼请求,要求确认合同无效,如果法院没有判令合同无效,便请求法院解除合同并要求B公司支付违约金。下列选项正确的是:(2020年回忆版,不定项)

A. 裁定不予受理,因为两个诉讼请求先后矛盾　　B. 让另行起诉,因为是两个诉讼请求
C. 让原告明确诉讼请求　　D. 按诉讼请求提交顺序处理

11 2013年4月23日,甲网络公司与乙公司签订《企业短消息发布业务合作协议书》(以下简称《短消息合作协议书》)1份,约定甲网络公司向乙公司提供定向移动信息发布服务,单价为普通短信0.04元/条,小区定投0.1元/条,在移动信息服务执行中因考虑到时间、内容、区域、手机用户群体等随时调整的不确定性,发送时间、内容、区域、手机用户群体不作为合同附件内容;乙公司应根据双方确认的《信息服务执行确认单》所定的合同总金额向甲网络公司付款,乙公司应于第二个月向甲网络公司支付已执行的信息费用。至诉讼时,甲网络公司已执行信息服务总金额计8.4万元,但乙公司未按约支付该费用,甲网络公司多次催讨未果,遂起诉至法院,要求判令:(1)乙公司立即支付拖欠甲网络公司信息服务费共计8.4万元;(2)本案诉讼费由乙公司承担。关于本案,法院应当如何处理?(2018年回忆版,单选)

A. 不予受理　　B. 驳回起诉
C. 判决驳回诉讼请求　　D. 判决将服务费收缴归国家所有

12 甲、乙两公司签订了一份家具买卖合同,因家具质量问题,甲公司起诉乙公司要求更换家具并支付违约金3万元。法院经审理判决乙公司败诉,乙公司未上诉。之后,乙公司向法院起诉,要求确认该家具买卖合同无效。对乙公司的起诉,法院应采取下列哪一处理方式?(2017年,单选)

A. 予以受理　　B. 裁定不予受理　　C. 裁定驳回起诉　　D. 按再审处理

考点二　延期审理、诉讼中止、诉讼终结

1 王某和某公司进行诉讼,诉讼过程中,王某出车祸成为植物人,关于此诉讼,王父老王主张撤诉,王妻张某主张继续诉讼,法院应该如何处理?(2021年回忆版,单选)

A. 追加张某为原告,继续诉讼　　B. 裁定诉讼中止
C. 裁定张某为法定代理人,继续诉讼　　D. 根据王父的申请撤销诉讼

2 甲某和乙某之间产生合同纠纷,一审法院判决甲某败诉,甲某上诉,但其在递交上诉状三日之后死亡,法院应该如何处理?(2019年回忆版,单选)

A. 一审法院裁定中止诉讼
B. 二审法院裁定中止诉讼
C. 一审法院裁定终结诉讼
D. 二审法院裁定终结诉讼

3 温某驾驶未登记的电动车回家，路上不慎撞倒黄某，致其重度颅内损伤构成五级伤残。事故发生后，双方达成赔偿协议，约定温某一次性赔偿黄某医疗费、护理费等各项损失共计8.4万元，此次事故一次性解决后了事。后黄某以欺诈为由诉请撤销该协议，并要求温某赔偿损失120万元。法院受理后，对该案进行了开庭审理，但是在庭审结束后第二天，黄某又被电动车撞倒，当场死亡。法院查明，黄某只有唯一一个继承人黄小明，现黄小明下落不明。法院应该如何处理？（2018年回忆版，单选）

A. 裁定撤诉
B. 裁定中止诉讼
C. 根据庭审情况直接作出判决
D. 裁定终结诉讼

4 张男诉刘女离婚案（两人无子女，刘父已去世），因刘女为无行为能力人，法院准许其母李某以法定代理人身份代其诉讼。2017年7月3日，法院判决二人离婚，并对双方共有财产进行了分割。该判决同日送达双方当事人，李某对解除其女儿与张男的婚姻关系无异议，但对共有财产分割有意见，拟提起上诉。2017年7月10日，刘女身亡。在此情况下，本案将产生下列哪些法律后果？（2017年，多选）

A. 本案诉讼中止，视李某是否就一审判决提起上诉而确定案件是否终结
B. 本案诉讼终结
C. 一审判决生效，二人的夫妻关系根据判决解除，李某继承判决分配给刘女的财产
D. 一审判决未生效，二人的共有财产应依法分割，张男与李某对刘女的遗产均有继承权

（本章答案及解析见第125页）

第十四章　简易程序

名师带练

1　考点考查统计

- 简易程序
  - 简易程序
    - 简易程序的概念和适用范围 * *
    - 简易程序的具体适用 *
  - 小额诉讼程序
    - 小额诉讼适用的范围 *
    - 小额诉讼程序的特别规定 * *

2　命题基本规律

1. 从考查内容来看，考试中主要考查简易程序的适用范围、程序特点以及其与普通程序的转化等内容；小额诉讼程序主要考查可以适用和不得适用小额诉讼程序的案件，以及小额诉讼的特殊

性等内容，2021 年、2022 年对小额诉讼标的额也略有涉及。

2. 从考查范围来看，不像二审程序会对个别考点集中考查，考试对简易程序和小额诉讼程序的考查一般是全面的、广泛的。从目前已经出现的考题来看，法条中对简易程序和小额诉讼程序的特殊规定在考试中基本都考查过。由于《民事诉讼法》和《民诉解释》在 2021 年和 2022 年对简易程序和小额诉讼程序作了诸多修改，可以预见，简易程序和小额诉讼程序仍然为 2024 年法考的重点。因此，考生在复习这部分内容时，不能抱有侥幸心理，尤其不要遗漏《民诉解释》的各种规定。

3 设题陷阱

陷阱一：简易程序不可以公告送达。“简易程序中，原告未提供被告的准确住址，经多方查证仍无法送达时，应如何处理？”在一审普通程序中，经查证无法对被告进行送达时，可采用公告送达的方式，但是在简易程序中不可以。如果用尽各种办法仍无法送达被告，应认定为被告不明确，驳回原告起诉。同时需注意的是，公告送达的时间为 30 日。

陷阱二：海事案件也可以适用小额诉讼程序。很多考生认为海事案件不适用小额诉讼程序，理由是海事案件由海事法院专属管辖，而海事法院相当于中级人民法院，故不得适用小额诉讼程序。但是问题在于，《民诉解释》第 273 条明确规定了，“海事法院可以适用小额诉讼的程序审理海事、海商案件”。因此，海事法院虽然相当于中级人民法院，但由于法律的特殊规定，其可以审理海事小额诉讼案件，在此对此知识点加以强调。

陷阱三：简易程序转为普通程序有限制。简易程序转为普通程序的情形只包括以下三种：(1)在简易程序审理过程中发现案情复杂的，可以转为普通程序；(2)当事人就简易程序提出异议，法院认为异议成立的，应当将案件转为普通程序；(3)无法直接或留置送达诉讼文书，需要公告送达的，可以转为普通程序。

真题快刷

考点一 简易程序

1 夏某因借款纠纷起诉陈某，法院决定适用简易程序审理。法院依夏某提供的被告地址送达时，发现有误，经多方了解和查证也无法确定准确地址。对此，法院下列哪一处理是正确的？(2017 年，单选)

A. 将案件转为普通程序审理　　B. 采取公告方式送达

C. 裁定中止诉讼　　D. 裁定驳回起诉

2 周立诉孙华人身损害赔偿案，一审法院适用简易程序审理，电话通知双方当事人开庭，孙华无故未到庭，法院缺席判决孙华赔偿周立医疗费。判决书生效后，周立申请强制执行，执行程序开始，孙华向一审法院提出再审申请。法院裁定再审，未裁定中止原判决的执行。关于本案，下列哪一说法是正确的？(2015 年，单选)

A. 法院电话通知当事人开庭是错误的

B. 孙华以法院未传票通知其开庭即缺席判决为由，提出再审申请是符合法律规定的

C. 孙华应向二审法院提出再审申请，而不可向原一审法院申请再审

D. 法院裁定再审，未裁定中止原判决的执行是错误的

考点二 小额诉讼程序

1 政府征收过程中，由于工作人员失误给甲重复登记，造成补偿费 2 万元重复发放，因此政府向法院起诉要求甲返还 2 万元。法院应该适用何种程序审理此案？（2021 年回忆版，单选）

A. 因当事人为政府和甲，适用行政诉讼程序

B. 因是小额金钱给付，可以适用小额诉讼程序

C. 因当事人为政府和甲，适用普通程序

D. 甲为不当得利，所以不能适用小额诉讼程序，应当适用简易程序

2 C 法院是民事诉讼程序繁简分流改革试点法院。苏强向 C 法院起诉儿子苏明，要求其每月支付赡养费 3000 元。苏明称自己没有固定收入，无法支付。关于本案审理程序，下列选项正确的是：（2020 年回忆版，多选）

A. 经双方同意，可以不开庭审理

B. 经双方同意，裁判文书可以不写裁判理由

C. 经双方同意，可以进行在线视频审理

D. 可以一审终审

（本章答案及解析见第 134 页）

第十五章 公益诉讼

名师带练

1 考点考查统计

- 公益诉讼
  - 公益诉讼的概念与特征 *
  - 公益诉讼的起诉与受理 * *
  - 公益诉讼中的和解与撤诉 * *
  - 公益诉讼与私益诉讼的关系 *

2 命题基本规律

公益诉讼制度自 2012 年被纳入《民事诉讼法》以来，一直是民事诉讼领域的热点问题，也是考试中的高频考点。从考查内容来看，考试对公益诉讼制度的考查侧重于程序方面的细节规定。从起诉到受理再到结案，每一环节都有可考之处。公益诉讼制度在考试中的主要考点包括：公益诉讼的起诉条件、管辖法院，公益诉讼程序中出现和解、调解的处理，公益诉讼与私益诉讼之间的关系、公益诉讼的告知程序、公益诉讼中法官的释明权等。

3 设题陷阱

陷阱一:公益诉讼的提起不以存在实际损害为前提。《民事诉讼法》第58条第1款规定,对"污染环境、侵害众多消费者合法权益等损害社会公共利益的行为"可以提起公益诉讼,但是法律并未规定该诉讼的提起必须以存在实际损害为前提。

陷阱二:公益诉讼可以撤诉,但不允许因达成和解而撤诉。"应将和解协议记入笔录,准许公益环保组织的撤诉申请""不准许公益环保组织的撤诉申请",分别是2017年试卷中的两个选项。从前述选项的表述可以看出,此处在考查公益诉讼是否允许撤诉这一考点。该题目选项的设题陷阱比较简单,因此,其将两个对立的答案放在一起,很容易"激活"考生对该考点的记忆,从而不那么容易选错。在此提醒考生注意,公益诉讼不是不允许撤诉,而是不允许因达成和解协议撤诉,因为立法者担心若允许公益诉讼的原告与被告私下交易达成和解,会发生为满足私益而损害公共利益的现象。故在公益诉讼中,若起诉后被告积极履行职责,满足原告的全部诉讼请求,则撤回起诉是被允许的。

陷阱三:公益诉讼作为维护公共利益的一种手段,其与普通程序、代表人诉讼制度之间存在区别与联系。详见下表总结:

(1)公益诉讼与普通民事诉讼

项目	公益诉讼	普通民事诉讼
诉讼目的	主要是维护公共利益	解决民事法律关系主体之间的权利义务纠纷,维护当事人利益
维护的利益及特点	公共利益,具有抽象性、不特定性	主要是个体利益,具有具体性、特定性
对起诉当事人的要求	不要求与所提起的纠纷具有法律上的利害关系,如食品安全问题,可由消费者权益保护组织依法提起,检察院亦可提起	要求提起者是与案件具有直接利害关系的公民、法人、其他组织
损害的范围	主要涉及污染环境、侵害众多消费者合法权益的行为,造成的损害往往具有广泛性、严重性和长期性,有些损害甚至具有潜在性、不可弥补性	主要涉及公民、法人或者其他组织及他们相互之间的民事纠纷,损害往往具有特定性、暂时性、现实性和可弥补性

(2)公益诉讼与代表人诉讼

项目		公益诉讼	代表人诉讼
联系		都涉及群体性纠纷;裁判的效力都具有扩张性	
区别	诉讼目的	维护公共利益	维护当事人利益,只不过该诉讼涉及的当事人众多
	法律对起诉者的要求	①不要求与案件具有直接利害关系; ②必须是法律规定的机关和有关组织,检察院亦可; ③个人不能提起公益诉讼	①与案件有直接利害关系的人; ②无须法律的明确授权; ③一方或者双方当事人人数为10人以上

真题快刷

1 某工厂违规排污导致周围农田受损,有55人对其提起诉讼,称自己的农田在该次污染中受到了损害。法院判决被告赔偿原告每人5万元。判决作出后,又有农民A单独提起诉讼,称自己的农田在此次污染中也受到了损害。法院裁定对A适用前述赔偿5万元的判决。但是A认为自己损失太大,5万元不足以赔偿自己的损失,遂针对前述判决提起第三人撤销之诉。对该撤销之诉,法院应如何处理?(2023年回忆版,单选)

A. 裁定撤销赔偿5万元的判决

B. 判决撤销赔偿5万元的判决

C. 裁定不予受理

D. 判决驳回A的诉讼请求

2 甲公司排污破坏环境,环保组织提起公益诉讼,要求甲公司支付100万元的处理费。但法院认为要花1000万元才能治理好污染,要求环保组织提出1000万元的诉讼请求,后公司被判决支付1000万元处理费治理污染,下列选项正确的是:(2021年回忆版,不定项)

A. 公益诉讼由中级人民法院审理

B. 公益诉讼有前置程序,环保组织事先要告知环保主管部门

C. 公益诉讼一审终结,判决送达即生效

D. 法院不能要求环保组织诉讼请求增加到1000万元

3 大洲公司超标排污导致河流污染,公益环保组织甲向A市中级法院提起公益诉讼,请求判令大洲公司停止侵害并赔偿损失。法院受理后,在公告期间,公益环保组织乙也向A市中级法院提起公益诉讼,请求判令大洲公司停止侵害、赔偿损失和赔礼道歉。公益案件审理终结后,渔民梁某以大洲公司排放的污水污染了其承包的鱼塘为由提起诉讼,请求判令赔偿其损失。

请回答第(1)~(3)题。(2017年,不定项)

(1)对乙组织的起诉,法院的正确处理方式是:

A. 予以受理,与甲组织提起的公益诉讼合并审理

B. 予以受理,作为另案单独审理

C. 属重复诉讼,不予受理

D. 允许其参加诉讼,与甲组织列为共同原告

(2)公益环保组织因与大洲公司在诉讼中达成和解协议申请撤诉,法院的正确处理方式是:

A. 应将和解协议记入笔录,准许公益环保组织的撤诉申请

B. 不准许公益环保组织的撤诉申请

C. 应将双方的和解协议内容予以公告

D. 应依职权根据和解协议内容制作调解书

(3)对梁某的起诉,法院的正确处理方式是:

A. 属重复诉讼,裁定不予受理

B. 不予受理,告知其向公益环保组织请求给付

C. 应予受理,但公益诉讼中已提出的诉讼请求不得再次提出

D. 应予受理,其诉讼请求不受公益诉讼影响

(本章答案及解析见第137页)

第十六章　二 审 程 序

名师带练

1　考点考查统计

- 二审程序
  - 二审中的当事人 *
  - 上诉的提起与受理
    - 上诉的提起 *
    - 上诉的受理 *
  - 上诉案件的审理
    - 上诉案件的审理范围 *
    - 上诉案件的审理方式及地点 * *
    - 上诉案件的调解 * * *
    - 上诉的撤回 *
  - 上诉案件的裁判
    - 二审裁判的效力 *
    - 二审程序的审理期限 *
  - 重审 * *

2　命题基本规律

1. 考查内容有所侧重，突出重要考点。民事诉讼中二审程序部分主要内容包括二审程序概述、上诉的提起与受理、上诉案件的审理和上诉案件的裁判，其中经常考查的重要考点包括：(1)提起上诉的条件、诉讼文书的接收与送达；(2)上诉案件审理的范围、审理方式及二审中上诉的撤回；(3)二审裁判的效力和二审程序的审理期限；(4)二审的调解。

2. 个别考点重复率极高，多次原题重现。法考对二审的考查与其他考点有些许不同，二审历年真题的题目不止一次地出现原题重现的情况。这种原题重现一方面体现出二审中撤回上诉与撤回起诉这一考点的重要性，另一方面也提醒考生要重视真题，对真题中的知识点要全部掌握，不留死角。

3　设题陷阱

陷阱一：执行管辖异议不同于诉讼管辖异议，其裁定不可上诉。以 2013 年某题 A 选项为例，“宋某和卢某借款纠纷一案，卢某终审败诉，宋某向区法院申请执行，卢某提出执行管辖异议，区法院裁定驳回卢某异议。卢某提起上诉”。这里容易混淆的点在于，对诉讼管辖异议裁定可以上诉，但是对执行管辖异议裁定是不可以上诉的，只能通过向上级复议的方式来救济。该选项明显是在偷换概念，设置迷惑项。

陷阱二：判决中笔误和内容错误的处理方式不同。当判决中仅有笔误（误写、误算、漏写等）时，仅以裁定书补正即可。但当法院发现判决确有错误时，不能以裁定书补正的方式简单处理，应分为两种情况处理。(1)一审判决确有错误。一审宣判后，原审人民法院发现自己作出的一审判决有错误的，按以下方式处理：①当事人在上诉期内提出上诉的，原审人民法院可以提出原判决有错误的意见，报送第二审人民法院，由第二审人民法院按照第二审程序进行审理；②当事人未上诉的，按照审判监督程序处理。(2)二审判决确有错误。二审判决一经作出立即生效，如果确有错误只能按照审判监督程序处理。

真题快刷

考点一 二审中的当事人

1 甲、乙、丙三人共同致丁身体损害，丁起诉三人要求赔偿3万元。一审法院经审理判决甲、乙、丙分别赔偿2万元、8000元和2000元，三人承担连带责任。甲认为丙赔偿2000元的数额过低，提起上诉。关于本案二审当事人诉讼地位的确定，下列哪一选项是正确的？(2017年，单选)

A. 甲为上诉人，丙为被上诉人，乙为原审被告，丁为原审原告

B. 甲为上诉人，丙、丁为被上诉人，乙为原审被告

C. 甲、乙为上诉人，丙为被上诉人，丁为原审原告

D. 甲、乙、丙为上诉人，丁为被上诉人

2 甲、乙、丙诉丁遗产继承纠纷一案，甲不服法院作出的一审判决，认为分配给丙和丁的遗产份额过多，提起上诉。关于本案二审当事人诉讼地位的确定，下列哪一选项是正确的？(2016年，单选)

A. 甲是上诉人，乙、丙、丁是被上诉人

B. 甲、乙是上诉人，丙、丁是被上诉人

C. 甲、乙、丙是上诉人，丁为被上诉人

D. 甲是上诉人，乙为原审原告，丙、丁为被上诉人

考点二 上诉的提起与受理

锦虹公司诉得利公司买卖合同纠纷一案，A市B区人民法院一审判决锦虹公司胜诉。得利公司不服一审判决，通过B区人民法院提起上诉。B区人民法院收到上诉状后，发现得利公司的上诉已超过法定期限。关于B区人民法院的处理，下列说法正确的是：(2021年回忆版，单选)

A. 不予受理得利的上诉状

B. 裁定驳回得利的上诉

C. 报请A市中级人民法院裁定驳回得利的上诉

D. 向A市中级人民法院移送案卷

考点三 上诉案件的审理

1 甲公司给张三装修房屋后，张三拒不支付装修款100万元，于是甲公司将张三起诉到法院，要求张三支付装修款。张三主张甲公司装修房屋有瑕疵，应当少支付装修款20万元。法院提出可以对房屋的装修质量进行鉴定，但双方均未申请鉴定，故法院判决张三支付甲公司100万元装修款。张三随之以未鉴定事实不清为由上诉，并提出要求甲公司赔偿损失的诉讼请求。下列说法正确的是：(2023年回忆版，单选)

A. 法院应当驳回张三的鉴定请求

B. 法院应当告知张三基于赔偿损失请求另诉

C. 法院先行调解，调解不成发回重审

D. 法院对张三提出的损害赔偿的诉求，先行调解，调解不成告知另行起诉

2 甲要求乙偿还货款，一审法院判决支持了甲的部分诉讼请求，甲对此不服并上诉。二审中甲、乙达成和解协议，乙如果不按期履行就按货款的12%支付违约金。甲撤回上诉。到期后乙拒绝履行，认为显失公平，要求法院撤销协议。下列说法正确的是：(2022年回忆版，单选)

A. 甲可以申请执行一审判决

B. 乙可以显失公平为由撤销协议

C. 法院应当支持乙的请求

D. 甲可就和解协议起诉乙支付违约金

3 张某诉新立公司买卖合同纠纷案，新立公司不服一审判决提起上诉。二审中，新立公司与张某达成协议，双方同意撤回起诉和上诉。关于本案，下列哪一选项是正确的？(2017年，单选)

A. 起诉应在一审中撤回，二审中撤回起诉的，法院不应准许

B. 因双方达成合意撤回起诉和上诉的，法院可准许张某二审中撤回起诉

C. 二审法院应裁定撤销一审判决并发回重审，一审法院重审时准许张某撤回起诉

D. 二审法院可裁定新立公司撤回上诉，而不许张某撤回起诉

4 石山公司起诉建安公司请求返还86万元借款及支付5万元利息，一审判决石山公司胜诉，建安公司不服提起上诉。二审中，双方达成和解协议：石山公司放弃5万元利息主张，建安公司在撤回上诉后15日内一次性付清86万元本金。建安公司向二审法院申请撤回上诉后，并未履行还款义务。关于石山公司的做法，下列哪一表述是正确的？(2017年，单选)

A. 可依和解协议申请强制执行

B. 可依一审判决申请强制执行

C. 可依和解协议另行起诉

D. 可依和解协议申请司法确认

5 朱某诉力胜公司商品房买卖合同纠纷案，朱某要求判令被告支付违约金5万元；因房屋质量问题，请求被告修缮，费用由被告支付。一审法院判决被告败诉，认可了原告全部诉讼请求。力胜公司不服令其支付5万元违约金的判决，提起上诉。二审法院发现一审法院关于房屋有质量问题的事实认定，证据不充分。关于二审法院对本案的处理，下列哪些说法是正确的？(2017年，多选)

A. 应针对上诉人不服违约金判决的请求进行审理

B. 可对房屋修缮问题在查明事实的情况下依法改判

C. 应针对上诉人上诉请求所涉及的事实认定和法律适用进行审理

D. 应全面审查一审法院对案件的事实认定和法律适用

考点四 上诉案件的裁判

某死亡赔偿案件，二审法院在将判决书送达当事人签收后，发现其中死亡赔偿金计算错误（数学上的错误），导致总金额少了7万余元。关于二审法院如何纠正，下列哪一选项是正确的？（2016年，单选）

A. 应当通过审判监督程序，重新制作判决书

B. 直接作出改正原判决的新判决书并送达双方当事人

C. 作出裁定书予以补正

D. 报请上级法院批准后作出裁定予以补正

考点五 重审

1 张三租住李四的房屋，因使用不当导致房屋严重受损。李四将张三起诉到法院，要求张三支付修复款2万元。一审法院判决张三支付给李四2万元，但张三认为该房屋受损属于正常损耗，不服并上诉。二审法院以一审法院认定事实不清为由发回重审。在发回重审期间，由于修复房屋时原材料涨价，李四变更诉求为要求张三恢复原状。下列说法正确的是：（2023年回忆版，多选）

A 法院不能按照原审证据材料认定事实

B 法院应当根据李四变更后的诉讼请求审理案件

C 李四应受到原审诉讼的约束

D 法院应当驳回李四变更诉讼请求的要求

2 杨某和吴某协议离婚不成，杨某遂诉至法院，要求法院判决离婚。一审法院经审理后，作出不予离婚的判决，后杨某上诉。二审法院审理后认为应判离婚，并对杨某和吴某之间的财产分割问题进行了调解，但最终没能达成调解协议。二审法院遂撤销原判，发回重审。原一审法院接到该发回重审的案件后，再次作出不予离婚的判决，杨某再次提起上诉。此时二审法院应当如何处理？（2020年回忆版，单选）

A. 再次发回重审

B. 对杨某、吴某的离婚和财产分割问题直接作出判决

C. 可以再次进行调解

D. 可以就离婚问题作出判决

3 章俊诉李泳借款纠纷案在某县法院适用简易程序审理。县法院判决后，章俊上诉，二审法院以事实不清为由发回重审。县法院征得当事人同意后，适用简易程序重审此案。在答辩期间，李泳提出管辖权异议，县法院不予审查。案件开庭前，章俊增加了诉讼请求，李泳提出反诉，县法院受理了章俊提出的增加诉讼请求，但以重审不可提出反诉为由拒绝受理李泳的反诉。关于本案，该县法院的下列哪些做法是正确的？（2015年，多选）

A. 征得当事人同意后，适用简易程序重审此案

B. 对李泳提出的管辖权异议不予审查

C. 受理章俊提出的增加诉讼请求

D. 拒绝受理李泳的反诉

（本章答案及解析见第139页）

第十七章　再审程序

名师带练

1　考点考查统计

- 再审程序
  - 再审的提起
    - 基于审判监督权提起的再审 *
    - 基于检察监督权的抗诉提起再审 *
    - 基于诉权的申请再审 *
  - 再审案件的审判程序
    - 再审审理的管辖法院 *
    - 再审审理的审判程序 * *
    - 再审审理的特殊性 *

2　命题基本规律

1. 从考查内容上来说，民事诉讼中再审程序部分最重要的考点主要包括：再审的申请主体、当事人申请再审的法定情形与法定期限、对调解书的申请再审、不得申请再审的情形、再审案件的审理、检察监督的适用、再审案件的裁判、再审出现特殊情形的处理方式等。近年法考均对再审程序进行了考查，考查内容涉及再审案件的管辖、再审申请的审查和再审审理。

2. 从考查方式上来说，再审部分经常与一审、二审程序结合出题，如再审中的当事人不到庭应该怎么处理，再审应该用什么程序重新审理等。这需要考生在学习完一审、二审及再审程序后，对这三部分的知识进行集中的梳理和总结，必要的时候还要对比记忆。

3　设题陷阱

陷阱一：申请抗诉和检察建议具有终局性、断后性。“建华公司可在向该省高院申请再审的同时，申请检察建议”“在甲市检察院驳回检察建议申请后，建华公司可向该省检察院申请抗诉”分别是某试题的 A、B 选项。此类题目的陷阱在于混淆考生对申请再审、申请抗诉和申请检察建议的记忆。申请再审、申请抗诉和申请检察建议之间是有位阶的，由于申请抗诉和检察建议具有断后性和终局性，申请抗诉和检察建议必须在申请再审之后，不得同时进行。此外，一旦检察院已经作出不予提出检察建议或抗诉的决定，当事人就不得再次向检察院申请检察建议或抗诉。因此，在做类似题目时一定要格外注意不被选项迷惑，要按照自己的思路走。

陷阱二：检察院抗诉，法院必须裁定再审。选项中法考曾多次考查检察院抗诉，考生需要牢记——法院接受检察院抗诉后必须在 30 日内裁定再审，没有别的选择。关于检察院抗诉的题目，选项中只要出现“审查”“裁定抗诉是否成立”“裁定是否再审”等说法的，统统错误。

陷阱三:再审适用的程序应具体情况具体分析。再审的审理程序是有规律的:(1)看有没有提审,有上级法院提审的,一律用二审程序审理;(2)没有上级法院提审,再看生效判决是一审作出的还是二审作出的,一审作出的就以一审程序重新审理,二审作出的就以二审程序重新审理。

真题快刷

考点一 再审的提起

1 甲起诉乙归还借款本金和利息共200万元,担保人丙承担担保责任。一审法院判决乙归还甲本金和利息共计180万元,丙不承担责任。甲和丙没上诉,乙以利息核定过高为由上诉。二审法院判决驳回上诉,维持原判。生效法律文书作出后,甲觉得一审认定事实有误,丙应该承担担保责任,并以此为理由申请再审。法院应如何处理甲的再审申请?(2023年回忆版,多选)

A. 应告知甲另行起诉丙

B. 应询问丙的意见,必要时听证

C. 应以判决生效为由驳回再审申请

D. 以不符合再审条件驳回再审申请

2 甲诉乙合同纠纷一案,法院判决甲胜诉。在执行过程中,甲和乙自愿达成和解协议:将判决中确定的乙向甲偿还100万元人民币减少为80万元,自协议生效之日起1个月内还清。乙按照和解协议的约定履行了相关义务。后甲以发现新证据为由向法院申请再审,法院对再审申请进行审查时,发现和解协议已履行完毕。法院的正确做法是:(2018年回忆版,单选)

A. 应当裁定执行回转

B. 应裁定驳回甲的再审申请

C. 审查执行和解协议是否违反自愿与合法原则

D. 裁定终结对再审的审查

3 就瑞成公司与建华公司的合同纠纷,某省甲市中院作出了终审裁判。建华公司不服,打算启动再审程序。后其向甲市检察院申请检察建议,甲市检察院经过审查,作出驳回申请的决定。关于检察监督,下列哪些表述是正确的?(2014年,多选)

A. 建华公司可在向该省高院申请再审的同时,申请检察建议

B. 在甲市检察院驳回检察建议申请后,建华公司可向该省检察院申请抗诉

C. 甲市检察院在审查检察建议申请过程中,可向建华公司调查核实案情

D. 甲市检察院在审查检察建议申请过程中,可向瑞成公司调查核实案情

考点二 再审案件的审判程序

1 丁甲与王二之间的借款合同纠纷在A市B区人民法院审理并作出一审判决后,双方均未上诉。几个月后,丁甲与王二先后分别向A市B区人民法院和A市中级人民法院申请再审,下列选项正确的是:(2020年回忆版,单选)

A. 应由A市中级人民法院裁定由A市B区人民法院审核再审申请

B. 应当由先受理的法院审核再审申请

C. 应当由A市B区人民法院审核再审申请

D. 应当由A市中级人民法院审核再审申请

2 甲公司诉乙公司买卖合同纠纷一案,法院判决乙公司败诉。判决生效后,乙公司因发现新证据申请再审。再审审理中,再审法院发现遗漏了必须参加诉讼的丙公司,遂裁定发回重审。在重审中乙公司提出反诉,后甲公司提出撤诉的申请。关于法院的处理,下列选项正确的是:(2020年回忆版,多选)

A. 法院准许乙公司提起反诉

B. 法院应适用普通程序审理

C. 法院准许甲公司撤诉后,应裁定驳回乙公司的再审申请

D. 法院准许甲公司撤诉后,法院应就乙公司的反诉进行审理

3 甲公司和乙公司之间发生合同纠纷,甲公司起诉乙公司要求其按照合同约定支付价款,两审法院均判决乙公司支付价款。之后乙公司申请再审,再审法院以事实认定错误为由,撤销原判决发回重审。在重审中甲公司增加诉讼请求,要求乙公司赔偿其违约金,乙公司提出反诉要求解除合同,再审法院应该如何处理?(2019年回忆版,多选)

A. 对增加的诉讼请求应该进行调解

B. 对增加的诉讼请求,应该告知甲公司另行起诉

C. 对反诉应该进行调解

D. 对反诉,应告知乙公司另行起诉

4 甲、乙因一幅字画的所有权问题产生争议,甲主张该幅字画属于自己所有,起诉要求乙返还该幅字画。A市B县法院判决乙交付字画给甲,双方均未提起上诉。后因乙拒不履行判决义务,甲申请强制执行。执行过程中,丙向A市B县法院提出异议,主张该字画的所有权,法院经审查驳回了其异议。丙遂向A市中级法院申请再审,A市中级法院在再审中发现该字画实为甲和丙共同所有。关于A市中级法院的做法,下列选项中正确的是:(2018年回忆版,单选)

A. 应当进行调解,调解不成的,再审审理后直接作出判决

B. 应当进行调解,调解不成的,驳回丙再审申请,告知其提起执行异议之诉

C. 应当进行调解,调解不成的,驳回其诉讼请求,告知丙另行起诉

D. 应当进行调解,调解不成的,裁定撤销原判决,发回重审

(本章答案及解析见第146页)

第十八章　特别程序

名师带练

1　考点考查统计

- 特别程序
  - 宣告失踪案件
    - 宣告失踪案件的申请 *
    - 宣告失踪案件的审理与判决 *
    - 宣告失踪判决的法律后果 *
    - 宣告失踪判决的撤销 *
  - 宣告死亡案件
    - 宣告死亡案件的申请 *
    - 宣告死亡案件的审理与判决
    - 宣告死亡判决的法律后果 *
    - 宣告死亡判决的撤销 *
  - 确认调解协议案件
    - 确认调解协议案件的申请与受理 *
    - 对确认调解协议案件的审理与裁定 * *
  - 实现担保物权案件
    - 实现担保物权案件的申请 *
    - 对申请实现担保物权案件的审理与裁定 *

2　命题基本规律

1. 重点突出，确认调解协议案件考查频率最高，实现担保物权案件次之。确认调解协议案件和实现担保物权案件是2012年《民事诉讼法》修正时新增的内容，考试有考"新"的惯例，因此，在当年的考查中这两类案件所占的比例较高，达到了特别程序题目总数的2/3；2021年12月《民事诉讼法》的修正中，法律对本部分又有了一定的修改，特别是对确认调解协议案件的程序作出了修改；2023年9月修正的《民事诉讼法》又增加了指定遗产管理人案件，考生务必要对此加以重视。

2. 特别程序案件的管辖常与诉讼中的地域管辖、级别管辖混合，设置干扰项。在此提醒考生注意：(1)从纵向上来说，所有的特别程序案件均由基层人民法院管辖，因此，选项中出现中级人民法院的一律错误；(2)从横向上来说，特别程序的管辖法院由法律明确规定，不应适用前面关于地域管辖的特殊规定，应直接根据特别程序管辖的规定作答，如宣告失踪、宣告死亡案件由下落不明人住所地人民法院管辖，认定财产无主案件由财产所在地人民法院管辖等。

3 设题陷阱

陷阱一:特别程序案件与普通程序案件不能合并审理。以2015年试题为例进行说明,该题中,原告诉被告借款纠纷一案的诉讼过程中,原告出差归途所乘航班失踪,后原告之妻向法院申请宣告原告死亡。B选项认为应将借款纠纷案件与宣告死亡案件合并审理,这是错误的。借款纠纷案件是普通程序审理的案件,而宣告死亡案件适用特别程序,一个是诉讼程序,另一个是特别程序,二者程序不同,绝不可以合并审理。这一点提醒考生要格外注意。

陷阱二:实现担保物权案件不适用级别管辖。某题A选项为"由于本案标的金额巨大,且具有涉外因素,银行应向W市中院提交书面申请"。该选项乍一看没什么问题,"标的额大""涉外"属于典型的应由中级人民法院管辖情形。但是一结合题干,该选项就不正确了。该题考查的是实现担保物权案件,而实现担保物权案件是适用特别程序审理的案件。民事诉讼的级别管辖仅适用于诉讼案件的管辖,特别程序不是诉讼程序,不解决纠纷,因此,特别程序一律应由基层人民法院管辖。该选项是非常有水平的迷惑选项,考生在考试过程中一定要提防这种看起来都对的陷阱。

真题快刷

考点一 宣告失踪案件

1 赵某下落不明满2年,赵某的妻子申请宣告赵某失踪。法院指定赵某的妻子为赵某的财产代管人,赵某的妈妈有异议。赵某的妻子想指定赵某已成年的儿子赵乙做财产代管人,赵某的妈妈想自己做财产代管人。下列说法正确的是:(2023年回忆版,多选)

A. 赵某的妻子向法院申请变更财产代管人,用特别程序审理

B. 赵某的妈妈以赵某的妻子为被告向法院申请变更财产代管人,用普通程序审理

C. 赵某的妈妈以赵某的妻子为被告向法院申请变更财产代管人,用简易程序审理

D. 赵某的妈妈以赵乙为被告向法院申请变更财产代管人,用普通程序审理

2 李某因债务人刘某下落不明申请宣告刘某失踪。法院经审理宣告刘某为失踪人,并指定刘妻为其财产代管人。判决生效后,刘父认为由刘妻代管财产会损害儿子的利益,要求变更刘某的财产代管人。关于本案程序,下列哪一说法是正确的?(2017年,单选)

A. 李某无权申请刘某失踪

B. 刘父应提起诉讼变更财产代管人,法院适用普通程序审理

C. 刘父应向法院申请变更刘妻的财产代管权,法院适用特别程序审理

D. 刘父应向法院申请再审变更财产代管权,法院适用再审程序审理

考点二 宣告死亡案件

甲县法院受理居住在乙县的成某诉居住在甲县的罗某借款纠纷案。诉讼过程中,成某出差归途所乘航班失踪,经全力寻找仍无成某生存的任何信息,主管方宣布机上乘客不可能生还,成妻遂向乙县法院申请宣告成某死亡。对此,下列哪一说法是正确的?(2015年,单选)

A. 乙县法院应当将宣告死亡案移送至甲县法院审理

B. 借款纠纷案与宣告死亡案应当合并审理

C. 甲县法院应当裁定中止诉讼

D. 甲县法院应当裁定终结诉讼

考点三 确认调解协议案件

1 杜某与曹某因为交通损害赔偿纠纷,经某人民调解委员会调解达成协议后,申请某区法院确认调解协议效力。该区法院审查认为该调解协议符合规定,裁定确认调解协议效力,杜某与曹某当即履行完毕。后杜某认为该调解协议中约定的残疾赔偿金数额远远小于自己遭受的损失,杜某可以何种方式救济?(2019 年回忆版,单选)

A. 向上一级法院申请复议

B. 向该区法院或者上一级法院申请再审

C. 向上一级法院提出上诉

D. 向该区法院提出异议

2 谢某与周某交通事故侵权纠纷一案,2016 年 2 月 6 日,经 A 县 B 乡人民调解委员会主持调解,双方签订了人民调解协议,并书面申请司法确认。2016 年 3 月 3 日,A 县法院作出民事裁定,确认该调解协议有效。2016 年 4 月 2 日,谢某按协议履行完了全部约定义务。2016 年 7 月 5 日,谢某以发现新证据、原调解协议内容错误为由,向法院申请再审,法院当如何处理?(2018 年回忆版,单选)

A. 驳回再审申请

B. 告知另行起诉

C. 进行再审审查,如调解协议错误,裁定执行回转

D. 告知可以申请撤销调解协议

考点四 实现担保物权案件

刘某与银行签订贷款合同,以刘某和王某各自拥有的一套房屋进行抵押,约定进行仲裁裁决。后刘某无力归还贷款,银行申请实现抵押权。刘某无异议,王某提出异议,称抵押合同系因欺诈签订。关于法院的做法,下列说法正确的是:(2021 年回忆版,多选)

A. 裁定准许拍卖刘某的房产

B. 裁定准许拍卖王某的房产

C. 裁定驳回拍卖刘某房产的申请,告知另行仲裁

D. 裁定驳回拍卖王某房产的申请,告知另行仲裁

(本章答案及解析见第 150 页)

第十九章 督促程序

名师带练

1 考点考查统计

督促程序
- 督促程序的特点与适用范围 *
- 支付令的申请、审查和发出 * *
- 对支付令的异议 * *

2 命题基本规律

1. 从考查内容来看,督促程序以支付令为核心,内容丰富。督促程序部分考生应掌握的内容包括:(1)督促程序的概念和特点、督促程序的适用范围(适用督促程序的法院和案件);(2)支付令的申请、对支付令的审查及支付令的发出;(3)支付令异议的提出与审查、异议成立的法律后果。

2. 从考查角度来看,督促程序具有全面考查兼重点突出的特征。前述第(1)项所包含的内容在历年考试中基本都有涉及,由此可知,考试对督促程序是全面考查,不会遗漏某一知识点。在此基础上,督促程序的考查重点也很突出,如支付令的送达方式,是否可从督促程序转入诉讼程序、如何转等问题,考试中多次考查。

3 设题陷阱

陷阱一:申请人不同意的,督促程序不能转入诉讼程序。以2013年试题为例,题干中提到债务人彗星公司对支付令提出书面异议,问法院此时应该怎么做。C选项和D选项分别是“将案件转为诉讼程序审理,但彗星公司不同意的除外”和“将案件转为诉讼程序审理,但胡某不同意的除外”,这里就考查督促程序转为诉讼程序时,申请人和被申请人谁不同意将导致督促程序无法转入诉讼程序。《民事诉讼法》第228条规定:“人民法院收到债务人提出的书面异议后,经审查,异议成立的,应当裁定终结督促程序,支付令自行失效。支付令失效的,转入诉讼程序,但申请支付令的一方当事人不同意提起诉讼的除外。”因此,申请人一方不同意转入诉讼程序,将导致督促程序无法转入诉讼程序,而被申请人的态度则在所不问。那么这是为什么呢?换个角度想一想,进入诉讼程序后,申请人的身份将变成原告,申请人不同意提起诉讼相当于原告不起诉,原告都不起诉了,自然无法进入诉讼程序。因此,有时换个角度思考会比死记硬背来得快,也记得更牢。

陷阱二:支付令生效不等于支付令具有强制执行力。支付令的法律效力,是指支付令自作出或送达之日起即产生法律约束力,被申请人要么还款、要么异议;而支付令的强制执行力,是指在15日的异议期内,债务人既不履行义务,又不提出书面异议的,法院可以强制执行。

陷阱三:支付令可以留置送达,但不能公告送达。支付令的送达方式是高频考点之一,在此统一归纳:债务人拒绝签收支付令的,法院可以留置送达,但是绝对不可以公告送达,因为公告送达无法保证被申请人提出异议的权利。

真题快刷

1 甲公司因乙公司到期未归还100万元借款而向法院申请支付令,乙公司没有在15日内提出异议,但甲公司也没有申请执行。后甲公司无力支付丙公司的到期债权200万元,丙公司认为甲公司怠于主张其对乙公司的100万元到期债权。此时丙公司有哪些救济途径?(2023年回忆版,多选)

A. 申请执行甲公司对乙公司的支付令

B. 向法院申请对乙公司发出支付令

C. 丙公司在与甲公司的诉讼中可以申请冻结甲公司对乙公司的债权

D. 提起诉讼代为主张甲公司对乙公司的债权

2 甲公司拖欠员工张三劳动报酬5万元,公司和张三经人民调解委员会作出人民调解协议,约定甲公司在1个月内向张三支付劳动报酬5万元。1个月后,甲公司未支付上述款项。此时,张

三可以如何救济自己的权利?(2023年回忆版,多选)

A. 持人民调解协议向劳动仲裁申请劳动仲裁

B. 持人民调解协议向法院起诉

C. 持人民调解协议向法院申请支付令

D. 向法院申请强制执行人民调解协议

3 高某向杨某借款23.5万元,到期后一直没有归还。杨某于2018年10月21日向高某住所地的A区法院申请支付令,并向法院提交了高某向杨某借款时出具的借条,要求高某偿还借款23.5万元。在支付令异议期间,杨某觉得支付令不如法院判决更稳妥,于是向自己住所地的B区法院起诉。关于本案,下列说法错误的是:(2018年回忆版,单选)

A. 杨某应向A区法院申请支付令

B. 杨某可向B区法院起诉

C. 杨某向B区法院起诉,会导致支付令失效

D. 杨某未向发出支付令的法院起诉,不影响支付令的效力

4 甲公司购买乙公司的产品,丙公司以其房产为甲公司提供抵押担保。因甲公司未按约支付120万元货款,乙公司向A市B县法院申请支付令。法院经审查向甲公司发出支付令,甲公司拒绝签收。甲公司未在法定期间提出异议,而以乙公司提供的产品有质量问题为由向A市C区法院提起诉讼。关于本案,下列哪些表述是正确的?(2017年,多选)

A. 甲公司拒绝签收支付令,法院可采取留置送达

B. 甲公司提起诉讼,法院应裁定中止督促程序

C. 乙公司可依支付令向法院申请执行甲公司的财产

D. 乙公司可依支付令向法院申请执行丙公司的担保财产

5 单某将八成新手机以4000元的价格卖给卢某,双方约定:手机交付卢某,卢某先付款1000元,待试用一周没有问题后再付3000元。但试用期满卢某并未按约定支付余款,多次催款无果后单某向M法院申请支付令。M法院经审查后向卢某发出支付令,但卢某拒绝签收,法院采取了留置送达。20天后,卢某向N法院起诉,以手机有质量问题要求解除与单某的买卖合同,并要求单某退还1000元付款。根据本案,下列哪些选项是正确的?(2016年,多选)

A. 卢某拒绝签收支付令,M法院采取留置送达是正确的

B. 单某可以依支付令向法院申请强制执行

C. 因卢某向N法院提起了诉讼,支付令当然失效

D. 因卢某向N法院提起了诉讼,M法院应当裁定终结督促程序

(本章答案及解析见第153页)

第二十章　公示催告程序

名师带练

1　考点考查统计

公示催告程序
- 公示催告程序的特点与适用范围 *
- 公示催告程序的申请、受理及审理 * *

2　命题基本规律

1. 从考查重点来看，公示催告程序的主要内容即公示催告程序的考查重点，主要包括公示催告程序的概念与特点、适用范围、申请与受理，在公示催告案件审理过程中的止付与公告、申报权利、除权判决，以及公示催告程序的终结和对利害关系人权利的救济。

2. 从考查难点来看，公示催告程序有如下几个难点，需要考生格外注意：(1)适用公示催告程序的案件的管辖法院是票据支付地的基层人民法院；(2)公示催告阶段可以由审判员一人独任审理，但除权判决阶段应当组成合议庭审理；(3)除权判决只能宣告票据无效，不能宣告票据有效；(4)人民法院只能根据申请人提出宣告票据无效的申请作出除权判决，而不能依职权主动作出除权判决。这些知识点是理解公示催告程序的关键点，也是考试中的常考点、易错点。

3　设题陷阱

公示催告程序中需要注意的设题陷阱一般围绕申报权利设置，考生在学习时应着重注意以下几点。

陷阱一：申报权利的时间。以2017年试题为例，《民事诉讼法》规定利害关系人可以在公示催告期间申报权利，但是《民诉解释》却将该规定扩展为“公示催告期间届满后，除权判决作出前”利害关系人均可申报权利。因此，在2017年试题中，由于利害关系人在除权判决作出前向法院申报了权利，法院应当裁定终结公示催告程序。

陷阱二：申报权利的利害关系人。利害关系人必须同时具备两个条件：(1)与票据存在利害关系，即属于申请人之外可以对遗失、灭失或者被盗的票据主张权利的人，如本案申请人以外的合法票据持有人、接受非法转让的善意第三人等；(2)是持票人，即申报人必须持有受公示催告的票据。

陷阱三：申报权利的申请与处理。(1)利害关系人必须向发出公示催告公告的人民法院申报权利。(2)申报权利的利害关系人应当采用书面形式向法院申报权利。(3)人民法院审查后，认为利害关系人申报的权利能够成立的，应当裁定终结公示催告程序，认为公示催告申请人申请公示催告的票据与利害关系人出示的票据不一致的，应当裁定驳回利害关系人的申报。

真题快刷

1 甲公司将一张承兑汇票背书转让给乙公司用于支付货款。乙公司向银行提示付款时，发现该承兑汇票已被丙公司向法院申请公示催告，因公示催告期间60日届满后仍无人申报权利，法院判决银行向丙公司支付了款项。则乙公司此时可采取哪些救济措施？（2023年回忆版，多选）

A. 申请再审

B. 起诉丙公司请求赔偿

C. 把汇票退给甲公司，要求甲公司更换其他方式支付货款

D. 提起第三人撤销之诉

2 海昌公司因丢失票据申请公示催告，期间届满无人申报权利，海昌公司遂申请除权判决。在除权判决作出前，家佳公司看到权利申报公告，向法院申报权利。对此，法院下列哪一做法是正确的？（2017年，单选）

A. 因公示催告期满，裁定驳回家佳公司的权利申报

B. 裁定追加家佳公司参加案件的除权判决审理程序

C. 应裁定终结公示催告程序

D. 作出除权判决，告知家佳公司另行起诉

（本章答案及解析见第155页）

第二十一章　执行程序

名师带练

1　考点考查统计

- 执行程序
  - 申请执行的条件 * *
  - 被执行人的变更——执行中变更当事人的条件及处理 * *
  - 执行异议
    - 对执行行为的异议 * *
    - 案外人对执行标的的异议 * * *
  - 执行和解
    - 执行和解的概念和条件 *
    - 和解协议的效力 *
  - 参与分配
    - 参与分配的概念 *
    - 参与分配的程序 *
  - 执行担保 *
  - 执行措施 * *
  - 执行中止与终结 *

2 命题基本规律

执行作为民事纠纷的最终落脚点，在民事诉讼中具有举足轻重的地位。近年来，“决胜执行难”战役的打响，更是将执行推到了风口浪尖的位置上。

1. 在考查内容方面，重者恒重、难点突出。执行管辖、执行和解、参与分配、执行回转及执行措施是重点；而对执行行为的异议和案外人对执行标的的异议，以及执行中追加、变更当事人，既是重点又是难点。考生在学习这些知识点的时候，一开始理不清、记不住很正常，应按照自己的理解对知识点进行梳理，进而形成框架。此外，本书也为考生制作了当事人、利害关系人对执行行为的异议和案外人对执行标的的异议的对比记忆表，考生在做题的时候可以结合表格进行理解记忆。

2. 在考查力度方面，考试对本部分的考查力度逐年加大，近年法考在客观题部分都对执行进行了考查。由此不难看出，执行部分是考试时拿分的大项，考生对此一定要有足够的重视。

3. 在考查深度方面，执行程序题目难度总体较大。从前述“考点考查统计”中可以看出，执行程序这一章小考点较多，且小考点之间都有一定联系。因此，执行程序的题目中时常有不同的小考点交织在一起。此外，执行异议部分细化为两种不同的执行异议，各自都有不同的适用条件和处理结果。几种原因掺杂在一起，导致对考生来说，执行部分的题目难度更大，全部答对的概率更低。但各位考生千万不要因此而气馁，不会的原因是不熟悉，只要多看、多写、多练，执行程序也能如管辖制度一样被轻松掌握。

法考越来越呈现考“新”、考“热”的趋势，预计在未来的法考中执行的重要程度不会下降，考生一定要好好把握。

3 设题陷阱

陷阱一：执行不调解，调解不执行。执行程序不解决纠纷，因此，不允许法院在执行程序中组织调解。需要考生注意的是，除执行程序之外，其他非诉程序如督促程序、特别程序、公示催告程序均不适用调解制度。由于和解是当事人在处分自己的实体权利，故在执行程序中并不禁止当事人和解。

陷阱二：执行异议有两种，不是谁都可以提。执行异议可以分为当事人、利害关系人对执行行为的异议和案外人对执行标的的异议两种，二者之间有严格的限制，特定主体只能对特定对象提出异议，不可混淆。提出执行标的异议的主体只能是案外人，案外人提出异议的形式必须采用书面形式，执行法院对案外人提出的异议应当进行审查。另外，考生应注意《民事诉讼法》第238条以及相关司法解释中关于执行异议的救济的规定。

陷阱三：不是所有的迟延履行都要支付迟延履行金。迟延履行分为逾期履行金钱义务和逾期履行非金钱义务，二者的区别在于逾期履行金钱义务应加倍计算迟延履行期间的债务利息，而逾期履行非金钱义务则应计算迟延履行金。

陷阱四：终结执行、终结本次执行、中止执行有区别，考生需要分清。(1)终结执行，是指在申请执行人的债权没有全部实现、被申请执行人没有全面履行义务的情况下，结束执行程序。根据《民事诉讼法》第268条的规定，终结执行的法定事由如下：①申请人撤销申请的；②据以执行的法律文书被撤销的；③作为被执行人的公民死亡，无遗产可供执行，又无义务承担人的；④追索赡养费、扶养费、抚养费案件的权利人死亡的；⑤作为被执行人的公民因生活困难无力偿还借款，无收入来源，又丧失劳动能力的；⑥人民法院认为应当终结执行的其他情形。(2)终结本次执行是为了解决执行实践中大量确无财产可供执行的情形而创设的一种制度,其适用的情形只有一种:被执行人确无财产可供执行。《民诉解释》第 517 条第 1 款规定:"经过财产调查未发现可供执行的财产,在申请执行人签字确认或者执行法院组成合议庭审查核实并经院长批准后,可以裁定终结本次执行程序。"(3)中止执行,是指民事执行程序启动以后,因出现法定原因和事由,民事执行机构裁定中断执行程序的一种执行制度。《民事诉讼法》第 267 条规定:"有下列情形之一的,人民法院应当裁定中止执行:(一)申请人表示可以延期执行的;(二)案外人对执行标的提出确有理由的异议的;(三)作为一方当事人的公民死亡,需要等待继承人继承权利或者承担义务的;(四)作为一方当事人的法人或者其他组织终止,尚未确定权利义务承受人的;(五)人民法院认为应当中止执行的其他情形。中止的情形消失后,恢复执行。"

真题快刷

考点一 申请执行的条件

1 丙公司欠甲公司货款到期未还,乙公司作为甲公司的股东向丙公司提出代位之诉,法院判决丙公司偿还欠款。但判决生效后,丙公司依然不归还借款。对此,哪些主体有资格申请执行?(2023 年回忆版,单选)

A. 仅甲公司可以申请执行

B. 必须由甲公司和乙公司共同申请执行

C. 甲公司或乙公司可以申请执行

D. 仅乙公司可以申请执行

2 A 区 B 市的甲公司和 C 市 D 区的乙公司签订了买卖合同,并约定发生纠纷由 A 市 A 仲裁委员会仲裁,由 A 市 B 区人民法院执行。甲公司就买卖合同向 A 仲裁委员会申请仲裁,A 仲裁委员会支持了甲公司的主张。后乙公司未履行仲裁裁决确定的义务。经查,乙公司财产在 C 市 E 区仓库。对此,甲公司应向哪些(个)法院申请执行?(2023 年回忆版,不定项)

A. C 市 D 区人民法院

B. C 市 D 区人民法院和 C 市 E 区人民法院

C. C 市中级人民法院

D. A 市 B 区人民法院

考点二 被执行人的变更

1 周某设立了皓星一人有限公司。周某因为和吴某存在债务纠纷起诉到法院,法院判处周某还给吴某 300 万元。吴某向法院申请强制执行周某的财产,其财产不足以偿还全部债务。但吴某发现皓星公司账户中有 200 万元,遂向法院申请追加皓星公司为被执行人。下列表述正确的是:(2020 年回忆版,不定项)

A. 当事人对执行异议裁定不服,相关人可以向法院申请复议

B. 法院应当裁定追加被执行人,皓星公司可以提出执行异议

C. 如果对执行异议裁定不服,吴某可以提出执行异议之诉

D. 法院应当驳回申请,吴某可以申请执行异议

2 何某依法院生效判决向法院申请执行甲的财产,在执行过程中,甲突发疾病猝死。法院询问甲的继承人是否继承遗产,甲的继承人乙表示继承,其他继承人均表示放弃继承。关于该案执行程序,下列哪一选项是正确的?(2016 年,单选)

A. 应裁定延期执行

B. 应直接执行被执行人甲的遗产

C. 应裁定变更乙为被执行人　　D. 应裁定变更甲的全部继承人为被执行人

考点三　执行异议

1 老毛的房子被法院拍卖抵债，老张高价拍得该房。后老张发现老毛通过注册小号哄抬拍卖价格，导致其不得不出高价竞拍。对此，老张可采取什么救济途径？(2023 年回忆版，单选)

A. 向房屋所在地人民法院起诉老毛

B. 向老毛居住地人民法院起诉老毛

C. 向房屋所在地人民法院申请撤销执行标的异议

D. 申请撤销执行房屋的行为异议

2 甲和乙共有某物，甲被强制执行，乙提出执行异议。后甲和乙商量后达成协议，乙撤回了执行异议申请，结果甲反悔不履行。乙无奈又提出执行异议，被法院以重复为由否决。乙可以采取的救济手段有哪些？(2022 年回忆版，单选)

A. 向本院提起执行异议之诉　　B. 向上一级法院提起执行异议之诉

C. 向本院提起复议　　D. 向上一级法院提起复议

3 甲是红星公司的名义股东。甲欠了乙的钱不能偿还，乙要求法院执行甲名下的股份。此时丙向法院提出执行异议，认为自己才是红星公司的真正股东，被驳回。丙此时的救济途径是什么？(2022 年回忆版，不定项)

A. 向上一级法院上诉　　B. 向上级法院复议

C. 向本级法院申请再审　　D. 提出执行异议之诉

4 易某依法院对王某支付其 5 万元损害赔偿金之判决申请执行。执行中，法院扣押了王某的某项财产。案外人谢某提出异议，称该财产是其借与王某使用的，该财产为自己所有。法院经审查，认为谢某异议理由成立，遂裁定中止对该财产的执行。关于本案的表述，下列哪一选项是正确的？(2017 年，单选)

A. 易某不服该裁定提起异议之诉的，由易某承担对谢某不享有该财产所有权的证明责任

B. 易某不服该裁定提起异议之诉的，由谢某承担对其享有该财产所有权的证明责任

C. 王某不服该裁定提起异议之诉的，由王某承担对谢某不享有该财产所有权的证明责任

D. 王某不服该裁定提起异议之诉的，由王某承担对其享有该财产所有权的证明责任

5 张山承租林海的商铺经营饭店，因拖欠房租被诉至饭店所在地甲法院，法院判决张山偿付林海房租及利息，张山未履行判决。经律师调查发现，张山除所居住房以外，其名下另有一套房屋，林海遂向该房屋所在地乙法院申请执行。乙法院对该套房屋进行查封拍卖。执行过程中，张山前妻宁虹向乙法院提出书面异议，称两人离婚后该房屋已由丙法院判决归其所有，目前尚未办理房屋变更登记手续。请回答第(1)～(3)题。(2015 年，不定项)

(1)对于宁虹的异议，乙法院的正确处理是：

A. 应当自收到异议之日起 15 日内审查

B. 若异议理由成立，裁定撤销对该房屋的执行

C. 若异议理由不成立，裁定驳回

D. 应当告知宁虹直接另案起诉

(2)如乙法院裁定支持宁虹的请求，林海不服提出执行异议之诉，有关当事人的诉讼地位是：

A. 林海是原告,张山是被告,宁虹是第三人

B. 林海和张山是共同原告,宁虹是被告

C. 林海是原告,张山和宁虹是共同被告

D. 林海是原告,宁虹是被告,张山视其态度而定

(3)乙法院裁定支持宁虹的请求,林海提出执行异议之诉,下列说法可成立的是:

A. 林海可向甲法院提起执行异议之诉

B. 如乙法院审理该案,应适用普通程序

C. 宁虹应对自己享有涉案房屋所有权承担证明责任

D. 如林海未对执行异议裁定提出诉讼,张山可以提出执行异议之诉

考点四 执行和解

1 甲申请法院执行乙的欠款100万元,执行期间双方达成和解协议,乙归还甲90万元。同时,丙作为连带保证人,也在和解协议中约定了担保条款。后乙不履行和解协议。此时甲可以如何救济自己的权利?(2023年回忆版,多选)

A. 申请法院恢复执行100万元欠款的生效法律文书

B. 依据执行和解协议申请直接执行丙

C. 就执行和解协议起诉乙

D. 就执行和解协议起诉丙

2 法院判决乙向甲返还价值50万元的青花瓷,执行中发现青花瓷已经被乙打碎了。甲、乙达成和解协议,约定乙向甲偿还60万元(其中10万元为精神损害抚慰金)。后乙拒不履行和解协议,甲请求法院执行原判决。下列做法正确的是:(2021年回忆版,多选)

A. 法院执行乙60万元的财产

B. 甲按和解协议另行起诉

C. 法院终结执行

D. 法院执行乙50万元的财产

3 甲诉乙返还10万元借款,胜诉后进入执行程序,乙表示自己没有现金,只有一枚祖传玉石可抵债。法院经过调解,说服甲接受玉石抵债,双方达成和解协议并当即交付了玉石。后甲发现此玉石为赝品,价值不足千元,遂申请法院恢复执行。关于执行和解,下列哪些说法是正确的?(2014年,多选)

A. 法院不应在执行中劝说甲接受玉石抵债

B. 由于和解协议已经即时履行,法院无须再将和解协议记入笔录

C. 由于和解协议已经即时履行,法院可裁定执行中止

D. 法院应恢复执行

考点五 参与分配

甲向法院申请执行郭某的财产,乙、丙和丁向法院申请参与分配,法院根据郭某财产以及各执行申请人债权状况制定了财产分配方案。甲和乙认为分配方案不合理,向法院提出了异议,法院根据甲和乙的意见,对分配方案进行修正后,丙和丁均反对。关于本案,下列哪一表述是正确的?(2016年,单选)

A. 丙、丁应向执行法院的上一级法院申请复议

B. 甲、乙应向执行法院的上一级法院申请复议

C. 丙、丁应以甲和乙为被告向执行法院提起诉讼

D. 甲、乙应以丙和丁为被告向执行法院提起诉讼

考点六 执行担保

廖某借款10万元给黄某,到期后黄某无力清偿。廖某起诉黄某归还欠款,胜诉后廖某向法院申请强制执行。黄某向执行法院申请缓期半年执行,并提交保证书,黄某的好友李某以一辆车给廖某用半年,但未办理抵押。后黄某无力还款。下列说法正确的是:(2023年回忆版,单选)

A. 廖某可向法院申请恢复强制执行

B. 廖某可申请按照担保物权程序执行李某的车

C. 廖某只能申请执行黄某的财产,黄某的财产不足以清偿的部分,在10万元范围内用李某的车抵作价款

D. 廖某应将李某的车给法院拍卖

考点七 执行措施

1 付某诉甲公司借款纠纷一案,法院主持作出调解书:甲公司以其位于A地工业园区厂区内的所属地上附着物抵偿借款。因甲公司到期未履行民事调解书确定的义务,付某向法院申请强制执行。执行中,法院发现工业园区管委会已经拆除了甲公司在该园区建设的部分地上附着物,并允许其他企业入驻建厂。双方当事人就折价赔偿一事未能达成协议。法院此时应该如何处理?(2018年回忆版,单选)

A. 中止执行,申请执行人另诉请求赔偿

B. 终结执行,申请执行人另诉请求赔偿

C. 按照原来的借款数额继续执行

D. 应当裁定折价赔偿或按标的物的价值强制执行被执行人的其他财产

2 龙前铭申请执行郝辉损害赔偿一案,法院查扣了郝辉名下的一辆汽车。查扣后,郝辉的两个哥哥向法院主张该车系三兄弟共有。法院经审查,确认该汽车为三兄弟共有。关于该共同财产的执行,下列哪些表述是正确的?(2017年,多选)

A. 因涉及案外第三人的财产,法院应裁定中止对该财产的执行

B. 法院可查扣该共有财产

C. 共有人可对该共有财产协议分割,经债权人同意有效

D. 龙前铭可对该共有财产提起析产诉讼

3 田某拒不履行法院令其迁出钟某房屋的判决,因钟某已与他人签订租房合同,房屋无法交给承租人,使钟某遭受损失,钟某无奈之下向法院申请强制执行。法院受理后,责令田某15日内迁出房屋,但田某仍拒不履行。关于法院对田某可以采取的强制执行措施,下列哪些选项是正确的?(2016年,多选)

A. 罚款

B. 责令田某向钟某赔礼道歉

C. 责令田某双倍补偿钟某所受到的损失

D. 责令田某加倍支付以钟某所受损失为基数的同期银行利息

考点八　执行中止与终结

甲某和乙某之间发生合同纠纷，甲某诉至法院，一审法院作出判决后，双方均未上诉。后因乙某拒不履行判决确定的义务，甲某申请法院强制执行。在执行过程中，乙某申请再审，法院裁定再审后中止了执行，双方在再审程序中达成了调解协议，再审法院根据调解协议制作了调解书，但乙某仍然拒不履行调解书的内容。下列选项正确的是：(2019 年回忆版，多选)

A. 再审法院应恢复原判决执行　　B. 甲某应申请执行调解书

C. 再审法院应终结原判决执行　　D. 甲某应依调解协议起诉

(本章答案及解析见第 156 页)

第二十二章　涉外民事诉讼程序

名师带练

1　考点考查统计

涉外民事诉讼程序
- 涉外调解：涉外民事诉讼调解的相关规定 *
- 期间与送达 * *

2　命题基本规律

涉外民事诉讼程序部分内容相对独立，与其他基础考点综合考查的可能性不大。

从考查内容上说，考点主要集中在对涉外规定的直接考查上。特别提醒考生注意的是，2023 年 9 月 1 日，十四届全国人大常委会第五次会议审议通过了《全国人民代表大会常务委员会关于修改〈中华人民共和国民事诉讼法〉的决定》，自 2024 年 1 月 1 日起施行。本次《民事诉讼法》修改在全面总结涉外民商事审判实践经验基础上，重点对民事诉讼法中“涉外民事诉讼程序的特别规定”一编的内容进行了修改完善：一是修改管辖的相关规定，进一步扩大我国法院对涉外民事案件的管辖权；二是顺应国际趋势，增加平行诉讼的一般规定、不方便法院原则等相关条款；三是进一步修改涉外送达的相关规定，着力解决涉外案件“送达难”问题，提升送达效率，切实维护涉外案件当事人的合法权益；四是完善涉外民事案件司法协助制度，增设域外调查取证相关规定；五是完善外国法院生效判决、裁定承认与执行的基本规则。本部分的上述修改在 2024 年的考试中属于重点内容，请考生务必关注。

3　设题陷阱

陷阱：不是涉外民事诉讼的所有方面均适用特殊规定。有些考生因法院审理具有涉外因素的案件，不受一审、二审审限的限制，而错误地认为只要是涉外案件都有特殊规定。其实，在关于送达方式、上诉期及被上诉人的答辩期等方面，涉外民事诉讼的特殊规定为只看住所、不问国籍。也就是说，虽然案件涉外，但只要当事人在中国有住所，就一律适用国内民事诉讼程序的规定；只要当事人在国内没有住所，就算当事人是中国人，对其也应适用涉外特殊规定。

真题快刷

1 达善公司因合同纠纷向甲市A区法院起诉美国芙泽公司，经法院调解双方达成调解协议。关于本案的处理，下列哪些选项是正确的？（2016年，多选）

A. 法院应当制作调解书

B. 法院调解书送达双方当事人后即发生法律效力

C. 当事人要求根据调解协议制作判决书的，法院应当予以准许

D. 法院可以将调解协议记入笔录，由双方签字即发生法律效力

2 2012年1月，中国甲市公民李虹（女）与美国留学生琼斯（男）在中国甲市登记结婚，婚后两人一直居住在甲市B区。2014年2月，李虹提起离婚诉讼，甲市B区法院受理了该案件，适用普通程序审理。关于本案，下列哪些表述是正确的？（2014年，多选）

A. 本案的一审审理期限为6个月

B. 法院送达诉讼文书时，对李虹与琼斯可采取同样的方式

C. 不服一审判决，李虹的上诉期为15天，琼斯的上诉期为30天

D. 美国驻华使馆法律参赞可以个人名义作为琼斯的诉讼代理人参加诉讼

（本章答案及解析见第165页）

仲裁制度

第一章　仲裁协议

名师带练

1　考点考查统计

- 仲裁协议
  - 仲裁案件的管辖 * * *
  - 仲裁协议效力的确认
    - 仲裁协议的法律效力 * *
    - 仲裁协议效力的确认机构及程序 * *
    - 仲裁协议的无效与失效 * *

2　命题基本规律

1. 从考查内容上来看,仲裁协议的效力是最重要的核心考点。首先,仲裁协议的法律效力包含三个方面的内容:(1)仲裁协议对双方当事人的效力;(2)仲裁协议对法院的效力;(3)仲裁协议对仲裁机构的效力。它们共同构成了仲裁协议的效力。其次,仲裁协议效力的确认机构及程序是仲裁协议效力的高频考点,仲裁协议半数以上的题目都是围绕仲裁协议效力的确认展开的。再次,仲裁管辖和仲裁条款独立性也是高频考点。最后,仲裁协议的无效与失效情形很重要,考生对这部分知识要做到滚瓜烂熟,并在此基础上学会运用。

2. 从考查方式上来看,本考点只有案例考查题,没有直接考查法条的题目,题目具有一定的综合性。虽然仲裁法平均下来每年题量不多,但考查题目多与法院管辖等民事诉讼法知识相结合,具有一定的拔高性。考生在学习完仲裁法的内容后,一定要回过头看看民事诉讼法与此相关的知识点,站在统领全局的角度再整体浏览一遍仲裁法部分的考点。

3　设题陷阱

陷阱一:仲裁机构应明确约定,否则仲裁协议无效。“在北京适用《中国国际经济贸易仲裁委员会仲裁规则》进行仲裁”是否属于约定明确,问题是哪个机构对该案具有管辖权。在此,我们不关注这道题的答案是什么,只讨论题干中的信息是否属于明确约定了仲裁机构。认为属于约定明确的考生,给出的理由是因为北京只有两个仲裁委员会,这里又明确约定了适用《中国国际经济贸易仲裁委员会仲裁规则》,所以相当于明确约定了中国国际经济贸易仲裁委员会为仲裁机构。在这种错误解题思路中,考生从案件适用的仲裁规则推定出案件的仲裁机构。但推定不一定就是正确的,在北京适用《中国国际经济贸易仲裁委员会仲裁规则》的也可以是中国国际经济贸易仲裁委员会的其他分会,毕竟仲裁地与仲裁机构所在地是两个不同的概念。因此,该推定不能成立。在此提醒考生注意,在遇到关于约定仲裁机构的题目时,除非题目明确给出了仲裁机构的名称,其他情况一律要具体分析,切不可想当然地进行推论,得出错误结论。

陷阱二:有权对仲裁协议效力作出决定的是仲裁委员会,而不是仲裁庭。2017 年某题 B 选项为"仲裁庭对案件管辖权作出决定应有仲裁委员会的授权"。仲裁庭对案件管辖权作出决定,即对仲裁协议的效力作出认定,而有权对仲裁协议的效力作出认定的机构只有仲裁委员会和法院。因此,仲裁庭只有在得到仲裁委员会的授权后,才能作出对案件管辖权的决定,而不能径行决定。考生对这个小考点要特别注意一下,以免产生错误认识。

真题快刷

考点一 仲裁案件的管辖问题

1 A 公司与 B 公司签订建设工程合同,约定因合同产生的纠纷由甲仲裁机构管辖。后两公司又就工程款支付事项达成补充协议,但是补充协议中没有约定发生纠纷的处理方式。现两公司因为工程款发生纠纷,则应当如何处理?(2023 年回忆版,单选)

A. 向甲仲裁机构申请仲裁　　B. 向合同签订地法院起诉
C. 向被告住所地法院起诉　　D. 向建设工程施工地法院起诉

2 住所在 M 省甲县的旭日公司与住所在 N 省乙县的世新公司签订了一份建筑工程施工合同,工程地为 M 省丙县,并约定如合同履行发生争议,在北京适用《中国国际经济贸易仲裁委员会仲裁规则》进行仲裁。履行过程中,因工程款支付问题发生争议,世新公司拟通过仲裁或诉讼解决纠纷,但就在哪个仲裁机构进行仲裁,双方产生分歧。对此,下列哪一部门对该案享有管辖权?(2017 年,单选)

A. 北京仲裁委员会　　B. 中国国际经济贸易仲裁委员会
C. M 省甲县法院　　D. M 省丙县法院

3 住所在 A 市 B 区的两江公司与住所在 M 市 N 区的百向公司,在两江公司的分公司所在地 H 市 J 县签订了一份产品购销合同,并约定如发生合同纠纷可向设在 W 市的仲裁委员会申请仲裁(W 市有两个仲裁委员会)。因履行合同发生争议,两江公司向 W 市的一个仲裁委员会申请仲裁。仲裁委员会受理后,百向公司拟向法院申请认定仲裁协议无效。百向公司应向下列哪一法院提出申请?(2017 年,单选)

A. 可向 W 市中级法院申请　　B. 只能向 M 市中级法院申请
C. 只能向 A 市中级法院申请　　D. 可向 H 市中级法院申请

4 住所地在 H 省 K 市 L 区的甲公司与住所地在 F 省 E 市 D 区的乙公司签订了一份钢材买卖合同,价款数额为 90 万元。合同在 B 市 C 区签订,双方约定合同履行地为 W 省 Z 市 Y 区,同时约定如因合同履行发生争议,由 B 市仲裁委员会仲裁。合同履行过程中,因钢材质量问题,甲公司与乙公司发生争议,甲公司欲申请仲裁解决。因 B 市有两个仲裁机构,分别为丙仲裁委员会和丁仲裁委员会(两个仲裁委员会所在地都在 B 市 C 区),乙公司认为合同中的仲裁条款无效,欲向有关机构申请确认仲裁条款无效。(2016 年,不定项)

(1)依据法律和司法解释的规定,乙公司可以向有关机构申请确认仲裁条款无效。关于确认的

机构,下列选项正确的是:

A. 丙仲裁委员会　　B. 丁仲裁委员会

C. B市中级法院　　D. B市C区法院

(2)如相关机构确认仲裁条款无效,甲公司欲与乙公司达成协议,确定案件的管辖法院。关于双方可以协议选择的管辖法院,下列选项正确的是:

A. H省K市L区法院　　B. F省E市D区法院

C. B市C区法院　　D. W省Z市Y区法院

(3)如仲裁条款被确认无效,甲公司与乙公司又无法达成新的协议,甲公司欲向法院起诉乙公司。关于对本案享有管辖权的法院,下列选项正确的是:

A. H省K市L区法院　　B. F省E市D区法院

C. W省Z市Y区法院　　D. B市C区法院

考点二　仲裁协议效力的确认

1 甲公司和乙公司约定合同纠纷在A市仲裁,仲裁过程中甲公司清算并注销。甲公司有两个股东丙和丁,此时仲裁庭应该如何处理?(2023年回忆版,单选)

A. 依职权通知丙和丁参加　　B. 依乙公司申请请求丙和丁参加

C. 中止仲裁　　D. 询问两股东意见再决定是否继续

2 甲、乙签订商事合同,约定可向A地仲裁委员会申请仲裁。A地有两个仲裁机构,分别为X仲裁委员会和某国际贸易仲裁委员会X分会。双方当事人因履行合同发生争议,甲向其中一个仲裁委员会申请仲裁,乙在该仲裁委员会首次仲裁开庭时提出异议。据此,下列选项正确的是:(2019年回忆版,单选)

A. 乙可再向A地中级法院申请仲裁协议无效,法院应受理该申请

B. 仲裁庭应裁定终结审理

C. 当事人若可选择其中一个仲裁机构,仲裁协议有效

D. 仲裁庭已取得管辖权

3 S市(直辖市)A区的甲公司与S市B区的乙公司签订一份包含仲裁条款的室内装修合同,双方约定如果产生争议,均提交S市C区仲裁委员会仲裁。合同签订后,甲公司被并入S市D区的丙公司。丙公司完成室内装修任务后,乙公司认为其装修风格不符合自己的要求,拒绝支付部分装修费。关于本案纠纷,下列解决办法正确的是:(2018年回忆版,单选)

A. 丙公司可以和乙公司双方自行协商达成和解协议

B. 双方应当依据合同的约定通过仲裁的方式解决

C. 因变更主体,该仲裁协议无效,双方应当通过诉讼解决

D. 因该案属于专属管辖,仲裁协议无效,双方应当向B区法院诉讼解决

4 住所在北京市C区的甲公司与住所在北京市H区的乙公司在天津市J区签订了一份买卖合同,约定合同履行发生争议,由北京仲裁委员会仲裁或者向H区法院提起诉讼。合同履行过程中,双方发生争议,甲公司到北京仲裁委员会申请仲裁,仲裁委员会受理并向乙公司送达了甲公司的申请书副本。在仲裁庭主持首次开庭的答辩阶段,乙公司对仲裁协议的效力提出异议。仲裁庭对此作出了相关的意思表示。此后,乙公司又向法院提出对仲裁协议的效力予以认定的申请。下

列哪些选项是正确的？(2017 年，多选)

A. 双方当事人约定的仲裁协议原则有效

B. 仲裁庭对案件管辖权作出决定应有仲裁委员会的授权

C. 仲裁庭对乙公司的申请应予以驳回，继续审理案件

D. 乙公司应向天津市中级法院申请认定仲裁协议的效力

(本章答案及解析见第 168 页)

第二章　仲裁程序

名师带练

1　考点考查统计

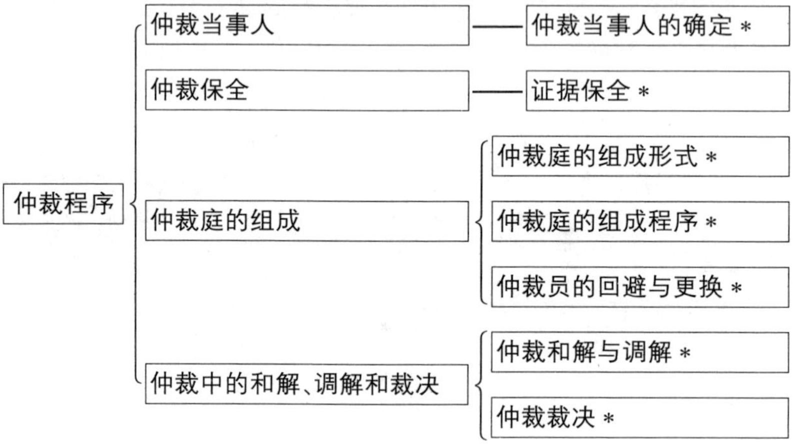

2　命题基本规律

从考查内容上来看，仲裁程序考查的内容丰富，基本涵盖了仲裁程序的全过程，主要包括：(1)仲裁当事人与代理人；(2)仲裁案件的申请与受理；(3)仲裁保全；(4)仲裁庭的组成；(5)仲裁审理；(6)仲裁中的和解、调解和裁决；(7)简易程序；(8)仲裁时效。仲裁程序中仲裁庭的组成，仲裁中的和解、调解与裁决是重中之重。

3　设题陷阱

陷阱一：仲裁调解和仲裁和解的相关规定是考试的易错点，现将两者区别归纳如下，以方便大家记忆。

项目	仲裁调解	仲裁和解
仲裁庭是否参与	当事人在仲裁庭的主持下进行调解	无须仲裁庭参与，双方当事人自愿达成和解协议

续表

项目	仲裁调解	仲裁和解
结案方式	调解达成协议的,仲裁庭应当制作调解书或者根据协议的结果制作裁决书	当事人达成和解协议的,可以撤回仲裁申请或者请求仲裁庭根据和解协议作出裁决书
当事人反悔时的处理方式	调解书经双方当事人签收后,即发生法律效力。在签收前当事人反悔的,仲裁庭应当及时作出裁决	当事人达成和解协议撤回仲裁申请后反悔的,可以根据原仲裁协议申请仲裁

陷阱二:仲裁裁决作出的规则为少数服从多数。根据《仲裁法》的规定可知,仲裁裁决作出规则有以下几点需要注意:(1)仲裁裁决规则为少数服从多数。(2)无法形成多数意见时,以首席仲裁员的意见为准。(3)持不同意见的仲裁员可不签名。

真题快刷

考点一 仲裁当事人

马迪由阳光劳务公司派往五湖公司担任驾驶员。因五湖公司经常要求加班,且不发加班费,马迪与五湖公司发生争议,向劳动争议仲裁委员会申请仲裁。关于本案仲裁当事人的确定,下列哪一表述是正确的?(2017 年,单选)

A. 马迪是申请人,五湖公司为被申请人

B. 马迪是申请人,五湖公司和阳光劳务公司为被申请人

C. 马迪是申请人,五湖公司为被申请人,阳光劳务公司可作为第三人参加诉讼

D. 马迪和阳光劳务公司为申请人,五湖公司为被申请人

考点二 仲裁保全

甲县的佳华公司与乙县的亿龙公司订立的烟叶买卖合同中约定,如果因为合同履行发生争议,应提交 A 仲裁委员会仲裁。佳华公司交货后,亿龙公司认为烟叶质量与约定不符,且正在霉变,遂准备提起仲裁,并对烟叶进行证据保全。关于本案的证据保全,下列哪些表述是正确的?(2014年,多选)

A. 在仲裁程序启动前,亿龙公司可直接向甲县法院申请证据保全

B. 在仲裁程序启动后,亿龙公司既可直接向甲县法院申请证据保全,也可向 A 仲裁委员会申请证据保全

C. 法院根据亿龙公司申请采取证据保全措施时,可要求其提供担保

D. A 仲裁委员会收到保全申请后,应提交给烟叶所在地的中级法院

考点三 仲裁庭的组成

1 双方当事人协议通过仲裁的方式解决纠纷,约定由三名仲裁员组成合议庭进行仲裁。双方当事人之间发生纠纷后,向约定的仲裁委员会申请仲裁。该案标的额为 50 万元,但该仲裁委员会规定 100 万元标的额以下的案件只由一名仲裁员独任仲裁,遂由一名仲裁员进行审理后作出裁决。后一方欲向法院申请撤销仲裁裁决。关于本案,下列选项正确的是:(2021 年回忆版,单选)

A. 因仲裁庭用一名仲裁员独任裁判,因此法院也应适用独任制审理

B. 可以以仲裁庭组成不符合约定为由申请撤销仲裁裁决

C. 可以以仲裁程序违法为由申请撤销仲裁裁决

D. 法院应通知仲裁庭重新仲裁

2 甲公司与乙公司因合同纠纷向某仲裁委员会申请仲裁,第一次开庭后,甲公司的代理律师发现合议庭首席仲裁员苏某与乙公司的老总汪某在一起吃饭,遂向仲裁庭提出回避申请。关于本案仲裁程序,下列哪一选项是正确的?(2016 年,单选)

A. 苏某的回避应由仲裁委员会集体决定

B. 苏某回避后,合议庭应重新组成

C. 已经进行的仲裁程序应继续进行

D. 当事人可请求已进行的仲裁程序重新进行

考点四 仲裁中的和解、调解和裁决

1 甲市L区居民叶某购买了住所在乙市M区的大亿公司开发的位于丙市N区的商品房一套,合同中约定双方因履行合同发生争议可以向位于丙市的仲裁委员会(丙市仅有一家仲裁机构)申请仲裁。因大亿公司迟迟未按合同约定交付房屋,叶某向仲裁委员会申请仲裁。大亿公司以仲裁机构约定不明,向仲裁委员会申请确认仲裁协议无效。经审查,仲裁委员会作出了仲裁协议有效的决定。在第一次仲裁开庭时,大亿公司声称其又向丙市中级法院请求确认仲裁协议无效,申请仲裁庭中止案件审理。在仲裁过程中仲裁庭组织调解,双方达成了调解协议,仲裁庭根据协议内容制作了裁决书。后因大亿公司不按调解协议履行义务,叶某向法院申请强制执行,而大亿公司则以调解协议内容超出仲裁请求为由,向法院申请不予执行仲裁裁决。双方当事人在仲裁过程中达成调解协议,仲裁庭正确的结案方式是:(2016 年,不定项)

A. 根据调解协议制作调解书

B. 应当依据调解协议制作裁决书

C. 将调解协议内容记入笔录,由双方当事人签字后即发生法律效力

D. 根据调解协议的结果制作裁决书

2 B 市的京发公司与 T 市的蓟门公司签订了一份海鲜买卖合同,约定交货地在 T 市,并同时约定"涉及本合同的争议,提交 S 仲裁委员会仲裁"。京发公司收货后,认为海鲜等级未达到合同约定,遂向 S 仲裁委员会提起解除合同的仲裁申请,仲裁委员会受理了该案。在仲裁规则确定的期限内,京发公司选定仲裁员李某作为本案仲裁庭的仲裁员,蓟门公司未选定仲裁员,双方当事人也未共同选定第三名仲裁员,S 仲裁委主任指定张某为本案仲裁庭仲裁员、刘某为本案首席仲裁员,李某、张某、刘某共同组成本案的仲裁庭,仲裁委向双方当事人送达了开庭通知。

开庭当日,蓟门公司未到庭,也未向仲裁庭说明未到庭的理由。仲裁庭对案件进行了审理并作出缺席裁决。在评议裁决结果时,李某和张某均认为蓟门公司存在严重违约行为,合同应解除,而刘某认为合同不应解除,拒绝在裁决书上签名。最终,裁决书上只有李某和张某的签名。

S 仲裁委员会将裁决书向双方当事人进行送达时,蓟门公司拒绝签收,后蓟门公司向法院提出撤销仲裁裁决的申请。关于本案的裁决书,下列表述正确的是:(2014 年,不定项)

A. 裁决书应根据仲裁庭中的多数意见,支持京发公司的请求

B. 裁决书应根据首席仲裁员的意见,驳回京发公司的请求

C. 裁决书可支持京发公司的请求,但必须有首席仲裁员的签名

D. 无论蓟门公司是否签收,裁决书自作出之日起生效

(本章答案及解析见第 173 页)

第三章　司法与仲裁

名师带练

1　考点考查统计

- 司法与仲裁
  - 申请撤销仲裁裁决
    - 申请撤销仲裁裁决的条件和理由 *
    - 法院对撤销仲裁裁决申请的处理及其法律后果 *
  - 仲裁裁决的执行与不予执行
    - 仲裁裁决的执行 *
    - 仲裁裁决的不予执行 * *
    - 仲裁裁决的中止执行 * *

2　命题基本规律

从考查内容来看,申请撤销仲裁裁决部分要求考生掌握撤销仲裁裁决的概念、条件和申请理由,撤销仲裁裁决的制度意义和撤销仲裁裁决的后果等;而仲裁裁决的执行与不予执行部分需要考生理解仲裁裁决执行程序的中止、终结和恢复,仲裁裁决执行和不予执行的制度意义,以及不予执行仲裁裁决和撤销仲裁裁决之间的关系。通过历年真题可以看出,申请撤销仲裁裁决和不予执行仲裁裁决的理由是司法与仲裁部分最为重要的考点,曾多次考查,同时这也是撤销仲裁裁决和不予执行仲裁裁决的相同点之一。《仲裁法》第 58 条第 1 款详细规定了申请撤销仲裁裁决的六种法定情形,请广大考生牢记这六种理由,以免在这一高频考点处出错。

3　设题陷阱

陷阱:调解协议可以超出仲裁请求的范围。2016 年就考查了当调解协议超出仲裁请求的范围时,仲裁裁决应该继续执行还是不予执行的问题。撤销或不予执行仲裁裁决的法定情形只有六种,调解协议超出仲裁请求的范围不在其中,因此,2016 年试题应该裁定继续执行仲裁裁决。对于这道题,有些考生错误地认为“调解协议超出仲裁请求范围”属于法定情形的第 2 种情形“裁决的事项不属于仲裁协议的范围或者仲裁委员会无权仲裁的”,当事人可以请求人民法院不予执行仲裁裁决。但是实际上,超出仲裁请求范围不代表超出仲裁协议的范围。理由如下:(1)仲裁协议的范围,是指当事人在仲裁协议中约定的可以申请仲裁的事项,如该案中叶某和大亿公司在仲裁条款中约定双方因履行合同发生的争议可以申请仲裁,如果仲裁庭就合同的签订作出裁决,则该裁决的事项不属于仲裁协议的范围,人民法院应裁定不予执行。(2)仲裁请求,是指申请仲裁的一方当事人向

对方当事人主张并请求仲裁庭支持的法律上的利益,如叶某向仲裁庭提出要求大亿公司向其支付30万元损害赔偿金,就属于仲裁请求。仲裁庭最终作出由大亿公司向叶某支付50万元损害赔偿金的仲裁裁决,虽然超出了仲裁请求的范围,但未超出仲裁协议的范围,因此,人民法院不应裁定不予执行。该题中调解协议解决的是叶某和大亿公司因履行合同发生的争议,未超出仲裁协议的范围,根据该调解协议作出的仲裁裁决,人民法院不应裁定不予执行。

真题快刷

考点一 申请撤销仲裁裁决

广东雅诗有限公司(住所地在广州,以下简称雅诗公司)与浙江新地贸易有限公司(住所地在杭州,以下简称新地公司)于2017年9月26日签订代理经销协议及补充协议,协议中双方约定如产生纠纷,提交广州仲裁委员会仲裁解决。后在合同履行过程中,新地公司认为雅诗公司发送的产品不符合协议的约定,于2018年2月1日向雅诗公司发出通知解除协议。雅诗公司认为新地公司未能按照协议计划完成销售任务,违反了协议的约定,不同意退还新地公司的50万元保证金。新地公司向广州仲裁委员会提出仲裁申请,广州仲裁委员会作出仲裁裁决,支持新地公司请求。雅诗公司向法院申请撤销仲裁裁决。关于本案,下列说法正确的是:(2018年回忆版,多选)

A. 雅诗公司应当向广州市中级人民法院或者杭州市中级人民法院申请撤销仲裁裁决

B. 如中级人民法院认定不应撤销仲裁裁决,可以直接作出裁定

C. 如中级人民法院认定应当撤销仲裁裁决,应当向高级人民法院报核,以高级人民法院审核意见为准作出裁定

D. 如中级人民法院认定应当撤销仲裁裁决,应当向高级人民法院报核,高级人民法院拟同意的,应当向最高人民法院报核

考点二 仲裁裁决的执行与不予执行

2010年3月,甲方将某幕墙工程承包给了乙方,乙方指派丙方为项目经理。工程竣工验收合格交付后的两年,丁方以实际施工人的身份,依据甲方、丙方、丁方签订的关于补充协议的付款情况说明向某仲裁委员会申请仲裁,要求甲方支付工程尾款900万元。2017年9月,某仲裁委员会以丁方系实际施工人为由,裁决甲方支付给丁方工程尾款900万元。由于甲方没有按时履行义务,丁方申请执行仲裁裁决。乙方知道后,欲通过相关法律途径维护自己权益。关于本案说法正确的是:(2018年回忆版,多选)

A. 丁方申请执行仲裁裁决,该仲裁裁决只能由相应中级人民法院来执行

B. 如甲方提出不予执行仲裁裁决申请,法院应组成合议庭审查

C. 乙方作为案外人,只可以提出执行行为异议,不能提出不予执行仲裁裁决申请

D. 乙方作为案外人,既可以提出执行行为异议,也可以提出不予执行仲裁裁决申请

(本章答案及解析见第175页)

答案及解析

民事诉讼法

第一章　诉的基本理论

考点一　诉的分类

1 [答案]　BCD

[考点]　诉的分类

[解析]　确认之诉是原告要求法院确认某个法律关系存在或不存在,而不是确认某个事实是否存在。在确认、给付、变更之诉中,法院都会先确认事实,再认定当事人的诉讼请求是否存在。所以原告要求确认违规操作是确认事实存在,进一步提出给付和变更诉求,而不是要求法院确认某法律关系是否存在,不是确认之诉。A 项错误。

给付之诉是原告要求被告给付财产或行为。原告要求被告返还设备是要求给付行为中的作为,要求被告赔偿损失是要求给付财产,都是给付之诉。B、C 项正确。

变更之诉是原告认为其和被告之间存在某种法律关系,但是要求改变或消灭这种法律关系。解除合同就是原告认为其和被告之间的租赁合同法律关系是存在的,但是面向未来要求消灭这种法律关系,是变更之诉。D 项正确。

[陷阱点拨]　下表可帮助考生更好地理解确认之诉、给付之诉和变更之诉之间的区别与联系。

项目		确认之诉	给付之诉	变更之诉
区别	目的	要求法院确认与对方当事人之间是否存在某种民事法律关系	要求法院判令对方当事人履行一定的义务	要求法院改变或者消灭既存的法律关系
	条件	必须是双方当事人对某一法律关系存在与否发生争议才能提起	当事人为实现某一法律关系的内容发生争执时即可提起	当事人就既存法律关系是否变更或消灭发生争议
	效力	不具有执行效力	具有执行效力	不具有执行效力
联系		给付之诉与变更之诉有可能包含确认之诉,这取决于当事人之间对法律关系的存在是否提出确认的诉讼请求		

[难度系数]　*

2 [答案]　D

[考点]　诉的分类、诉讼标的、诉讼请求

[解析]　诉讼标的,简言之,就是当事人之间的民事权利义务关系。本案中,李某和刘某之间的诉讼标的是侵权法律关系。虽然刘某的诉讼请求由要求李某修车变为赔偿损失、赔礼道歉,但是

本案仍然是同一个侵权法律关系，诉讼标的并没有改变。因此，选项 A 该诉的“诉讼标的同时发生变更”的说法错误。

《民事诉讼法》第 54 条规定：“原告可以放弃或者变更诉讼请求。被告可以承认或者反驳诉讼请求，有权提起反诉。”由此可知，原告享有变更诉讼请求的权利。因此，选项 B“法院应依法不允许刘某变更诉讼请求”的说法过于绝对，错误。需要注意的是，原告变更诉讼请求有一定的限制条件，原则上只能在举证期限届满前提出。但存在两种特殊情形：(1) 在诉讼过程中，当事人主张的法律关系的性质或者民事行为的效力与人民法院根据案件事实作出的认定不一致的，人民法院应当告知当事人可以变更诉讼请求。(2) 当事人起诉时发生请求权竞合的情况作出选择后，在一审开庭前又变更诉讼请求的，人民法院应当允许。

在此，需要考生掌握诉讼请求和诉讼标的的区别，主要表现在：(1) 诉讼请求是当事人向法院提出的具体的权益请求，而诉讼标的是概括的。(2) 诉讼请求可以是实体上的，也可以是程序上的；而诉讼标的与实体权利密切相关，但并非实体权利。(3) 诉讼请求是当事人在诉状中的声明，诉讼标的无须在诉状中列明，通常在法院的案由部分有所反映。(4) 诉讼请求可以变更，诉讼标的不能变更。

变更之诉又称形成之诉，是指原告请求法院以判决改变或消灭既存的某种民事法律关系的诉。给付之诉，是指原告请求法院判令被告向其履行某种特定给付义务的诉。本题当中没有变更既存的法律关系，起诉的要求是赔偿损失并赔礼道歉，属于典型的给付之诉(给付财物和行为)。所以，在 C、D 两个矛盾选项中，D 选项正确。本题答案为 D。

[难度系数] * *

考点二 反诉

[答案] ACD

[考点] 抗辩和反诉的区别、确认之诉、既判力

[解析] A 选项和 C 选项考查了抗辩和反诉的区别。《民法典》第 565 条规定，当事人一方依法主张解除合同的，应当通知对方。合同自通知到达对方时解除；通知载明债务人在一定期限内不履行债务则合同自动解除，债务人在该期限内未履行债务的，合同自通知载明的期限届满时解除。对方对解除合同有异议的，任何一方当事人均可以请求人民法院或者仲裁机构确认解除行为的效力。本题中，乙提出其两个月前已经通知甲因合同目的无法实现而解除合同，甲对此没有提出异议。这可以理解为，甲、乙之间的合同在乙的通知到达甲时已经解除，即乙此时向法院提出合同解除实际上是提供了一个既有的事实，并意图通过该事实对抗甲要求乙履行合同的主张。这一解除合同的形成权的行使的主张可以理解为一种事实抗辩，A 选项正确。

C 选项还涉及确认之诉的问题。一般来说，确认之诉是指原告请求人民法院确认其主张的某种法律关系存在或不存在的请求，也就是要求确认权利关系或法律关系存在与否之诉。确认之诉可以分为效力的确认之诉和权利的确认之诉。本题中“合同已经解除”是一种事实状态，因此，乙如果以反诉的方式请求法院确认“合同已经解除”属于对事实状态的确认之诉。对于此类事实状态提起的确认之诉，《民法典》仅规定了在对方有异议时可以请求人民法院或者仲裁机构确认解除行为的效力，但实际上在对方无异议的情况下赋予合同的解除权人以该诉权也是确有必要的。由于现实中确实存在权利人一方面怠于用合法的诉讼方式积极行使自己的实体权利，另一方面又对义务人提出诸多不合理或不合法的权利主张的情况，此时允许解除权人通过起诉确认合同已经解除

既是其行使权利的一种方式,也使解除权人通过这种方式得以明确自身的责任性质或者范围。综上,本题中,虽然根据题干描述的情况可以判断出合同已经解除的事实,但乙也可以以反诉的方式要求法院确认合同已经解除,故C选项正确。

B选项和D选项考查了既判力的范围。既判力,是指民事判决作出后即具有法律上的效力,不得任意撤销或者变更,当事人不得就同一诉讼标的再行起诉或者在其他诉讼中提出与确定判决相反的主张;法院在作出一个确定判决后,之后的任何裁判都不得与该确定判决的内容相抵触。既判力的范围包括主观范围和客观范围:主观范围主要是指既判力所约束的人的范围;客观范围主要是指既判力及于作为确定判决对象的诉讼标的,不及于没有作为判决标的的法律关系。因此,本题中,如果乙以反诉的形式提出合同解除,法院经审理后就解除合同作出的判决当然具有既判力,故D选项正确。关于B选项,通说认为,裁判文书的主文部分才具有既判力。本题中,如果乙以抗辩的方式提出合同解除,而题干中也说明甲对于乙主张的合同已经解除没有提出异议,则法院可以对"合同已经解除"的事实予以认可。由于该事实是关系该案件裁判的主要事实依据,因此对该部分事实也可以认为具有既判力,故B选项错误。

[**陷阱点拨**] 抗辩是对对方当事人主张请求权的一种拒绝,反诉是与本诉相关联的诉,二者都与作为本诉的请求权关系密切,但二者存在本质区别:(1)性质不同。反诉的本质属性是诉,是一种独立的诉讼请求,其基础可能是请求权、支配权或者形成权;而抗辩是对抗请求权的主张,是一种诉讼行为,无论如何主张都不会产生新的诉讼请求。(2)内容不同。反诉是诉的一种,因此必须有其诉讼标的。作为一个独立的诉,反诉一定有实体法方面的内容。抗辩可以有实体法方面的内容,也可以有程序法上的内容。(3)目的不同。反诉是一个独立的新的诉讼请求,旨在抵销、吞并本诉原告的权利,可能会超出原告所主张的权利范围;抗辩的目的是直接否定对方当事人的诉讼理由或请求,是一种被动防御的工具,其成立的直接后果是原告的主张得不到全部支持甚至败诉。(4)法律关系不同。反诉是一种独立的反请求,会引发一个新的法律关系,抗辩的提出则不会产生这样的效果。

正是由于两者在上述第一点所述的性质上的差别,其在诉讼上也存在以下几点较大的差别:(1)法律地位不同。本诉的被告因反诉理由成立而与本诉的原告处于同等诉讼地位,成为反诉的原告;而抗辩者在诉讼中的地位始终是被告。(2)提起的时间不同。反诉只能在一审法庭辩论结束前提起;抗辩意见可以在一审、二审、重审、再审的任何时候提出。(3)审理条件不同。反诉是一个独立的诉,虽然提出反诉有时是为了抵销对方当事人的诉讼请求,但对其提出的反诉请求,法院要结合反诉的相关要件进行审查以决定是否受理;而抗辩则不存在法院是否受理的问题,只要提出抗辩法院就应予以审理。(4)处理方式不同。法院受理反诉后,当事人必须交纳诉讼费用,法院须依法作出裁判;而就抗辩来说,当事人不需要交纳诉讼费用,法院也无须对其是否成立另行作出裁判。(5)独立性不同。反诉可以与本诉合并审理,也可以不合并审理而另行起诉,具有独立性,本诉的撤诉或者不成立也不会影响反诉的存在;而抗辩只能在已提起的诉讼程序中进行,不能单独进行,本诉不存在,抗辩也随之消失。

[**难度系数**] * * *

考点三 既判力

[**答案**] B

[**考点**] 既判力、处分原则

[解析] 选项C考查处分原则。处分原则,是指民事诉讼当事人有权在法律规定的范围内,依法自由支配其享有的民事权利和诉讼权利的原则。处分原则形成了对审判权的制约,法院不得阻碍民事诉讼当事人正当、合理地处分自己的诉讼权利和实体权利。本案中,合同金额为20万元,甲对此知晓且诉讼中只要求返还合同金额2万元,表明其在本次诉讼中放弃了对剩余18万元进行主张的权利,故而基于处分原则,法院只能以2万元进行判决而不能以20万元进行判决,选项C错误。

选项D考查诉讼请求的变更。《民诉解释》第232条规定,原告增加、变更诉讼请求应在案件受理后、法庭辩论结束前;由此可知,变更诉讼请求的主体是诉的原告。本案中乙为被告,无权变更诉讼请求;因此,即使经过乙同意,法院也不能将剩余18万元一并审理,而是应当经过原告甲的同意,选项D错误。

选项A和选项B考查既判力制度。既判力,是指生效民事判决就本案诉讼标的作出的认定对法院和当事人的强制性拘束力,其分为形式既判力和实质既判力。形式既判力指确定判决的不可撤销性,实质既判力指形成确定的终局判决内容的判断的通用力。我国通说认为,既判力只及于判决主文而不及于判决理由部分,即只有判决书中对原告诉讼请求支持与否进行明确判断的部分具有既判力,如判决书中的"判决如下""驳回原告诉讼请求"等。本案中,原告的诉讼请求为2万元,判决主文也仅对这2万元作出判决,因此2万元的既判力客观上只及于2万元而非20万元,选项A错误,选项B正确。

此外,对于剩余的18万元,原告甲不能再次起诉,否则会违反一事不再理和诚信原则。理由如下:(1)一事不再理,指当事人不得在后诉中提出与前诉有既判力的判断相矛盾的诉求,与此同时,后诉法院也不得作出与前诉有既判力的判断相反的判决。《民诉解释》第247条第1款规定:"当事人就已经提起诉讼的事项在诉讼过程中或者裁判生效后再次起诉,同时符合下列条件的,构成重复起诉:(一)后诉与前诉的当事人相同;(二)后诉与前诉的诉讼标的相同;(三)后诉与前诉的诉讼请求相同,或者后诉的诉讼请求实质上否定前诉裁判结果。"本案中,如果甲就剩余的18万元以相同的事实和诉讼标的起诉将构成重复起诉。(2)诚信原则,指法院、当事人以及其他诉讼参与人在民事诉讼中应当遵循诚实、善意和守信的准则。诚信原则对于当事人的要求包括禁止滥用诉权和诉讼权利,本案中甲明知涉案合同为20万元,仍要求分10次起诉,每次标的额为2万元,实际上是滥用自己的诉权,浪费司法资源,违背诚信原则;因此,甲就剩余的18万元再次起诉的,法院应不予受理。

[难度系数] * *

考点四 诉的合并

[答案] B

[考点] 诉的客观合并

[解析] 合并之诉案件主要包括诉的客观合并和诉的主观合并(共同诉讼)。诉的客观合并主要包括单纯合并、预备合并、重叠合并以及竞合合并。共同诉讼包括普通共同诉讼和必要共同诉讼,必要共同诉讼包含固有必要共同诉讼及类似必要共同诉讼。

(1)单纯合并之诉:原告利用同一诉讼程序向法院提起数个并列存在的诉讼标的系单纯合并之诉。法院应具体审查各个诉讼标的之间是否存在牵连关系,若各个诉讼标的在案件事实、证据调查、当事人诉辩等方面存在共同之处,则属于具有牵连关系的单纯合并之诉。如受诉法院对合并之诉其中之一享有管辖权且若干诉讼适用同一诉讼程序,则应当予以合并受理;反之,则属于无牵连关系的单纯合并,法院在立案阶段应对数个诉分别予以立案。

(2)预备合并之诉:原告在同一诉讼中提起先位之诉,同时提起或追加存在相互排斥关系的后位之诉,则属于预备合并之诉。因法院对先位之诉不支持时方才审理后位之诉,故对预备合并之诉应当合并审理。

(3)重叠合并之诉:原告同时主张多个排列顺位的诉请,请求法院在认可先位诉请时对后位诉请进行裁判,若先位诉请不成立则不请求对后位诉请进行裁判,这属于重叠合并之诉,法院对重叠合并之诉应当合并审理。在实践中,此类诉讼常见于由债务人死亡或法人承继等引发的案件。例如,甲向法院起诉乙,请求法院判决双方离婚,乙向甲支付婚姻存续期间家庭暴力造成的人身损害赔偿10万元。此时,法院只有认可解除婚姻的先位诉请,方能对请求损害赔偿的后位诉请进行审理;反之,则无必要审理后位诉请。

(4)竞合合并之诉:原告依据实体法享有若干独立的请求权,在单一诉讼中一并提起诉讼的,为竞合合并之诉。根据《民法典》第186条的规定,因当事人一方的违约行为,损害对方人身权益、财产权益的,受损害方有权选择请求其承担违约责任或者侵权责任。因此,在请求权竞合的情形下,法院不认可对此类案件进行合并审理,当事人应择一起诉。

本案当事人请求法院认定合同无效,在该诉求不能得到法院支持的情况下,即在法院认定合同有效的情况下,法院才能审理解除合同和承担违约责任的诉求,这属于典型的预备合并之诉。综上,本题答案选B。

[**难度系数**] * *

第二章 民事诉讼基本原则

考点一 处分原则

1 [**答案**] B

[**考点**] 处分原则

[**解析**] 选项A、B是对处分原则的考查。处分原则,是指当事人有权在法律规定的范围内处分自己的权利。处分的范围包括自己的实体权利和诉讼权利。处分原则要求法院以当事人的诉讼请求为限作出判决;若法院的判决超出原告的诉讼请求,则违反了处分原则。在本案中,原告的诉讼请求是要求被告偿还租金,并未要求其偿还利息以及解除合同,这体现了原告对其实体权利的处分,故法院的判决超出了甲公司的诉讼请求,违反了处分原则。B选项表述正确,A选项表述错误。

选项C考查的是公开审判制度。公开审判制度,是指除法律另有规定外,民事诉讼案件的审理过程和判决结果应当向全社会公开。其中,涉及国家秘密、个人隐私以及法律规定的其他案件为法定不公开案件;离婚案件以及涉及商业秘密的案件,当事人可以申请不公开。无论案件是否公开审理,一律公开宣判。本案并未提及案件未公开审判,无法判断是否违反了公开审判制度,故选项C表述错误。

选项D考查的是两审终审制度。两审终审制度是指一个案件经过两级人民法院审理即告终结。需注意两审终审制度的例外:最高人民法院审理的案件为一审终审;特别程序、督促程序、公示催告程序为一审终审;除裁定不予受理、裁定驳回起诉、管辖权异议裁定可以上诉外,其他的裁定案件一审终审;小额诉讼程序一审终审;有关婚姻效力的判决一经作出,即发生法律效力。本题题干的表述中并未提及违反两审终审制度的问题,故选项 D 表述错误。

[**难度系数**]　*

2 [**答案**]　B

[**考点**]　处分原则

[**解析**]　原告申请撤诉的,由人民法院视情况作出是否准许的裁定。依据《民法典婚姻家庭编解释(一)》第 11 条的规定,人民法院受理请求确认婚姻无效案件后,原告申请撤诉的,不予准许。对婚姻效力的审理不适用调解,应当依法作出判决。涉及财产分割和子女抚养的,可以调解。调解达成协议的,另行制作调解书;未达成调解协议的,应当一并作出判决。

《民法典婚姻家庭编解释(一)》第 12 条规定,人民法院受理离婚案件后,经审理确属无效婚姻的,应当将婚姻无效的情形告知当事人,并依法作出确认婚姻无效的判决。所以,B 选项正确,A、D 选项错误。确认婚姻无效的诉讼属于人身关系的确认之诉,不适用调解制度,C 选项错误。

[**难度系数**]　*

3 [**答案**]　ABCD

[**考点**]　处分原则

[**解析**]　选项 A 中,举证责任的分配是由法律、法规、司法解释预先设定的,当事人不得通过约定改变预先设定的举证责任。因此,选项 A 错误。

选项 B 涉及对“一事不再理”的理解问题。第一,对于当事人达成和解协议的案件,当事人可以申请撤诉的方式结案。第二,《民诉解释》第 214 条第 1 款规定:“原告撤诉或者人民法院按撤诉处理后,原告以同一诉讼请求再次起诉的,人民法院应予受理。”可知,申请撤诉后再次起诉不违反“一事不再理”,受理与否应由法院进行判断,一方当事人无权剥夺对方当事人的合法诉权。因此,选项 B 约定不得再次起诉的说法错误。

选项 C 涉及当事人程序选择权的问题。第一,对于普通程序的适用,当事人没有选择权。《民事诉讼法》第 160 条第 2 款规定:“基层人民法院和它派出的法庭审理前款规定以外的民事案件,当事人双方也可以约定适用简易程序。”法律只规定当事人有选择适用简易程序的权利,对普通程序的适用当事人无权选择。第二,对符合简易程序适用条件的案件,法院应当适用简易程序。《民事诉讼法》第 160 条第 1 款规定:“基层人民法院和它派出的法庭审理事实清楚、权利义务关系明确、争议不大的简单的民事案件,适用本章规定。”可知,如果案件符合简易程序的适用条件,法院应当适用简易程序。这样做主要是因为简易程序是出于诉讼经济的目的设置的,不得由当事人随意排除。因此,选项 C 错误。

选项 D 涉及拘传适用的问题。第一,拘传是法院在特定情形下对特定当事人采取的强制到庭措施。这一强制到庭的措施必须由法院根据法定情形决定是否采用,当事人无权约定。第二,《民事诉讼法》第 112 条规定:“人民法院对必须到庭的被告,经两次传票传唤,无正当理由拒不到庭的,可以拘传。”可知,拘传的适用对象是必须到庭的被告。所谓“必须到庭的被告”,一般是指给付赡养费、抚养费、扶养费等案件中的被告不到庭就无法查明案件事实的被告。当事人无故缺席不符合拘传的适用条件,且当事人不得对拘传的适用条件进行约定,选项 D 错误。

[**难度系数**]　* * *

考点二　辩论原则

[答案]　BD

[考点]　辩论原则

[解析]　辩论原则在立法中规定得很简略,但是其明确了辩论权为当事人所享有,辩论作用于审理程序中。从理论上讲,对辩论原则可以从五个维度进行把握,即阶段上的全程性、方式上的全面性、内容上的全方位性、主体上的特定性和效力上的约束性。本题就是围绕辩论原则展开考查。

A 选项考查辩论阶段的全程性。整个诉讼程序都可以辩论:一审程序、二审程序和再审程序都可以辩论,并非局限于一审程序。因此,A 选项是错误的。

B 选项考查辩论方式的全面性。辩论既可以采用书面形式,也可以采用口头形式。当事人向法院提交起诉状和答辩状就是用书面形式发表意见,属于典型的书面辩论。因此,B 选项是正确的。

C 选项考查辩论的主体。只有当事人才有辩论权。证人不是当事人(证人对争议的法律关系不享有权利,不承担义务),所以证人没有辩论权。因此,C 选项是错误的。

D 选项考查的点和 A 选项一样,即辩论阶段的全程性。辩论原则适用于诉讼程序的全程,但不适用于非讼程序。督促程序属于典型的非讼程序,不适用辩论原则。因此,D 选项是正确的。

本题答案为 BD。

[难度系数]　*

考点三　在线诉讼原则

[答案]　ACD

[考点]　在线诉讼原则、公告送达

[解析]　在线诉讼不需要双方当事人同意,只需要单方同意在线诉讼即可,不同意在线诉讼的另一方可参加线下诉讼活动。张某同意线上诉讼,张某就在线进行诉讼活动,程某不同意在线诉讼不影响张某的在线诉讼。D 项正确。

被告经法院 1 次合法传票传唤,无正当理由不到庭,可以缺席判决。C 项正确。

程某经过合法传票传唤后,无正当理由不到庭,可以认定为对程某无法送达或程某下落不明。当法院运用其他送达方式无法送达或者受送达人下落不明时,法院可以公告送达。但是公告送达的案件,不能适用简易程序审理,要适用普通程序公告送达。B 项错误,A 项正确。

[难度系数]　*

第三章　民事诉讼基本制度

考点一　合议制度

1 [答案]　A

[考点]　发回重审、合议制度

[解析]　本题考查二审发回重审案件适用的审判组织形式。《民事诉讼法》第 41 条规定:"人民法院审理第二审民事案件,由审判员组成合议庭。合议庭的成员人数,必须是单数。中级人民法院对第一审适用简易程序审结或者不服裁定提起上诉的第二审民事案件,事实清楚、权利义务关系明确的,经双方当事人同意,可以由审判员一人独任审理。发回重审的案件,原审人民法院应当按照第一审程序另行组成合议庭。审理再审案件,原来是第一审的,按照第一审程序另行组成合议庭;原来是第二审的或者是上级人民法院提审的,按照第二审程序另行组成合议庭。"发回重审的案件,要另行组成合议庭。简易程序是独任制审理,发回重审的案件不能适用简易程序审理。C 项错误。发回重审,适用普通程序,由合议庭审理,原有的审判人员赵四需要回避,不得担任合议庭组成人员,但合议庭不排除陪审员参与庭审。A 项正确,B 项错误。一般适用普通程序的案件,可以由合议庭审理,也可以独任审理。但是发回重审的案件,要另行组成合议庭,不能适用独任制。D 项错误。

[难度系数]　*

2 [答案]　D

[考点]　合议制度

[解析]　依据《民事诉讼法》第 41 条的相关规定,二审发回重审的案件,无论一审适用何种程序,都必须适用合议制。选项 A 错误。

选项 B 考查再审案件适用的审判组织形式。《民事诉讼法》第 218 条规定:"人民法院按照审判监督程序再审的案件,发生法律效力的判决、裁定是由第一审法院作出的,按照第一审程序审理,所作的判决、裁定,当事人可以上诉;发生法律效力的判决、裁定是由第二审法院作出的,按照第二审程序审理,所作的判决、裁定,是发生法律效力的判决、裁定;上级人民法院按照审判监督程序提审的,按照第二审程序审理,所作的判决、裁定是发生法律效力的判决、裁定。人民法院审理再审案件,应当另行组成合议庭。"可见,再审程序一律适用合议制,选项 B 错误。

选项 C 考查审判组织形式适用的强制性。《民事诉讼法》第 40 条规定:"人民法院审理第一审民事案件,由审判员、人民陪审员共同组成合议庭或者由审判员组成合议庭。合议庭的成员人数,必须是单数。适用简易程序审理的民事案件,由审判员一人独任审理。基层人民法院审理的基本事实清楚、权利义务关系明确的第一审民事案件,可以由审判员一人适用普通程序独任审理。人民陪审员在参加审判活动时,除法律另有规定外,与审判员有同等的权利义务。"法律并未赋予当事人选择审判组织的权利,法院也无权更改法定的审判组织形式。选项 C 认为当事人双方同意且上级法院批准后可以改变审判组织形式的观点是错误的。

选项 D 考查选民资格案件适用的审判组织形式。《民事诉讼法》第 185 条规定:"依照本章程序审理的案件,实行一审终审。选民资格案件或者重大、疑难的案件,由审判员组成合议庭审理;其他案件由审判员一人独任审理。"选民资格案件虽然规定在特别程序这一章中,但应当由审判员组成合议庭进行审理,既不适用独任制,也不能由陪审员组成合议庭。选项 D 正确。

[难度系数]　* *

考点二　回避制度

1 [答案]　D

[考点]　回避的对象、情形和方式

[解析]　根据《民事诉讼法》第 47 条第 4 款和《民诉解释》第 48 条的相关规定可知,审判员、

人民陪审员、书记员、执行员、法官助理、司法技术人员、翻译人员、鉴定人、勘验人,参与本案审理的法院院长、副院长、审判委员会委员、庭长、副庭长、检察人员都是回避的对象。书记员是回避对象,A项说书记员不是回避对象错误。

最高人民法院《关于审判人员在诉讼活动中执行回避制度若干问题的规定》第1条第2款规定:"本规定所称近亲属,包括与审判人员有夫妻、直系血亲、三代以内旁系血亲及近姻亲关系的亲属。"王某的弟弟是王某的旁系血亲,王某的弟弟的表妹夫是旁系血亲的近姻亲,与王某不是近亲属关系,不属于应当回避的情形。B项错误。

《民事诉讼法》第48条第1款规定:"当事人提出回避申请,应当说明理由,在案件开始审理时提出;回避事由在案件开始审理后知道的,也可以在法庭辩论终结前提出。"当事人申请回避的时间在法庭辩论终结前,本案审理终结,当事人不能申请回避。但是除了当事人申请回避以外,法院还可以指令审判人员回避,审判人员也可以自行回避。虽然本案当事人申请回避超出法定的期限,但是法院由此知道了本案存在回避的情形,可以指令回避。因此法院应当不予审查是错误的。C项不正确。

因为超过法庭辩论终结前的期限,当事人丧失了申请回避的权利。但是法院因为当事人的申请发现了可能应该指令回避的情形,法院应当延期宣判,对回避申请予以审查,审查后作出是否指令回避的决定。D项正确。

[难度系数] * *

2 **[答案]** A

[考点] 回避制度、合议制度

[解析] 选项A考查回避事由。《民事诉讼法》第47条规定:"审判人员有下列情形之一的,应当自行回避,当事人有权用口头或者书面方式申请他们回避:(一)是本案当事人或者当事人、诉讼代理人近亲属的;(二)与本案有利害关系的;(三)与本案当事人、诉讼代理人有其他关系,可能影响对案件公正审理的。审判人员接受当事人、诉讼代理人请客送礼,或者违反规定会见当事人、诉讼代理人的,当事人有权要求他们回避。审判人员有前款规定的行为的,应当依法追究法律责任。前三款规定,适用于法官助理、书记员、司法技术人员、翻译人员、鉴定人、勘验人。"《民诉解释》第48条规定:"民事诉讼法第四十七条所称的审判人员,包括参与本案审理的人民法院院长、副院长、审判委员会委员、庭长、副庭长、审判员和人民陪审员。"由此可见,人民陪审员也属于审判人员,其回避事由与审判员的回避事由一致。本案中,乔某是被告的表弟,即本案当事人的近亲属,符合法条规定的应当回避的情形,故刘某申请回避的理由成立。选项A表述正确。

选项B考查回避的决定主体。《民事诉讼法》第49条规定:"院长担任审判长或者独任审判员时的回避,由审判委员会决定;审判人员的回避,由院长决定;其他人员的回避,由审判长或者独任审判员决定。"人民陪审员属于审判人员,是否回避应由院长决定。对于人民陪审员还需注意,除不能担任审判长和独任审判员之外,其与审判员拥有相同的权利义务。本案中,乔某作为人民陪审员,应由院长决定是否回避。选项B表述错误。

《民事诉讼法》第50条规定:"人民法院对当事人提出的回避申请,应当在申请提出的三日内,以口头或者书面形式作出决定。申请人对决定不服的,可以在接到决定时申请复议一次。复议期间,被申请回避的人员,不停止参与本案的工作。人民法院对复议申请,应当在三日内作出复议决定,并通知复议申请人。"对人民法院作出的回避决定不服,当事人只能通过复议的方式进行救济。故在本案中,刘某不能提出上诉。选项C表述错误。

选项D考查发回重审的合议庭组成方式。《民事诉讼法》第41条第3款规定:"发回重审的案件,原审人民法院应当按照第一审程序另行组成合议庭。"《民事诉讼法》第40条第1款规定:"人民法院审理第一审民事案件,由审判员、人民陪审员共同组成合议庭或者由审判员组成合议庭。合议庭的成员人数,必须是单数。"故二审发回重审的案件应按照第一审程序另行组成合议庭,而一审合议庭的成员可均为审判员,也可包含人民陪审员,题干所述不得有人民陪审员是错误的。选项D表述错误。

[难度系数] *

3 **[答案]** A

[考点] 回避制度

[解析] 本案中,第一,丙是人民陪审员,根据《民诉解释》第48条的规定属于回避的对象。第二,丙是被告法定代表人的亲兄弟,这可能会影响丙对案件的公正审理,符合《民事诉讼法》第47条关于回避的事由。因此,丙应当回避。

关于回避的方式,分为审判人员自行回避和当事人申请回避两种。选项A考查当事人申请回避的提出时间。本案中,许某在开庭后始得知丙与被告的关系,遂提出回避申请的做法符合《民事诉讼法》第48条第1款的规定。故选项A正确。

关于回避的后果,《民事诉讼法》第48条第2款规定:"被申请回避的人员在人民法院作出是否回避的决定前,应当暂停参与本案的工作,但案件需要采取紧急措施的除外。"因此,选项B"丙不停止参与本案审理"的说法错误。

关于回避的决定权,分为三种情况:第一,如果院长担任审判长或者独任审判员,则由审判委员会决定其是否回避;第二,审判人员(包括人民陪审员)、书记员、法官助理、司法技术人员,由院长决定其是否回避;第三,其他人员,如翻译人员、鉴定人、勘验人,由审判长或者独任审判员决定其是否回避。本案中,丙是人民陪审员,应由院长决定其是否回避。故选项C错误。

D选项考查关于回避决定的复议。根据《民事诉讼法》第50条的规定,对于回避决定,许某可以申请复议,而不能提出上诉。故选项D错误。

[陷阱点拨] 关于回避制度,考生需要注意被申请回避人员是否参与本案的工作在申请回避期间和回避决定复议期间法院的处理是不同的。在申请回避期间,被申请回避的人员应当暂停参与本案的工作,除非案件需要采取紧急措施;而在回避决定复议期间,被申请回避的人员不停止参与本案的工作。

除此之外,考生还需要注意,无论最终是否回避都不影响已进行的诉讼程序的效力。如果法院决定被申请人回避,更换人员后,诉讼程序继续进行。这点与仲裁不同。仲裁中如果因回避更换了仲裁员,当事人可以申请仲裁程序重新进行,仲裁庭也可以自行决定是否重新进行。

[难度系数] *

第四章 管 辖

考点一 级别管辖

1 **[答案]** A

[考点] 级别管辖异议

[解析]　本题考查了级别管辖异议的处理。最高人民法院《关于审理民事级别管辖异议案件若干问题的规定》第 3 条规定:“提交答辩状期间届满后,原告增加诉讼请求金额致使案件标的额超过受诉人民法院级别管辖标准,被告提出管辖权异议,请求由上级人民法院管辖的,人民法院应当按照本规定第一条审查并作出裁定。”该规定第 1 条规定,被告在提交答辩状期间提出管辖权异议,认为受诉人民法院违反级别管辖规定,案件应当由上级人民法院或者下级人民法院管辖的,受诉人民法院应当审查,并在受理异议之日起 15 日内作出裁定:(1)异议不成立的,裁定驳回;(2)异议成立的,裁定移送有管辖权的人民法院。

本题中,甲公司开庭后增加 290 万元违约金的诉讼请求导致本案的诉讼标的额超过了 3000 万元。最高人民法院规定该地区的基层法院只能受理标的额在 3000 万元以下的案件,而根据最高人民法院《关于审理民事级别管辖异议案件若干问题的规定》第 9 条的规定,经最高人民法院批准的第一审民事案件级别管辖标准的规定,应当作为审理民事级别管辖异议案件的依据。因此,基层法院应当裁定乙公司的管辖权异议成立,将案件移送有管辖权的法院,即中级人民法院,故 A 选项正确。

[难度系数]　*

2 [答案]　ACD

[考点]　级别管辖

[解析]　本题考查《民诉解释》第 2 条第 1 款对专利纠纷案件管辖的规定:“专利纠纷案件由知识产权法院、最高人民法院确定的中级人民法院和基层人民法院管辖。”对此需要注意以下两点:第一,基层人民法院有权管辖专利纠纷案件,但应当由最高人民法院确定;第二,并非所有中级人民法院都有权管辖专利纠纷案件,仅仅包括知识产权法院和最高人民法院确定的中级人民法院。故本题答案为 ACD。

[难度系数]　*

考点二　地域管辖

1 [答案]　D

[考点]　离婚案件的管辖

[解析]　本案属于离婚后财产权益纠纷案件,由被告住所地法院管辖。被告李某的住所地是甲市 E 区,王某要起诉重新分割离婚协议里已分割的夫妻共同财产,必须在离婚后一年内起诉,而李某在离婚后半年才搬到乙市 D 区居住,在王某起诉时,李某在乙市 D 区居住的时间没有超过一年,乙市 D 区不是李某的经常居住地,必须到李某住所地的甲市 E 区法院起诉。因此乙市 D 区法院对本案没有管辖权。C 项不当选。

本案虽然涉及房屋分割,但因为属于离婚后财产纠纷案件,是有身份关系的案件,不属于不动产专属管辖。涉及不动产分割的遗产继承纠纷和离婚案件,不属于不动产专属管辖,仍然按照遗产继承纠纷和离婚诉讼的管辖处理。甲市 B 区法院作为不动产所在地的法院对本案无管辖权。B 项不当选。

原告住所地的甲市 A 区法院无管辖权。A 项不当选。

[难度系数]　*

2 [答案]　A

[考点]　公司诉讼、协议管辖

[解析] 《民诉解释》第 22 条规定："因股东名册记载、请求变更公司登记、股东知情权、公司决议、公司合并、公司分立、公司减资、公司增资等纠纷提起的诉讼，依照民事诉讼法第二十七条规定确定管辖。"

《民事诉讼法》第 27 条规定："因公司设立、确认股东资格、分配利润、解散等纠纷提起的诉讼，由公司住所地人民法院管辖。"

公司诉讼规定在《民事诉讼法》的特殊地域管辖部分，不属于专属管辖。公司诉讼也不属于人身权益纠纷，当事人可以协议管辖。丙、丁之间约定涉及股权转让的纠纷由 B 地法院管辖，该协议管辖有效。但是丁作为股东，要求撤销公司决议的，不属于股权转让纠纷，属于公司诉讼。对于公司诉讼原股东约定由 A 地法院管辖，该协议管辖有效。丙将股份转让给丁，丁成为新股东，章程里的协议管辖对丁有约束力。因此本案有管辖权的是 A 地法院。因此 A 项正确。B、C、D 三项错误。

[难度系数] * *

3 [答案] B

[考点] 协议管辖

[解析] 本题考查协议管辖。首先，杜某和曹某之间的买卖合同中有管辖协议，后杜某将合同权利义务转让给温某，则涉及被转让合同的协议管辖条款对合同受让人的约束力问题。根据《民诉解释》第 33 条的规定，合同转让的，合同的管辖协议对合同受让人有效，但转让时受让人不知道有管辖协议，或者转让协议另有约定且原合同相对人同意的除外。本案中杜某将合同权利义务转让给温某，但温某不知道该管辖协议的存在，故杜某、曹某的管辖协议对受让人温某没有约束力。其次，曹某、温某就合同的履行约定了管辖协议，该协议对曹某、温某具有约束力，故曹某、温某因为履行合同发生纠纷后，应当根据他们之间的管辖协议向 D 区法院起诉。本题答案为 B。

[难度系数] *

4 [答案] AC

[考点] 主合同与担保合同的协议管辖冲突

[解析] 本题主要考查借款协议纠纷中主合同和担保合同的协议管辖冲突。协议管辖，是指允许当事人以书面协议的方式选择管辖法院的管辖，适用于合同或其他财产权益纠纷的一审案件，且不得违反级别管辖和专属管辖的规定。本题中，借款协议与担保合同约定的协议管辖符合适用范围且不违反级别管辖和专属管辖的规定，故均有效。

选项 A 考查了债权人与债务人就借款合同约定协议管辖的处理。债权人单独起诉债务人的案件不属于担保纠纷案件，管辖应根据借款合同的性质和内容，并依照《民事诉讼法》的规定来确定。本案中，借款合同约定因借款发生纠纷的由甲法院管辖，因此王某起诉 A 应由甲法院管辖，选项 A 正确。

选项 C 和选项 D 考查当债权人一并起诉债务人和保证人时，主合同和担保合同的协议管辖冲突应如何处理的问题。本题题干未明确保证合同的保证形式，但无论是一般保证还是连带责任保证，债权人均可以同时起诉债务人和保证人，因而适用《民法典担保制度解释》第 21 条第 2 款"债权人一并起诉债务人和担保人的，应当根据主合同确定管辖法院"的规定。本题中，主合同为借款合同，协议约定因借款合同发生纠纷的由甲法院管辖，因此王某一并起诉 A 和 B 时，应由甲法院管辖，故而选项 C 正确，选项 D 错误。

在题干未明确保证形式的情况下，B 向王某提供的既可能是一般保证也可能是连带责任保证。在两种保证形式下，债权人均可一并起诉债务人和保证人并根据主合同确定管辖，对此上文已作出说明，此处仅对其余情况进行分析。连带保证中债权人可以单独起诉保证人，根据《民法典担保制度解释》第 21 条第 3 款的规定可知，债权人依法可以单独起诉担保人且仅起诉担保人的，应当根据担保合同确定管辖法院。此时担保合同协议管辖的法院为乙法院，王某在乙法院起诉保证人 B 即可。又根据《民法典担保制度解释》第 26 条的规定可知，一般保证中债权人可以单独起诉债务人，此时应当根据借款合同确定管辖法院，即王某应向甲法院起诉 A。从上述分析可知，只有当保证合同为连带保证时，债权人王某可以在乙法院单独起诉保证人 B，但根据题干信息并不能必然得出保证人承担连带保证责任的结论，故而选项 B 错误。

[陷阱点拨] 题干未明确保证形式时，应当将保证合同分为一般保证和连带责任保证两种情况分别分析，切忌直接推定为一般保证，对题干进行扩大化解释。

[难度系数] * *

5 **[答案]** A

[考点] 地域管辖

[解析] 本题解题关键在于明确张三要求李四支付其余的 5 万元纠纷的诉讼标的类型。本题中，张三将石头交给李四去参加展览，双方之间本质上成立了委托关系。《民法典》第 927 条规定，受托人处理委托事务取得的财产，应当转交给委托人。因此，张三得知石头出售的真实价款后，有权基于委托合同关系依据前述规定向法院起诉，要求李四支付其余的 5 万元。

《民事诉讼法》第 24 条规定，因合同纠纷提起的诉讼，由被告住所地或者合同履行地人民法院管辖。因此，本题张三提起的委托合同纠纷可以由被告李四住所地，即乙地法院，或者合同履行地法院管辖。关于本题"合同履行地"的确定，根据《民诉解释》第 18 条的规定，合同约定履行地点的，以约定的履行地点为合同履行地。合同对履行地点没有约定或者约定不明确，争议标的为给付货币的，接收货币一方所在地为合同履行地。本题中，张三要求李四支付其余的 5 万元，即本案争议标的为货币，且题干中未说明双方当事人在合同中约定了履行地点，因此应当以接收货币一方所在地为合同履行地，即张三所在的甲地。综上，本题案件的管辖法院为甲地和乙地法院，正确答案为 A。

[难度系数] *

6 **[答案]** C

[考点] 破产程序中涉外劳动争议解决、地域管辖

[解析] 本题考查涉及破产程序时，涉外劳动争议的解决。《企业破产法》第 48 条规定："债权人应当在人民法院确定的债权申报期限内向管理人申报债权。债务人所欠职工的工资和医疗、伤残补助、抚恤费用，所欠的应当划入职工个人账户的基本养老保险、基本医疗保险费用，以及法律、行政法规规定应当支付给职工的补偿金，不必申报，由管理人调查后列出清单并予以公示。职工对清单记载有异议的，可以要求管理人更正；管理人不予更正的，职工可以向人民法院提起诉讼。"根据前述规定，《企业破产法》对破产期间的劳动争议处理程序作出了特别规定，不再适用普通劳动争议纠纷处理"一裁两审"的方式。本题中，该外国博士应当首先核查破产管理人提供的清单，如果对管理人列出的清单记载有异议，可以要求其更正；管理人不同意更正的，再向受理破产申请的法院提起诉讼。因此，A 选项和 B 选项错误。《企业破产法》第 3 条规定，破产案件由债务人住所地人民法院管辖。该条规定了破产案件的地域管辖规则。就级别管辖的规则来说，本题题干中已经说明，该地区的中级人民法院管辖标的额为 1000 万元以上的案件，且根据约定该外国博士工作一年半后的工资已经超过了 1000 万元，因此需要由中级人民法院管辖。综上所述，外国博士应

当到中国公司住所地的中级人民法院起诉,C 选项正确。

[**难度系数**]　＊＊

7 [**答案**]　CD

[**考点**]　管辖

[**解析**]　本题考查的是侵权纠纷案件的管辖法院。《民事诉讼法》第 29 条规定:“因侵权行为提起的诉讼,由侵权行为地或者被告住所地人民法院管辖。”《民诉解释》第 24 条规定:“民事诉讼法第二十九条规定的侵权行为地,包括侵权行为实施地、侵权结果发生地。”《民法典》第 1209 条规定:“因租赁、借用等情形机动车所有人、管理人与使用人不是同一人时,发生交通事故造成损害,属于该机动车一方责任的,由机动车使用人承担赔偿责任;机动车所有人、管理人对损害的发生有过错的,承担相应的赔偿责任。”

本案中,货车和小汽车相撞属于侵权纠纷,应该由侵权行为地或被告住所地人民法院管辖。C 区为交通事故发生地,即侵权行为实施地,故 C 区法院作为侵权行为地法院有管辖权。又因小汽车是甲向乙借用的,甲为实际使用人,乙为机动车所有人,在发生交通事故时,应由机动车使用人甲承担赔偿责任。故本案的适格被告应该是使用人甲,所以被告住所地即 D 区有管辖权。故选项 C、D 表述正确。

[**难度系数**]　＊＊

8 [**答案**]　AB

[**考点**]　地域管辖、移送管辖

[**解析**]　民事诉讼中通常按照“原告就被告”的原则确定案件的管辖法院。但是对于某些特殊情形下的案件,如果坚持由被告住所地人民法院管辖,会给原告和受诉法院带来不便,不利于纠纷的快速、彻底解决。因此,法律规定了一些由原告住所地人民法院管辖的例外情形。

选项 A、B、C 考查的是离婚纠纷案件的地域管辖。《民事诉讼法》第 22 条规定:“对公民提起的民事诉讼,由被告住所地人民法院管辖;被告住所地与经常居住地不一致的,由经常居住地人民法院管辖。对法人或者其他组织提起的民事诉讼,由被告住所地人民法院管辖。同一诉讼的几个被告住所地、经常居住地在两个以上人民法院辖区的,各该人民法院都有管辖权。”《民诉解释》第 4 条规定:“公民的经常居住地是指公民离开住所地至起诉时已连续居住一年以上的地方,但公民住院就医的地方除外。”《民诉解释》第 12 条规定:“夫妻一方离开住所地超过一年,另一方起诉离婚的案件,可以由原告住所地人民法院管辖。夫妻双方离开住所地超过一年,一方起诉离婚的案件,由被告经常居住地人民法院管辖;没有经常居住地的,由原告起诉时被告居住地人民法院管辖。”由此可知,对公民提起的民事诉讼,依“原告就被告”的一般原则应当由被告住所地的人民法院管辖。在被告住所地和经常居住地不同时,由被告经常居住地人民法院管辖。此外,法律还对离婚诉讼的管辖作了特别规定,当被告一方离开住所地超过一年时,可以由原告住所地的人民法院管辖。

本案为对公民提起的离婚诉讼,被告刘某住所地的人民法院有管辖权。被告刘某住所地为其户籍所在地西县,朱某起诉时刘某离开住所地 A 市东区且在南县连续居住一年以上,不存在住院就医的情形,故刘某的经常居住地为南县。被告刘某的住所地与经常居住地不一致,应当由经常居住地南县的人民法院管辖,住所地西县的人民法院无管辖权。选项 B 正确,选项 C 错误。另外,被告刘某被公司派赴 A 市南县分公司工作,离开住所地已经超过一年,本案可以由原告住所地 A 市东区人民法院管辖。选项 A 正确。

选项 D 考查移送管辖。移送管辖,是指某一人民法院在受理民事案件后,发现自己对该案件没有管辖权,而将案件移送给有管辖权的人民法院审理。《民事诉讼法》第37条规定:“人民法院发现受理的案件不属于本院管辖的,应当移送有管辖权的人民法院,受移送的人民法院应当受理。受移送的人民法院认为受移送的案件依照规定不属于本院管辖的,应当报请上级人民法院指定管辖,不得再自行移送。”可见移送管辖有三个条件:(1)移送的案件必须是人民法院已经受理的案件;(2)将案件移送出去的人民法院对该案件没有管辖权;(3)受移送的人民法院对该案件有管辖权。此外,管辖的移送对受移送人民法院具有法律上的约束力,受移送的人民法院不得自行将案件再次移送给其他法院,而应当报请上级人民法院指定管辖。这是为了避免案件在法院之间来回移送,拖延诉讼时间以致损害当事人合法权益。选项D中接受移送的西县法院认为自己对案件没有管辖权的,应当报请上级法院指定管辖而不是直接裁定移送给有管辖权的法院。选项D错误。

[难度系数] * *

考点三 裁定管辖

1 **[答案]** ABC

[考点] 移送管辖

[解析] 选项A考查的是侵权纠纷的管辖法院。《民事诉讼法》第29条规定:“因侵权行为提起的诉讼,由侵权行为地或者被告住所地人民法院管辖。”本案中,杨某的保洁行为致使张某受伤属于侵权纠纷,适格被告为接受劳务一方即蒋某,故被告住所地即蒋某所在地甲区,以及侵权行为地即侵权行为实施地乙区的人民法院均有管辖权。选项A表述正确。

《民事诉讼法》第36条规定:“两个以上人民法院都有管辖权的诉讼,原告可以向其中一个人民法院起诉;原告向两个以上有管辖权的人民法院起诉的,由最先立案的人民法院管辖。”本案中,甲、乙两区人民法院都有管辖权,故原告张某可以任意选择向甲区或者乙区人民法院起诉,选项B表述正确。

选项C、选项D对移送管辖制度进行考查。《民事诉讼法》第37条规定:“人民法院发现受理的案件不属于本院管辖的,应当移送有管辖权的人民法院,受移送的人民法院应当受理。受移送的人民法院认为受移送的案件依照规定不属于本院管辖的,应当报请上级人民法院指定管辖,不得再自行移送。”由此可见,人民法院只有在本院没有管辖权的情况下,才可以移送案件。本案中,乙区人民法院有管辖权,故不能将案件移送给甲区法院,选项C表述正确。另外,受移送的人民法院即使没有管辖权,也不能自行移送案件,需要报请上级法院指定管辖,故选项D表述错误。

[难度系数] *

2 **[答案]** ABC

[考点] 移送管辖、管辖恒定、地域管辖

[解析] 选项A是对管辖恒定的考查。管辖恒定包括级别管辖恒定和地域管辖恒定。前者主要指级别管辖按起诉时的诉讼标的额确定后,不因诉讼过程中标的额的增加或减少而变动。后者指地域管辖按起诉时的标准确定后,不因诉讼过程中确定管辖因素的变动而变动,如不因行政区划或被告住所地变动而变动。因此,选项A中,A区法院因被告住所地在起诉后变化而移送案件的做法违法。

选项B、C是对移送管辖的考查。移送管辖的适用情形只能是法院发现本院对案件无管辖权。根据《民事诉讼法》第29条的规定,虽然乙市C区法院作为被告住所地法院有管辖权,但乙市B区法院作为侵权行为地法院也有管辖权,因此乙市B区法院不得移送案件。选项B违法。

根据《民事诉讼法》第37条的规定可知,法院受理案件后发现该案件超出本院受案标的额的范

围的，应将案件移送至有管辖权的人民法院。因此，选项C“报请审理该案”的做法错误。

选项D涉及合同纠纷的管辖法院以及法院对不符合起诉条件的案件的处理方式：(1)《民事诉讼法》第24条规定：“因合同纠纷提起的诉讼，由被告住所地或者合同履行地人民法院管辖。”除此之外，《民诉解释》第18条第3款规定：“合同没有实际履行，当事人双方住所地都不在合同约定的履行地的，由被告住所地人民法院管辖。”本案中，合同没有实际履行，且双方住所地都不在约定履行地丁市K区，因此只能由被告住所地丁市G区法院管辖。丁市H区法院作为原告住所地法院无管辖权。(2)《民事诉讼法》第122条规定：“起诉必须符合下列条件：(一)原告是与本案有直接利害关系的公民、法人和其他组织……(四)属于人民法院受理民事诉讼的范围和受诉人民法院管辖。”《民事诉讼法》第126条规定：“人民法院应当保障当事人依照法律规定享有的起诉权利。对符合本法第一百二十二条的起诉，必须受理。符合起诉条件的，应当在七日内立案，并通知当事人；不符合起诉条件的，应当在七日内作出裁定书，不予受理；原告对裁定不服的，可以提起上诉。”可知，合法的起诉必须向有管辖权的法院提起，不符合法律规定的起诉条件的法院应不予受理。本案中，丁市H区法院作为原告住所地法院对该案无管辖权，孙溪的起诉不符合法律规定，因此，H区法院应当裁定不予受理，选项D做法正确。

[陷阱点拨] 请考生注意本题C选项中的“报请”二字。“报请”不同于“直接移送”，其中隐含了移送管辖与管辖权转移的不同之处。

[难度系数] * *

考点四 管辖权异议

1 **[答案]** B

[考点] 应诉管辖

[解析] 本案中当事人约定由A市B县法院管辖，协议管辖有效，因此C市D县法院对该案没有管辖权。乙提出了管辖权异议，虽然被法院驳回，但本案已无法构成应诉管辖。二审法院发现一审法院没有管辖权，应当对一审没有纠正的错误进行纠正，即撤销一审判决，将案件移送有管辖权的A市B县法院管辖。B项正确。

由于乙提出了管辖权异议，所以本案不构成应诉管辖，二审法院不能继续审理。A项错误。

本案有管辖权的法院是A市B县法院，由于移送管辖可以发生在上下级法院之间，而非只能发生在同级法院之间，因而C市中院并非只能将案件移送A市中院审理。C项错误。

本案中，C市D县法院没有管辖权，不能退回C市D县法院审理。D项错误。

[陷阱点拨] 关于管辖权异议应掌握以下五点：(1)提出管辖权异议的主体必须是本诉中的被告，不包括原告和第三人。因为原告和有独立请求权的第三人的起诉行为代表他们已经默示同意双方之间的纠纷由受诉法院管辖，而无独立请求权的第三人只是与案件处理结果有利害关系，没有必要赋予其提出管辖权异议的权利。(2)管辖权异议的客体为第一审民事案件的管辖权，包括对地域管辖和级别管辖的异议，但当事人不得对第二审民事案件的管辖权提出异议。(3)管辖权异议应当在提交答辩状期间提出，当事人未在此期限内提出管辖权异议的视为受诉人民法院有管辖权，违反级别管辖和专属管辖规定的除外。(4)人民法院对当事人提出的管辖权异议，认为成立的应当裁定将案件移送至有管辖权的人民法院，认为不成立的裁定予以驳回。(5)当事人针对一审法院对管辖权异议作出的裁定可以提起上诉，但对已生效的管辖权异议裁定不可以申请再审。

[难度系数] * *

2 [答案]　A

[考点]　管辖权异议

[解析]　本题的A选项是正确的,因为张某在答辩期内没有提出管辖权异议,又提交了答辩状,视为该法院有管辖权。即便该法院本来对此案件没有管辖权,也会因此而取得对本案的管辖权。值得注意的是,在本案中当事人的协议管辖是有效的,所以应当优先按照协议管辖的内容来确定管辖法院。从这个意义上看,乙县法院对本案本来是没有管辖权的,只是因为应诉管辖取得了对本案的管辖权。

既然该法院已经取得了对本案的管辖权,B选项就是错误的。在法院对案件有管辖权的情况下,法院不得将案件移送管辖,移送管辖必须符合管辖权从无到有的要求。

C选项是错误的。因为本案中没有到庭的是杜某,而杜某在本案中属于原告。原告不到庭的,法院应裁定按撤诉处理而非缺席判决。

D选项是错误的。按照特殊地域管辖的要求,本案作为借贷合同纠纷,应当由合同履行地和被告住所地的法院管辖。本案的被告张某的住所地为乙县,合同履行地是接收货币一方所在地,即债权人杜某所居住的甲县。因此,本案合同履行地是甲县,被告住所地才是乙县。

本题答案为A。

[难度系数]　* *

3 [答案]　AC

[考点]　管辖权异议

[解析]　合同案件应由被告住所地或合同履行地法院管辖。此处的被告,是指法院在立案时原告所起诉的被告,而非最终法院判决承担责任的适格被告。因此,乙公司住所地基层法院对本案具有管辖权。A项正确,B项错误。

被告提出管辖权异议的时限是一审程序答辩期满前,如果被告在此期限内未提出异议,则会构成应诉管辖。因此,在二审程序中或者二审发回重审时,除违反级别管辖和专属管辖之外,皆不得再提出管辖权异议。C项正确,D项错误。

[难度系数]　* *

4 [答案]　B

[考点]　合同纠纷地域管辖、管辖权异议

[解析]　选项A考查合同纠纷地域管辖的确定。本题中,甲公司和乙公司约定的合同履行地为D县,但由于合同尚未履行,两公司的住所地又分别在A市的B区和C区,该案应由被告住所地B区法院管辖。选项A是错误的。

选项B、C、D考查管辖权异议。管辖权异议是指法院受理案件后,当事人认为受诉法院对该案并无管辖权的,可以向受诉法院提出不服该法院管辖的意见或主张。《民事诉讼法》第130条规定:"人民法院受理案件后,当事人对管辖权有异议的,应当在提交答辩状期间提出。人民法院对当事人提出的异议,应当审查……当事人未提出管辖异议,并应诉答辩或者提出反诉的,视为受诉人民法院有管辖权,但违反级别管辖和专属管辖规定的除外。"该条文的后半部分"当事人未提出管辖异议,并应诉答辩或者提出反诉的,视为受诉人民法院有管辖权,但违反级别管辖和专属管辖规定的除外"是应诉管辖(或称为默示协议管辖)的规定。因此,受诉法院依应诉管辖而取得案件管辖权需要满足以下条件:(1)受诉法院没有管辖权;(2)当事人未提出管辖权异议;(3)当事人应诉答辩;(4)不违反级别管辖和专属管辖的规定。

本案中,甲公司未在法定期间内提出管辖权异议,且提交了答辩状并实际参加了诉讼,同时,本题也没有涉及级别管辖和专属管辖的问题,因此,一审法院依应诉管辖而取得了管辖权。由于一审法院的管辖权是合法有效的,不存在程序违法行为,二审法院应当对当事人的管辖权异议申请不予审查并驳回异议申请,B 选项说法正确。另外,需要强调一点,移送管辖的前提是受诉法院没有管辖权,D 选项移送管辖说法错误。二审法院裁定撤销原判发回重审的情形有以下五种情况:(1)原判决认定基本事实不清的;(2)原判决遗漏当事人或违法缺席判决等严重违反法定程序的;(3)对当事人在一审中已提出的诉讼请求,原审法院未作审理、判决,二审法院根据当事人自愿原则调解不成的;(4)必须参加诉讼的当事人在一审中未参加诉讼,二审法院根据当事人自愿原则调解不成的;(5)一审判决不准离婚的案件,上诉后,二审法院认为应当判决离婚,根据当事人自愿原则与子女抚养、财产问题一并调解不成的。无管辖权并不属于上述二审法院可以撤销原判,发回重审的情形,所以选项 C 错误。

[陷阱点拨] 考生看到考查管辖的题目时,应当根据以下步骤考虑:第一步,判断案件是否有专属管辖的情况,即是否属于不动产纠纷、港口作业纠纷或者继承遗产纠纷。第二步,没有专属管辖,判断案件是否有有效的管辖协议。第三步,没有管辖协议或者协议管辖无效的,国内案件适用地域管辖的基本规定,包括一般地域管辖和特殊地域管辖。一般地域管辖的原则是由被告所在地法院管辖,例外是由原告所在地法院管辖。特殊地域管辖包括合同纠纷的管辖、侵权纠纷的管辖等。

[难度系数] * *

第五章　当　事　人

考点一　当事人适格

1 **[答案]** AB

[考点] 车辆借用后的交通事故侵权当事人的确定

[解析] 《民法典》第 1209 条规定:“因租赁、借用等情形机动车所有人、管理人与使用人不是同一人时,发生交通事故造成损害,属于该机动车一方责任的,由机动车使用人承担赔偿责任;机动车所有人、管理人对损害的发生有过错的,承担相应的赔偿责任。”

本案为共同侵权,是机动车和行人的行为共同对丁造成了损害。甲作为车辆所有人,将车辆借给乙,约定乙只能在市里开,乙作为使用人不遵守约定将车开到高速上,发生交通事故后,使用人乙承担赔偿责任,为被告。机动车所有人甲已经明确要求乙只能在市里行使,乙违反约定私自开上高速造成事故,所有人甲尽到了合理的提醒和约束义务,对损害的发生没有过错,不能将所有人甲作为被告。C、D 两项错误,A 项正确。

行人丙横穿马路,对交通事故承担主要责任,对丁的损害应该承担主要责任,应该作为本案被告。B 项正确。

[难度系数] *

2 **[答案]** ABC

[考点] 当事人适格

[解析] 《民法典》第 1215 条规定:“盗窃、抢劫或者抢夺的机动车发生交通事故造成损害的,由盗窃人、抢劫人或者抢夺人承担赔偿责任。盗窃人、抢劫人或者抢夺人与机动车使用人不是同一人,发生交通事故造成损害,属于该机动车一方责任的,由盗窃人、抢劫人或者抢夺人与机动车使用人承担连带责任。保险人在机动车强制保险责任限额范围内垫付抢救费用的,有权向交通事故责任人追偿。”本案中,苏某是盗窃人,牛某是使用人。发生交通事故后,苏某和牛某承担连带责任,所以原告既可以承担连带责任的苏某和牛某为共同被告起诉,也可单独起诉苏某或牛某,机动车所有人刘某不承担责任。A、B、C 项正确,D 项错误。

[难度系数] *

3 [答案] BD

[考点] 当事人适格

[解析] 小赵是未成年人,无诉讼行为能力,但是仍有诉讼权利能力,可以自己的名义起诉应诉,只是不能以自己的行为完成诉讼,诉讼中小赵的监护人大赵可以作为法定诉讼代理人实际进行诉讼行为。故本案的原告是小赵。B 项正确,A 项错误。

无民事行为能力人、限制民事行为能力人侵权的,应以无民事行为能力人、限制民事行为能力人及其监护人作为共同被告。该侵权案件发生时小张未满 18 周岁,但是起诉时小张已经满 18 周岁了,享有诉讼权利能力和诉讼行为能力,可以成为被告,也可以自己独立完成诉讼行为。因此,本案的被告只列明小张即可。D 项正确,C 项错误。

[难度系数] *

4 [答案] AB

[考点] 当事人适格

[解析] 本题考查侵权纠纷案件中的雇主和高速公路管理人的诉讼地位。当事人适格,又称为正当当事人,指当事人在特定的案件中有资格起诉或应诉,成为原告或被告,并就此受人民法院判决约束。针对具体诉讼而言,其所要解决的是有诉讼权利能力的人在特定诉讼中能否作为本案的当事人的问题,本题则考查的是侵权纠纷案件中如何确定适格被告。

根据《民法典》第 1209 条的规定,本案属于因试驾而导致机动车管理人与使用人不是同一人的情形,此时发生交通事故造成损害,属于机动车一方责任的,应由机动车使用人朱某承担责任,因此朱某是本案的适格被告。选项 A 正确。

本案中程某在陪同试驾时有提醒朱某注意路况、安全驾驶的义务,而他未尽到此种注意义务,因此存在过错,根据《民法典》第 1209 条的规定,应承担相应的赔偿责任。同时《民法典》第 1191 条第 1 款规定:“用人单位的工作人员因执行工作任务造成他人损害的,由用人单位承担侵权责任。用人单位承担侵权责任后,可以向有故意或者重大过失的工作人员追偿。”程某是 4S 店的客户经理,受 4S 店指派陪同朱某试驾,在此过程中发生车祸致使曾某受伤,属于“用人单位的工作人员因执行工作任务造成他人损害”的情形,因此应该由用人单位 4S 店承担侵权责任而非程某本人。选项 B 正确,选项 C 错误。

最高人民法院《关于审理道路交通事故损害赔偿案件适用法律若干问题的解释》第 7 条第 2 款规定:“依法不得进入高速公路的车辆、行人,进入高速公路发生交通事故造成自身损害,当事人请求高速公路管理者承担赔偿责任的,适用民法典第一千二百四十三条的规定。”《民法典》第 1243 条规定:“未经许可进入高度危险活动区域或者高度危险物存放区域受到损害,管理人能够证明已经采取足够安全措施并尽到充分警示义务的,可以减轻或者不承担责任。”本题中,行人曾某属于依法不得进入高速公路的行人,因此高速公路管理人只要采取足够的安全措施并尽到充分的警示义务即可免于承担责任。根据本题题意并不能得出高速公路管理人存在未尽上述注意义务的情形,因此,高速公路管理人并不必然需要承担侵权责任,无法认定其是否为适格被告。选项 D 错误。

[难度系数] * *

5 [答案] D

[考点] 诉讼参加人的确定

[解析] 《民诉解释》第 59 条规定:“在诉讼中,个体工商户以营业执照上登记的经营者为当事人。有字号的,以营业执照上登记的字号为当事人,但应同时注明该字号经营者的基本信息。营业执照上登记的经营者与实际经营者不一致的,以登记的经营者和实际经营者为共同诉讼人。”本题中,刘某为登记的经营者,但实际经营者为张某,发生纠纷进行诉讼时,应当以登记的经营者刘某和实际经营者张某为共同诉讼人。因此,本题正确答案为 D。

[难度系数] *

6 [答案] ABD

[考点] 诉讼参加人的确定

[解析] 本题考查的是高空坠物侵权诉讼中被告的确定,其本质在于确认侵权责任承担主体。《民法典》第 1253 条规定:“建筑物、构筑物或者其他设施及其搁置物、悬挂物发生脱落、坠落造成他人损害,所有人、管理人或者使用人不能证明自己没有过错的,应当承担侵权责任。所有人、管理人或者使用人赔偿后,有其他责任人的,有权向其他责任人追偿。”本条明确了三个可能的侵权责任主体,即所有人、管理人和使用人;归责原则为过错推定原则,即所有人、管理人或者使用人对自己没有过错承担举证责任,其不能证明自己没有过错的,应当承担侵权责任。

本题中,就承租人陆某而言,租赁合同中约定了其对房屋的管理、维护等承担责任,同时其作为房屋的实际使用人在阳台养花,经物业多次提醒也未采取措施避免损害的发生,因此其对花盆砸伤行人的侵权行为应当承担责任。李某若请求赔偿,可以承租人陆某作为被告,故 D 选项正确。就所有人程某而言,其与承租人陆某在合同中约定租赁期间产生的一切责任由陆某承担,即房屋的管理、维护等义务由陆某承担,程某对此不负有义务。但鉴于合同相对性的特点,程某和陆某在租赁合同中的约定并不能对抗第三人,因此受害人李某可以房屋所有权人程某为被告,也可以同时起诉程某和作为实际侵权人的承租人陆某,故 A 选项正确,B 选项正确。就物业而言,根据题干的表述,其已多次对陆某的花盆可能砸伤行人进行提醒,尽到了足够的提醒义务,不具有过错,故 C 选项错误。

[难度系数] * *

7 [答案] A

[考点] 当事人适格

[解析] 本题考查的是劳务侵权纠纷中的当事人确定问题。《民诉解释》第 57 条规定:“提供劳务一方因劳务造成他人损害,受害人提起诉讼的,以接受劳务一方为被告。”在本案中,杨某与蒋某之间是劳务合同关系,杨某为提供劳务的一方,蒋某为接受劳务的一方,且张某是因为杨某的保洁行为受到损害的,故应以接受劳务的一方蒋某为被告。选项 A 表述正确。

[难度系数] *

8 [答案] D

[考点] 当事人适格

［解析］ 本题考查侵权纠纷案件中无民事行为能力人的监护人以及幼儿园的诉讼地位。《民诉解释》第 67 条规定："无民事行为能力人、限制民事行为能力人造成他人损害的，无民事行为能力人、限制民事行为能力人和其监护人为共同被告。"本案中，姜某为精神病人，必定属于无民事行为能力人或限制民事行为能力人中的一种，姜某冲入向阳幼儿园将入托的小明打伤，对小明造成损害，应当将姜某与其监护人朱某列为共同被告。选项 A、C 错误。

《民法典》第 1201 条规定："无民事行为能力人或者限制民事行为能力人在幼儿园、学校或者其他教育机构学习、生活期间，受到幼儿园、学校或者其他教育机构以外的第三人人身损害的，由第三人承担侵权责任；幼儿园、学校或者其他教育机构未尽到管理职责的，承担相应的补充责任。幼儿园、学校或者其他教育机构承担补充责任后，可以向第三人追偿。"依据侵权法理论和上述法律规定可知，补充责任人承担的补充赔偿责任与主责任人承担的侵权赔偿责任基于同一侵权法律关系而产生，实际上属于同一个债。受害人提起侵权之诉时，其与主要责任人之间的诉讼标的和与补充责任人之间的诉讼标的是同一个，即侵权法律关系，人民法院应当合并审理一并判决，这符合必要共同诉讼的定义，故补充责任人和主责任人应当是共同被告。本案中，小明因幼儿园之外的第三人姜某受到人身损害，姜某作为主责任人应当承担侵权赔偿责任；但姜某能轻易进入幼儿园打伤小明，幼儿园明显没有尽到管理和保护职责，存在过错，应当承担相应的补充赔偿责任。因此，姜某是主要责任人，幼儿园是补充责任人，应当列为共同被告。综上所述，本案应将姜某、朱某和幼儿园列为共同被告，选项 D 正确，选项 B 错误。

［难度系数］ *

9 ［答案］ C

［考点］ 当事人的确定

［解析］ 本题考查与劳务派遣相关的侵权案件中，劳务派遣单位和接受劳务派遣的用工单位的诉讼地位。《民法典》第 1191 条第 2 款规定："劳务派遣期间，被派遣的工作人员因执行工作任务造成他人损害的，由接受劳务派遣的用工单位承担侵权责任；劳务派遣单位有过错的，承担相应的责任。"《民诉解释》第 58 条规定："在劳务派遣期间，被派遣的工作人员因执行工作任务造成他人损害的，以接受劳务派遣的用工单位为当事人。当事人主张劳务派遣单位承担责任的，该劳务派遣单位为共同被告。"可见，在被派遣的工作人员因执行工作任务损害他人合法权益时，以接受劳务派遣的用工单位为被告；如果当事人主张劳务派遣单位承担责任，则应当将劳务派遣单位列为共同被告。

本案中，派遣单位为菲特公司，接受劳务派遣的用工单位为苏拉公司，小桐作为被派遣的工作人员，在执行苏拉公司分配的工作任务时致使路人周某受伤。如果周某起诉苏拉公司，菲特公司作为派遣单位不存在过错，依据《民法典》第 1191 条的规定菲特公司不承担任何侵权责任。菲特公司与苏拉公司对侵权法律关系这一诉讼标的没有共同的权利或义务，不是共同被告；菲特公司与本案的处理结果也不存在利害关系，不是无独立请求权第三人，故选项 A、B 错误。如果周某起诉菲特公司，苏拉公司作为接受劳务派遣的用工单位必须被列为被告，法院应当追加其为共同被告而不是无独立请求权的第三人。选项 C 正确，选项 D 错误。

［难度系数］ * *

考点二 诉讼主体的变更

1 ［答案］ ACD

［考点］ 诉讼主体的变更

[解析]　本题考查当事人的变更。诉讼中法人或者非法人组织合并或者分立后,其实体权利义务和诉讼权利义务均由合并、分立后的法人或者非法人组织承担,由合并、分立后的法人继续诉讼,原当事人所为的诉讼行为对合并、分立后的法人或者非法人组织发生法律效力。

本案中,二审时甲公司和丙公司合并成立了丁公司,应当由合并后的丁公司继续诉讼,B 选项错误,C 选项正确。而且,原甲公司和丙公司的诉讼行为对合并后的丁公司具有拘束力,故法院对甲、乙公司的一审判决对丁公司具有既判力,已经进行的诉讼程序对丁公司具有拘束力,A、D 选项正确。综上所述,本题答案为 ACD。

[难度系数]　* *

2 [答案]　ABCD

[考点]　诉讼主体的变更、撤诉

[解析]　选项 A 考查法院对撤诉的处理。《民事诉讼法》第 148 条规定:"宣判前,原告申请撤诉的,是否准许,由人民法院裁定。人民法院裁定不准许撤诉的,原告经传票传唤,无正当理由拒不到庭的,可以缺席判决。"本案中,如原告程某在一审诉讼过程中申请撤诉,法院可以准许,选项 A 正确。

关于申请撤诉需要掌握以下内容:(1)提出撤诉的主体。申请撤诉的主体是原告及其法定代理人,这里的原告是指"诉"的原告,包括本诉的原告、提出反诉的被告和有独立请求权的第三人。(2)提出撤诉的时间。申请撤诉应当在人民法院受理案件后,宣告判决之前。(3)决定是否准予撤诉的主体。申请撤诉是否被准许,由人民法院作出裁定。(4)提出撤诉的后果。①诉讼程序终结,人民法院不再对案件进行审理和判决;②一审程序中当事人撤诉后再次向人民法院起诉的,人民法院应当受理;③一审原告在二审程序和再审程序中撤回起诉后又向人民法院重复起诉的,人民法院不予受理。

选项 B、C、D 是对法条的直接考查,涉及诉讼主体的变更。《民诉解释》第 249 条规定:"在诉讼中,争议的民事权利义务转移的,不影响当事人的诉讼主体资格和诉讼地位。人民法院作出的发生法律效力的判决、裁定对受让人具有拘束力。受让人申请以无独立请求权的第三人身份参加诉讼的,人民法院可予准许。受让人申请替代当事人承担诉讼的,人民法院可以根据案件的具体情况决定是否准许;不予准许的,可以追加其为无独立请求权的第三人。"《民诉解释》第 250 条第 1 款规定:"依照本解释第二百四十九条规定,人民法院准许受让人替代当事人承担诉讼的,裁定变更当事人。"本案中,虽然争议的债权债务关系发生了转移,但根据上述规定,程某的原告的地位并未随之改变。如果受让人谢某申请以无独立请求权的第三人身份参加诉讼,人民法院可予准许,选项 B 正确。如果受让人谢某申请替代程某参加诉讼,人民法院可以根据案件的具体情况决定是否准许,选项 C 正确。如果人民法院最终决定不予准许谢某申请替代程某的诉讼地位,可以追加谢某为无独立请求权的第三人,选项 D 正确。

[难度系数]　* *

考点三　共同诉讼

1 [答案]　AD

[考点]　共同诉讼

[解析]本题法律关系比较明朗,两份借款合同的借款人、出借人一致,但是两次借款的担保人不一致。首先,银行向法院提起的两起诉讼均基于银行与杜某之间的借款关系,该起诉讼系两个并

列存在的诉讼标的，系诉的单纯的合并，即将同一原告对同一被告提起的两个以上的诉予以合并，或者把同一原告和被告之间的反诉与本诉合并审理。在本质上其主体同一，但是法律关系（客体）有若干个。一般来说，对于这种诉的客体合并（诉的客体合并又可以细分为单纯合并、预备合并、重叠合并、竞合合并），法院可以将其置于同一程序中审理，但需要分别作出判决，无须当事人同意，A选项正确。其次，银行跟二人分别存在两个担保法律关系，被告一方为两人，存在两个不同法律关系，故构成普通共同诉讼。普通共同诉讼在本质上是若干独立可分之诉，法院认为可以合并审理的，经当事人同意后可以合并审理，但依然应当分别判决，所以B、C选项错误，D选项正确。

［难度系数］ ＊＊＊＊

2 **［答案］** D

［考点］ 普通共同诉讼的代表人诉讼

［解析］ 本题考查普通共同诉讼的代表人诉讼。根据《民事诉讼法》第55条第1款的规定，普通共同诉讼是指当事人一方或者双方为二人以上，其诉讼标的是共同的，或者诉讼标的是同一种类、人民法院认为可以合并审理并经当事人同意的诉讼。普通共同诉讼的特点之一在于其是一种可分之诉，一方当事人对诉讼标的没有共同的权利义务，法院并非必须作出统一的判决。尤其是涉及对纠纷的调解时，往往可能需要当事人对其权利义务作出一定的放弃或妥协。此种情况下，为了保障当事人的实体权利和程序权利，应当允许其拒绝代表人达成的调解方案。对于普通共同诉讼代表人诉讼的调解这一问题，现行法律及司法解释尚无明确的一般规定。但最高人民法院《关于证券纠纷代表人诉讼若干问题的规定》第21条第2款规定，人民法院准备制作调解书的，应当通知提出异议的原告，告知其可以在收到通知后10日内向人民法院提交退出调解的申请。未在上述期间内提交退出申请的原告，视为接受。第3款规定，申请退出的期间届满后，人民法院应当在10日内制作调解书。调解书经代表人和被告签收后，对被代表的原告发生效力。人民法院对申请退出原告的诉讼继续审理，并依法作出相应判决。前述规定对于一般的普通共同诉讼代表人诉讼的调解具有参考意义。因此，本题中，若张某不同意调解方案，法院应当就其他当事人的部分制作调解书，就张某的部分继续审理。综上所述，D选项正确。

［难度系数］ ＊＊

3 **［答案］** B

［考点］ 共同诉讼

［解析］ 本题考查的是共同诉讼中继承纠纷当事人的确定问题。共同诉讼，是指当事人一方或双方为两人以上，诉讼标的是共同的或者是同一种类，在诉讼过程中合并审理的一种诉讼形式。《民诉解释》第70条规定："在继承遗产的诉讼中，部分继承人起诉的，人民法院应通知其他继承人作为共同原告参加诉讼；被通知的继承人不愿意参加诉讼又未明确表示放弃实体权利的，人民法院仍应将其列为共同原告。"本案中，张甲和张乙之间是法定继承法律关系，张丙为女儿，也基于法定继承主张自己对老张的遗产有继承权，这与本案原、被告之间的诉讼标的是共同的，都是法定继承法律关系，所以本案属于共同诉讼。张丙作为其他继承人，应该以共同原告的身份参加诉讼，故选项B表述正确。

［陷阱点拨］ 对于本题考生应该注意共同诉讼和有独立请求权第三人参加诉讼的区别。共同诉讼中，诉讼标的是同一的或者同一种类的，而有独立请求权的第三人对诉讼标的有独立的请求权。以本题为例，如果张丙基于法定继承法律关系参加诉讼，则应该作为共同原告。如果张丙持有老张生前立下的遗嘱，以遗嘱为由主张自己对遗产有继承权，则此时张甲和张乙之间为法定继承法

律关系，张丙基于遗嘱继承法律关系参加诉讼，两者的诉讼标的不一致，张丙基于遗嘱对遗产有独立的请求权，应该作为有独立请求权的第三人参加诉讼。考生在答题时应该注意申请参加诉讼的人所主张的法律关系是什么，并分析该法律关系与原诉讼标的之间的关系，避免失分。

[难度系数] * *

考点四 代表人诉讼

[答案] B

[考点] 特别代表人诉讼

[解析] 最高人民法院《关于证券纠纷代表人诉讼若干问题的规定》第41条规定："人民法院审理特别代表人诉讼案件，本部分没有规定的，适用普通代表人诉讼中关于起诉时当事人人数尚未确定的代表人诉讼的相关规定。"代表人诉讼对参加诉讼的除郭某外的5807名当事人均产生约束力，不是只针对刚开始委托的80名投资者有效。A项错误。因为郭某已经声明退出诉讼，所以如代表人胜诉，判决不约束郭某，对其他的5807名投资者有效。B项正确。C项错误。如代表人败诉，判决对某投保基金和投资者均有效，否则代表人诉讼就没有存在的意义了，其他投资者不可以另行起诉。D项错误。

[难度系数] *

第六章 第 三 人

考点一 第三人的概念与分类

1 [答案] AD

[考点] 第三人

[解析] 选项A、B考查有独立请求权第三人的界定。有独立请求权第三人，是指对原告与被告所争议的诉讼标的有独立的请求权，而参加到诉讼中的人。对诉讼标的有独立的请求权是其与必要共同诉讼人和无独立请求权第三人的根本区别，这种请求权通常是一种物上请求权，可以是对诉讼标的享有的全部请求权，也可以是部分请求权。必要共同诉讼是指当事人一方或双方为两人以上，诉讼标的是同一的，共同诉讼人必须一同起诉应诉，法院必须合并审理，合一判决。本案中，李立与陈山因财产权归属发生争议，王强得知后，主张该财产的部分产权，即王强对原被告争议的诉讼标的主张独立的请求权，王强属于有独立请求权的第三人，不是必要共同诉讼人。因此，A选项正确，B选项错误。

选项C、D考查有独立请求权第三人参加的诉讼中原告撤诉的问题。《民诉解释》第237条规定："有独立请求权的第三人参加诉讼后，原告申请撤诉，人民法院在准许原告撤诉后，有独立请求权的第三人作为另案原告，原案原告、被告作为另案被告，诉讼继续进行。"有独立请求权第三人在参加之诉中是原告，本诉的原告和被告在参加之诉中是被告，本诉和参加之诉是两个独立的诉。因此，本诉的原告申请撤诉后，有独立请求权第三人作为另案原告，原案原、被告作为另案被告，诉讼继续进行。本案中，原告李立撤诉后，应以有独立请求权第三人王强作为原告，本诉当事人李立和陈山为被告，诉讼继续进行，而非诉讼终结。因此D选项正确，C选项错误。

需要补充说明的是，有独立请求权第三人参加之诉中原告撤诉不构成诉讼终结的事由。诉讼终结，是指在诉讼进行的过程中，发生某种法定的特殊原因，使诉讼程序无法继续进行或者继续进行已无必要时，由法院裁定终结诉讼程序的法律制度。根据《民事诉讼法》第154条的规定，有下列情形之一的，终结诉讼：(1)原告死亡，没有继承人，或者继承人放弃诉讼权利的；(2)被告死亡，没有遗产，也没有应当承担义务的人的；(3)离婚案件一方当事人死亡的；(4)追索赡养费、扶养费、抚养费以及解除收养关系案件的一方当事人死亡的。本案不满足诉讼终结的条件。

[难度系数] * *

2 **[答案]** B

[考点] 第三人

[解析] 本题考查的是原告撤诉后参加之诉的当事人的地位问题。有独立请求权的第三人具有以下特征：(1)对原、被告之间争议的诉讼标的有全部或部分独立的实体请求权，无论哪一方胜诉都将损害有独立请求权的第三人的合法权益。(2)在本诉进行过程中参加诉讼，有独立请求权的第三人必须在本诉受理之后，法庭辩论终结前加入本诉。这是为了保障有独立请求权的第三人的上诉权利。(3)以起诉的方式参加本诉。《民诉解释》第81条规定："根据民事诉讼法第五十九条的规定，有独立请求权的第三人有权向人民法院提出诉讼请求和事实、理由，成为当事人；无独立请求权的第三人，可以申请或者由人民法院通知参加诉讼。第一审程序中未参加诉讼的第三人，申请参加第二审程序的，人民法院可以准许。"

本案中，丁爽对丁一和丁二之间争议的遗产主张全部所有权，并以起诉的方式加入丁一和丁二正在进行的诉讼中，符合有独立请求权的第三人的概念和特征，故丁爽为有独立请求权的第三人。对于有独立请求权的第三人的撤诉问题需掌握以下两点：(1)有独立请求权的第三人撤诉的，本诉继续进行。(2)本诉原告撤诉的，参加之诉另外进行。根据《民诉解释》第237条的规定，本案法院在准许本诉原告丁一撤诉后，应当以有独立请求权的第三人丁爽为另案原告，丁一、丁二为另案被告，继续进行诉讼，选项B正确。选项A、C、D中原、被告均不准确，错误。

[陷阱点拨] 需要注意的是，有人认为本案中原告丁一在开庭审理前申请撤回起诉而被告丁二不同意，法院应当裁定不予准许丁一撤诉，这种看法是错误的。《民诉解释》第238条规定："当事人申请撤诉或者依法可以按撤诉处理的案件，如果当事人有违反法律的行为需要依法处理的，人民法院可以不准许撤诉或者不按撤诉处理。法庭辩论终结后原告申请撤诉，被告不同意的，人民法院可以不予准许。"可见：(1)原告在法庭辩论终结前申请撤诉的，人民法院决定是否准许撤诉时不必考虑被告的意见。(2)原告在法庭辩论终结后申请撤诉，被告不同意的人民法院可以不予准许，即被告的意见可以影响人民法院的决定。

[难度系数] * *

3 **[答案]** D

[考点] 第三人、共同诉讼

[解析] 选项C、D考查第三人的区别。本案中，商铺是赵某和刘某共有的，《民法典》第301条规定："处分共有的不动产或者动产以及对共有的不动产或者动产作重大修缮、变更性质或者用途的，应当经占份额三分之二以上的按份共有人或者全体共同共有人同意，但是共有人之间另有约定的除外。"刘某瞒着赵某处分共有物的行为，侵害了赵某的共有权，赵某对其共有份额享有独立的请求权，因此其若参加诉讼，应当作为有独立请求权第三人参加诉讼，而不是无独立请求权第三人。也就是说，现在本案中有两个诉：一是刘某和陈某的买卖合同纠纷，即本诉；二是赵某以陈某和刘某

为被告的参加之诉。故赵某是有独立请求权第三人。选项D正确,选项C错误。

选项B考查的是赵某应以什么身份参与到刘某和陈某已进行的合同纠纷中来维护自己的权益。前文已述,赵某应作为原告提起参加之诉,将刘某和陈某作为被告,维护自己的共有权。故选项B“陈某为无独立请求权第三人”的说法错误。

对于选项A的解答可以从以下两个角度考虑:(1)本题实际上考查了有独立请求权第三人的参诉方式。有独立请求权第三人只能通过起诉的方式参加诉讼,法院不能依职权追加,因为有独立请求权第三人对于是否提起参加之诉或另行起诉有选择权,法院应当尊重这种选择权,不能依职权强行干预。前已提及,本案中,赵某属于有独立请求权的第三人,应以原告身份提起参加之诉,A项的说法不正确。(2)本题有两个法律关系:一是租赁合同,当事人双方分别是出租人赵某、刘某和承租人陈某;二是买卖合同,当事人双方分别是卖方刘某和买方陈某。本案发生争议的买卖合同,其当事人双方应当是刘某和陈某,本与赵某无关,但因赵某是买卖合同中房屋的共有权人,故买卖合同侵害了其共有权,其有权参与诉讼,维护自己的权益。因赵某不同意刘某将商铺转让给陈某,其并不是在刘某和陈某的合同纠纷中帮助刘某,要求陈某履行合同,因此不能作为共同原告。选项A错误。

[难度系数]　＊＊＊

考点二　第三人撤销之诉

1 **[答案]**　C

[考点]　撤销权诉讼、第三人撤销之诉、重复起诉

[解析]　甲乙之间的合同已经被生效法律文书确定。丙如果认为这个债权损害了自己的合法权益,应该提起第三人撤销之诉,撤销生效法律文书,而不能提出撤销合同的撤销权诉讼。在一审二审法院都判决甲胜诉,借贷合同有效的情况下,提出撤销权诉讼构成重复起诉,属于后诉否定了前诉的裁判结果。但是第三人撤销之诉和再审制度是法律规定的可以否定生效法律文书的制度。所以对于撤销合同之诉法院不能受理,否则构成重复起诉。A项、D项错误。

在属于主合同的借贷合同有效或无效的情况下,丙作为担保人是可以起诉要求解除担保合同的,因为主合同和担保合同是两个相对独立的诉讼,所以此时解除担保合同并没有否定先诉,不构成重复起诉。对于解除担保合同,法院应该受理。B项是错误的。

所以对于撤销借贷合同的诉讼,法院不能受理,因为构成重复起诉;但是对于解除担保合同的诉讼,法院可以受理。C项正确。

[难度系数]　＊＊

2 **[答案]**　C

[考点]　第三人撤销之诉

[解析]　在甲诉乙超市的案件中,如果丙公司参加诉讼,其是无独立请求权的第三人。但是由于丙公司没有参加诉讼,所以在生效法律文书作出后,丙公司认为文书错误并损害自己的合法权益的,符合提起第三人撤销之诉的条件,法院不能裁定驳回丙公司的起诉。B项错误。

第三人撤销之诉中,法院还没有进行实体审理,不能直接判决驳回诉讼请求。A项错误。

第三人撤销之诉中,第三人丙公司应当作为原告,生效法律文书的当事人甲和乙超市应当作为共同被告。即使乙超市赞成丙公司的观点,其也不能与丙公司作为共同原告。C项正确,D项错误。

[难度系数]　＊＊

3 [答案]　AD

[考点]　第三人撤销之诉

[解析]　《民诉解释》第 290 条规定："第三人对已经发生法律效力的判决、裁定、调解书提起撤销之诉的，应当自知道或者应当知道其民事权益受到损害之日起六个月内，向作出生效判决、裁定、调解书的人民法院提出，并应当提供存在下列情形的证据材料：(一)因不能归责于本人的事由未参加诉讼；(二)发生法律效力的判决、裁定、调解书的全部或者部分内容错误；(三)发生法律效力的判决、裁定、调解书内容错误损害其民事权益。"由此可知，第三人提起撤销之诉的，需要对自己权益受到损害的事实进行举证证明，如果无法证明，说明原告不符合起诉条件，法院应当裁定驳回起诉。这里需要注意的是，驳回起诉是人民法院立案后经审查查明原告的起诉不符合法律规定，法院依法驳回原告的起诉权利；而驳回诉讼请求是人民法院立案审理后，认定诉讼主体的诉讼请求或主张证据不足或者超过诉讼时效又无中止、中断、延长事由的以及其他依法不予保护的诉讼请求或主张判决予以驳回。故 A 选项正确，B 选项错误。

《民事诉讼法》第 209 条第 1 款规定："各级人民法院院长对本院已经发生法律效力的判决、裁定、调解书，发现确有错误，认为需要再审的，应当提交审判委员会讨论决定。"《民诉解释》第 405 条规定："人民法院经再审审理认为，原判决、裁定认定事实清楚、适用法律正确的，应予维持；原判决、裁定认定事实、适用法律虽有瑕疵，但裁判结果正确的，应当在再审判决、裁定中纠正瑕疵后予以维持。原判决、裁定认定事实、适用法律错误，导致裁判结果错误的，应当依法改判、撤销或者变更。"本题中，法院发现原审的证据是伪造的，应当自行启动再审。原判决事实不清，证据不足的，应当撤销原判，依法作出判决。故 C 选项错误，D 选项正确。

综上所述，本题答案为 AD。

[难度系数]　* *

4 [答案]　C

[考点]　第三人撤销之诉与再审的关系

[解析]　《民诉解释》以专章的形式规定了第三人撤销之诉，并明确了第三人撤销之诉与再审的关系。《民诉解释》第 300 条规定："第三人诉讼请求并入再审程序审理的，按照下列情形分别处理：(一)按照第一审程序审理的，人民法院应当对第三人的诉讼请求一并审理，所作的判决可以上诉；(二)按照第二审程序审理的，人民法院可以调解，调解达不成协议的，应当裁定撤销原判决、裁定、调解书，发回一审法院重审，重审时应当列明第三人。"如果再审案件是按照第一审程序审理的，法院应当将有撤销权的第三人直接列为第三人，该第三人在其撤销诉讼请求的范围内，具有当事人的权利义务。法院作出判决时应当同时对再审诉讼请求和第三人撤销诉讼请求作出裁判，所作的判决可以上诉。如果再审案件是按照二审程序审理的，为保障第三人的审级利益，二审法院应当对案件进行调解，调解时可以分别对再审诉讼请求和第三人撤销诉讼请求进行调解，必要时可以一并调解，调解不成时发回重审。在案件重审过程中，法院应当直接将有撤销权的第三人列为案件第三人，对其诉讼请求和原诉当事人诉讼请求一并审理。

相应地，对于本题所提出的中级法院对丙公司的撤销诉讼请求如何处理的问题，我们首先需要回答本案到底是适用一审程序还是二审程序。本案中，因当事人未上诉，作出生效裁判的法院为 A 市 B 县法院，因检察院抗诉而进行再审的法院为 A 市中级法院，再审吸收撤销诉讼后，相当于由中级法院提审。我们都知道，提审案件适用二审程序，《民事诉讼法》第 218 条第 1 款规定："人民法院按照审判监督程序再审的案件，发生法律效力的判决、裁定是由第一审法院作出的，按照第一审程序审理,所作的判决、裁定,当事人可以上诉;发生法律效力的判决、裁定是由第二审法院作出的,按照第二审程序审理,所作的判决、裁定,是发生法律效力的判决、裁定;上级人民法院按照审判监督程序提审的,按照第二审程序审理,所作的判决、裁定是发生法律效力的判决、裁定。”因此,就本题而言,A 市中级法院进行提审后应当按照第二审程序进行审理。根据前述《民诉解释》第 300 条的规定,应当按照第二种情形进行处理,即人民法院可以调解,调解达不成协议的,应当裁定撤销原判决、裁定、调解书,发回一审法院重审。选项 C 为正确答案。

[**陷阱点拨**] 许多考生将本题答案误选为 A,主要原因在于误认为本案中再审是按照第一审程序进行审理的,而忽视了本案存在提审这一考点。在此提醒大家一定要认真审题。

[**难度系数**] * * *

5 [**答案**] BCD

[**考点**] 第三人撤销之诉、案外人申请再审、执行异议

[**解析**] 选项 A 考查案外人申请再审。《民诉解释》第 421 条规定:“根据民事诉讼法第二百三十四条规定,案外人对驳回其执行异议的裁定不服,认为原判决、裁定、调解书内容错误损害其民事权益的,可以自执行异议裁定送达之日起六个月内,向作出原判决、裁定、调解书的人民法院申请再审。”由此可知,案外人申请再审需要满足以下条件:(1)案外人已经提出了执行异议;(2)执行异议申请被法院驳回;(3)案外人认为执行行为依据的原判决、裁定、调解书内容错误且损害其民事权益;(4)申请再审的期限为 6 个月;(5)再审申请向原审人民法院提出。为了更好地保护案外人的利益,案外人申请再审需要以提出执行异议为前提。选项 A 认为案外人可以直接申请再审的说法错误,不当选。

选项 B 考查执行异议。执行异议是指在执行程序中,民事执行的当事人、利害关系人认为执行行为违反法律规定,或者案外人认为法院的执行行为损害自己的合法权益时,依法申请有关机关采取保护或者补救措施的制度。由此可知,执行异议可以分为当事人、利害关系人对执行行为的异议和案外人对执行标的的异议两种。《民事诉讼法》第 238 条规定:“执行过程中,案外人对执行标的提出书面异议的,人民法院应当自收到书面异议之日起十五日内审查,理由成立的,裁定中止对该标的的执行;理由不成立的,裁定驳回。案外人、当事人对裁定不服,认为原判决、裁定错误的,依照审判监督程序办理;与原判决、裁定无关的,可以自裁定送达之日起十五日内向人民法院提起诉讼。”本案中,如成某对执行标的主张所有权,可以向执行法院提起执行异议,符合提出执行异议的条件。选项 B 说法正确。

选项 C 考查第三人撤销之诉。第三人撤销之诉,是指有独立请求权的第三人或无独立请求权的第三人因不能归责于本人的事由未参加诉讼,但有证据证明发生法律效力的判决、裁定、调解书的部分或全部内容错误,损害其民事权益的,可以自知道或者应当知道其民事权益受到损害之日起 6 个月内,向作出该判决、裁定、调解书的人民法院提起诉讼。本案中,汤某将借来的玉瓶出售给毛某,后在合同履行中发生纠纷被诉至法院,而成某作为玉瓶的所有人,对玉瓶享有独立的请求权,属于有独立请求权的第三人。由于对本案中生效裁判的执行会损害到成某的利益,成某有权向作出生效裁判的甲县法院提起第三人撤销之诉。因此,选项 C 正确。

申诉和申请再审是两种不同的民事权益,两者并行存在。申诉是宪法赋予公民的一项民主权利。关于申诉,需要掌握以下几点:(1)申诉的主体广泛,既可以是案件的当事人,也可以是当事人之外的任何人;(2)申诉权的行使没有法定期间的限制;(3)申诉的对象不限于法院的判决、裁定、调解书,其行使既没有针对对象的限制,也没有对具体情形的要求;(4)行使申诉权既可以向各级人

民法院提出，也可以向各级检察院提出；(5)申诉的法律后果：申诉只能作为人民法院或人民检察院发现已经发生法律效力的判决、裁定确有错误的途径之一，不能当然引起再审程序。因此，选项D正确。

很多考生认为选项A正确，选项D错误。但值得注意的是，案外人不能直接申请再审，案外人申请再审应当以提出执行异议作为前置条件。同时，需要强调的是，案外人尽管不能直接申请再审，但通过申诉的方式要求法院依职权决定再审也是可行的。

[**陷阱点拨**] 我国民事诉讼法赋予第三人一系列权利救济途径：(1)在民事审判程序中，第三人可以通过参加之诉进行救济；(2)在执行程序中，第三人可以通过执行异议之诉主张权利；(3)在终审判决作出后，第三人可以选择适用再审或第三人撤销之诉两种制度。针对第三人参加之诉、第三人撤销之诉、案外人申请再审和执行异议之诉之间的关系问题，考生应当掌握以下内容：

第一，第三人参加之诉和第三人撤销之诉的关系。

(1)相同之处：两种制度保护的主体相同，都是专门针对有独立请求权第三人和无独立请求权第三人权利的救济途径。

(2)不同之处：①两种制度设立的目的不同，这也是区别两者的关键。第三人参加之诉是为了一次性解决纠纷，实现诉讼效率；而第三人撤销之诉实质上是为了给予因不能归责于本人的事由而未能通过参加之诉主张权利但受到裁判损害的第三人以专门的救济渠道。②在第三人选择权利救济途径的时间上，前者是一种事先的权利保护程序(必须在诉讼过程中)，后者是事后救济程序(在诉讼程序结束裁判作出之后)。③提起的条件不同。前者要求主张与案件有法律上的利害关系，可以通过起诉或申请的方式参加到已经开始的诉讼中；后者条件较为严苛，且必须以起诉的方式提起。

(3)关系：已经通过第三人参加之诉进行权利救济的当事人，不能再行提出第三人撤销之诉。

第二，第三人撤销之诉和案外人申请再审的关系。

(1)相同之处：①均是在裁判生效之后；②都认为生效裁判错误，损害了自己的合法权益；③同一个主体在一定条件下会同时满足第三人撤销之诉和案外人申请再审的条件。

(2)不同之处：①主体不同，后者范围较广。第三人撤销之诉的主体，是有独立请求权的第三人、无独立请求权的第三人和特定的债权人；案外人申请再审的主体常是必要共同诉讼人、有独立请求权的第三人，债权人不能就针对债务人的生效法律文书申请再审。②提起的条件不同(解析中已有叙述)。③在审理程序上，第三人撤销之诉除有一些特殊规定外，按一审程序审理，当事人可以上诉；案外人申请再审既可能按一审程序审理，也可能按二审程序审理。

(3)关系：当同时满足第三人撤销之诉和案外人申请再审的条件时，第三人应当采取哪种程序进行救济？现有立法赋予了第三人一定的选择权，但第三人只能选择其中的一种程序，不能同时启动两种救济途径。一旦选择之后，则不允许变更。具体而言，先启动第三人撤销之诉的，即使在执行程序中提起执行异议，第三人不服驳回执行异议裁定时也不能申请再审，第三人撤销之诉继续进行。在案外人执行异议的裁定前未提起第三人撤销之诉的，按审判监督程序进行救济。

第三，第三人撤销之诉与再审程序。

按照现有立法的规定，第三人撤销之诉和再审程序可以依法分别启动，当两种程序均启动时，应当通过诉的合并的方式一次性解决。在两者的关系上考生需要掌握：(1)对于法院已经决定或裁定再审的案件，当事人又提起第三人撤销之诉的，法院可以告知其申请参加再审程序；第三人坚持起诉的，可以在受理第三人撤销之诉后再与再审案件一并审理。(2)第三人撤销之诉案件审理期间，人民法院对生效判决、裁定、调解书裁定再审的，受理第三人撤销之诉的法院应当裁定将第三人的诉讼请求并入再审程序。如果第三人撤销之诉和再审属于同一个法院审理的，可以通过诉的合并进行审理；如果分属不同法院时，审理第三人撤销之诉的法院应当裁定将案件移送到再审案件的审理法院。(3)第二种情况下的例外规定：如果有证据证明原诉当事人之间恶意串通损害第三人利益，法院应当先行审理第三人撤销之诉案件，裁定中止再审诉讼。

第四，案外人申请再审和执行异议之诉的关系。

两者的提起均以案外人已经提起了执行异议且被法院裁定驳回为前提，区别的关键在于需要判断案外人是对生效判决、裁定、调解书有异议还是对执行标的有异议。前者针对的是生效的判决、裁定、调解书，认为生效裁判错误，对执行标的并不主张排除其强制执行的权利，后者则刚好相反。

[难度系数] * * *

第七章　诉讼代理人

[答案] A

[考点] 监护人的确定、法定代理人的确定

[解析] A选项和B选项考查了指定监护的原则。《民法典》第27条规定："父母是未成年子女的监护人。未成年人的父母已经死亡或者没有监护能力的，由下列有监护能力的人按顺序担任监护人：(一)祖父母、外祖父母；(二)兄、姐；(三)其他愿意担任监护人的个人或者组织，但是须经未成年人住所地的居民委员会、村民委员会或者民政部门同意。"根据《民法典》第31条第2款的规定，人民法院需要按照最有利于被监护人的原则在依法具有监护资格的人中指定监护人。本题中，在继承纠纷案件中，甲、乙、丙与丁之间均可能存在利益冲突，如果法院指定甲、乙、丙其中的一人担任丁的监护人，可能会导致丁的合法权益受到损害，不符合《民法典》规定的指定监护的原则，故A选项正确，B选项错误。

《民事诉讼法》第60条规定，无诉讼行为能力人由他的监护人作为法定代理人代为诉讼。丁尚未满18周岁，无诉讼行为能力，必须由其监护人作为法定代理人参加诉讼，故C选项错误。

《民法典》第23条规定，无民事行为能力人、限制民事行为能力人的监护人是其法定代理人。丁作为限制民事行为能力人，不具有完全民事行为能力，因此也无权单独作出委托他人的民事法律行为，其应当适用法定代理制度，故D选项错误。

[难度系数] * *

第八章　证　　据

考点一　民事证据的种类

1 **[答案]** A

[考点] 鉴定意见、专家辅助人

[解析] 专家辅助人,是指在科学、技术以及其他专业和知识方面具有特殊的专门知识或经验,根据当事人的申请并经法院准许,出庭辅助当事人对案件事实所涉及的专门性问题进行说明或发表专业意见和评论的人。《民诉解释》第122条规定:"当事人可以依照民事诉讼法第八十二条的规定,在举证期限届满前申请一至二名具有专门知识的人出庭,代表当事人对鉴定意见进行质证,或者对案件事实所涉及的专业问题提出意见。具有专门知识的人在法庭上就专业问题提出的意见,视为当事人的陈述。人民法院准许当事人申请的,相关费用由提出申请的当事人负担。"《民诉解释》第123条第1款规定:"人民法院可以对出庭的具有专门知识的人进行询问。经法庭准许,当事人可以对出庭的具有专门知识的人进行询问,当事人各自申请的具有专门知识的人可以就案件中的有关问题进行对质。"可知,对专家辅助人我们应把握以下四点:一是当事人双方均可申请;二是该申请须由法院准许;三是须接受审判人员和当事人的询问;四是诉讼费用应由申请方负担。本案中李教授是一方当事人请来帮助对专业问题发表意见的,属于专家辅助人;鉴定机构作出的是鉴定意见;鉴定机构负责具体鉴定工作的是鉴定人。

李教授询问鉴定人适用鉴定人规则是正确的。A项正确。李教授不是证人,而是专家辅助人。证人是居中的,不偏不倚的,但是专家辅助人是当事人请来帮助该方当事人进行诉讼的,不是居中的。所以被告询问李教授不适用证人规则,适用专家辅助人规则。B项、C项错误。

《民诉解释》第122条第2款规定:"具有专门知识的人在法庭上就专业问题提出的意见,视为当事人的陈述。"虽然有专门知识的人对案件提出的意见视为当事人陈述,但是从性质上看,其本身是有专门知识的人,而不是当事人,所以对有专门知识的人的询问不适用当事人规则。D项错误。

[陷阱点拨] (1)鉴定人与专家辅助人的比较,详见下表总结:

联系与区别		鉴定人	专家辅助人
联系		均须具有专门知识	
区别	参加诉讼的根据	由当事人协商确定,协商不成法院指定	单方当事人聘请
	在诉讼中发挥的作用	就专门问题发表结论性意见,法定证据种类之一	帮助对专门性问题解释说明视为当事人陈述

(2)证人与专家辅助人的比较,详见下表总结:

区别项	证人	专家辅助人
对专业知识的要求	无须具备专业知识	必须具有一定专业知识和技能
了解案件事实的时间	一般在案件事实的发生、发展过程中	在诉讼开始后通过当事人了解
可替代性	具有不可替代性,基于对案件事实的感知具有不可逆性	具有可替代性,只要对某一问题具有专业知识即可
向法庭提供的信息	对案件事实的客观描述,法定证据种类之一	对专门问题的解释说明视为当事人陈述

[难度系数] *

2 [答案] A

[考点] 书证

[解析] 本题考查书证问题。A选项考查的是证据的法定种类,公证人员制作的公证书,是用其内容证明此案件中的侵权事实,所以当然属于书证,A选项是正确的。

原始证据必须和案件事实同时产生,而在本案中与盗版商磋商,产生销售盗版软件案件事实的时候，公证书尚未产生，只产生了偷拍得到的电子数据。此后，公证处才依据电子数据制作了公证文书，所以公证书晚于案件事实产生，是典型的传来证据，而并非原始证据，所以，B 选项是错误的。

C 选项就是我们多次强调的内容，本案当中系由相关公司人员假扮消费者进行取证，并由公证处的工作人员进行偷拍偷录取得了相关的证据，该证据是否属于非法证据呢？我们讲过，非法证据是严重侵害他人合法权益、违反法律的禁止性规定或者违反公序良俗原则取得的证据。在本案当中，该行为并没有侵害他人的合法权益、违反法律的禁止性规定或者违反公序良俗原则，故以此取得的相关证据属于合法证据，可以作为定案依据而不应被排除，C 选项是错误的。

至于 D 选项，考查的是公证法的内容。本案当中公证的是盗版商盗版的侵权行为，这一事实显然是可以通过公证处公证的方式来固定证据的。回到立法当中来，根据《公证法》第 36 条的规定，经公证的民事法律行为、有法律意义的事实和文书，应当作为认定事实的根据，但有相反证据足以推翻该项公证的除外。也就是说，公证的事项除了法律行为之外，也包括具有法律意义的法律事实。本案中的侵权行为作为一种法律事实，当然属于公证的对象，所以，D 选项是错误的。本题答案为 A。

[难度系数] * *

3 **[答案]** ACD

[考点] 证据的种类、自认

[解析] 选项 A、选项 B 考查民事诉讼非法证据排除规则。《民诉解释》第 106 条规定："对以严重侵害他人合法权益、违反法律禁止性规定或者严重违背公序良俗的方法形成或者获取的证据，不得作为认定案件事实的根据。"法条用"严重""禁止性"等词对证据作为非法证据被排除的情形进行了限定，即证据非法需要达到一定程度才不能作为认定案件事实的依据。本案中，电话录音虽然是在未经对方同意的情况下收集的，但其仅涉及贾某和艾某双方，且仅涉及借款这一件事情，并未涉及第三人，未严重侵犯他人合法利益，未违背法律禁止性规定，也未违背公序良俗，所以可以作为证据使用。选项 A 表述错误，选项 B 表述正确。

视听资料，是指利用录音、录像等技术手段记录的内容来证明案件真实情况的一种证据。《民事诉讼证据规定》第 90 条规定："下列证据不能单独作为认定案件事实的根据：(一)当事人的陈述；(二)无民事行为能力人或者限制民事行为能力人所作的与其年龄、智力状况或者精神健康状况不相当的证言；(三)与一方当事人或者其代理人有利害关系的证人陈述的证言；(四)存有疑点的视听资料、电子数据；(五)无法与原件、原物核对的复制件、复制品。"本案中，艾某私下偷录的电话录音属于视听资料，该录音文件经过剪辑，存有疑点，但这并不能否认其证据能力，在有其他证据加以佐证的情况下，该录音文件仍然可以作为证据使用。选项 C 表述错误。

选项 D 考查的是自认。《民诉解释》第 92 条第 1 款规定："一方当事人在法庭审理中，或者在起诉状、答辩状、代理词等书面材料中，对于己不利的事实明确表示承认的，另一方当事人无需举证证明。"法律明确规定当事人自认必须发生在口头辩论或者准备程序中，即当事人的自认应该是在法庭审理过程中，或者是在起诉状、答辩状、代理词等书面文件中的自认。本案中，贾某是在电话中承认的借款事实，而非在口头辩论或者准备程序中，不构成自认。选项 D 表述错误。

[难度系数] * *

4 **[答案]** CD

[考点] 证据的种类

[解析] 《民诉解释》第 104 条第 2 款规定："能够反映案件真实情况、与待证事实相关联、来

源和形式符合法律规定的证据,应当作为认定案件事实的根据。”对账单只要具有真实性、关联性、合法性,就可以作为证据使用。本案中,对账单是客观存在的物体,能够反映付款的具体数额,具有真实性;内容是付款金额,与案件事实有关,具有关联性;来源及形式均未违反法律规定,具有合法性,可以作为证据使用。故选项A表述错误。

《民事诉讼法》第73条规定:“书证应当提交原件。物证应当提交原物。提交原件或者原物确有困难的,可以提交复制品、照片、副本、节录本。提交外文书证,必须附有中文译本。”《民诉解释》第111条第2款规定:“前款规定情形,人民法院应当结合其他证据和案件具体情况,审查判断书证复制品等能否作为认定案件事实的根据。”故提交原件有困难时,当事人是可以提交复制品的,只是在当事人提交复制品时,法院应该根据具体情况进行认定。本案中,甲公司提交的对账单不是原件,但法律规定在一定条件下,可以不提交原件,选项B表述错误;在当事人提交复制品的时候,法官应该结合其他证据和案件具体情况进行认定,选项C表述正确。

选项D考查的是证明责任分配。《民诉解释》第91条规定:“人民法院应当依照下列原则确定举证证明责任的承担,但法律另有规定的除外:(一)主张法律关系存在的当事人,应当对产生该法律关系的基本事实承担举证证明责任;(二)主张法律关系变更、消灭或者权利受到妨害的当事人,应当对该法律关系变更、消灭或者权利受到妨害的基本事实承担举证证明责任。”故证明责任的分配原则是“谁主张,谁举证”。本案中,甲公司主张乙公司只开具了590万元的增值税发票,应返还差额价款,故甲公司应该对该事实承担举证责任,乙公司提交对账单只是对该事实进行反驳,举证责任并不转移给乙;甲主张对账单是伪造的,仍应由甲对该事实承担举证证明责任,事实真伪不明时的不利后果仍然由甲公司承担。选项D表述正确。

[难度系数] * *

5 [答案] ABC

[考点] 证人证言

[解析] 本题考查证人资格和证人证言的证明力问题。

第一,关于限制民事行为能力人能否作为证人的问题。根据《民事诉讼证据规定》第67条第2款的规定,待证事实与其年龄、智力状况或者精神健康状况相适应的无民事行为能力人、限制民事行为能力人可以作为证人。何军11岁,待证的侵权事实与其年龄、智力状况相适应,其可以作为证人,故A选项错误。同时,该规定第90条第2项规定,无民事行为能力人、限制民事行为能力人所作的与其年龄、智力状况或者精神健康状况不相当的证言不得单独作为定案的根据。可见,未成年人、精神病人所作的与其年龄、智力相当的证言依法是具有完全的证明力的;就算是未成年人、精神病人所作的与其年龄、智力不相当的证言也是具有证明力的,只是其证明力较小,不能单独作为定案根据,需要其他证据补强其证明力而已。故C选项表述错误。

第二,关于与案件有利害关系的人能否作为证人的问题。首先,因为证人具有不可替代性,所以证人不适用回避制度,B选项错误。其次,根据《民事诉讼证据规定》第90条第3项的规定,与一方当事人或者其代理人有利害关系的证人陈述的证言不得单独作为认定案件事实的依据,也就是说,何军作为何翔的弟弟,虽然与何翔有利害关系,但其证言依然具有证明力,只是证明力较小,不能单独定案,需要别的证据补强方能定案,故D选项表述正确。

综上所述,本题答案为ABC。

[难度系数] * *

考点二 民事证据的分类

1 [答案] BD

[考点] 电子数据、本证反证、举证责任

[解析] 对待证事实承担证明责任的当事人提供的支持该事实成立的证据是本证。对待证事实不承担证明责任的当事人提供的反对该事实成立的证据是反证。

甲公司作为原告,对还款事实不承担证明责任,其拿出子公司的借款合同,是为了否定乙公司主张的还款事实的存在,是还款事实的反证。甲公司作为原告,对借款事实承担证明责任,该借款合同没有支持借款事实的存在,而是为了否定还款事实,不是借款事实的本证。A 项错误。

乙公司对还款事实承担证明责任,提供已还款的转账记录是为了支持还款事实的存在。是还款事实的本证。B 项正确。

原被告对案件事实承担证明责任。子公司是本案中的无独立请求权的第三人,对案件事实不承担举证责任。C 项错误。

乙公司提供的网银转账电子对账单形成于网络中,是二进制代码形成的证据,属于电子数据。即使打印出来,也是电子数据的提交方式,而不是书证。D 项正确。

[陷阱点拨] 关于民事诉讼中证据的理论分类,详见下表总结:

划分标准	分类	含义
民事证据与证明责任承担者的关系	本证	承担证明责任的一方当事人所提出的证明自己所主张的事实的证据
	反证	不承担举证责任的一方当事人为推翻对方当事人的主张,提出的用以证明对方主张事实不真实的证据
民事证据与证明对象的关系	直接证据	能够单独地、直接地证明待证事实的证据
	间接证据	单个证据无法直接证明待证事实,而是需要与其他证据结合在一起,才有可能证明待证事实的证据
证据的来源	原始证据	直接来源于事实本身的证据
	传来证据	并非直接来源于案件事实的证据

[难度系数] * *

2 [答案] BD

[考点] 证据分类、证明责任

[解析] A 选项和 D 选项考查了本证和反证的分类。区分本证与反证的标准不在于证据的提出主体是原告还是被告,而是究竟谁对待证事实负有证明责任。因此,原告和被告均有可能提出本证和反证。本证与反证,可以通过以下方法进行判断:首先确定该证据的证明对象即待证事实是什么,其次确定该待证事实的法定责任主体,最后根据该证据实际是由谁提出来的进行判断——如果是由法定承担证明责任的人提出,则是本证;若是由不承担证明责任的人提出,则是反证。《民诉解释》第 91 条第 1 项规定,主张法律关系存在的当事人,应当对产生该法律关系的基本事实承担举证证明责任。本题中,甲提交借条是为了证明其与乙之间的借款关系,根据《民诉解释》第 91 条的规定,甲对该借款关系的成立承担举证责任,故其提交的借条就属于本证,D 选项正确。就乙其后提供的转账凭证而言,乙并未否认甲主张的借款关系,但是对甲主张的借款数额提出了反驳,同时提出了一个新的事实,即借款金额为 200 万元。从乙反驳甲主张的借款数额的角度来说,乙提供的

转账凭证属于反证,但乙对其主张的借款数额为200万元的事实的成立应当承担举证责任,故此种情况下乙提交的转账凭证属于本证。综上所述,乙提供的转账凭证既是本证也是反证,A选项错误。

B选项和C选项考查了证明责任。证明责任是指当事人对自己提出的主张有提出证据并加以证明的责任,如果当事人未能尽到上述责任,则有可能承担对其主张不利的法律后果。《民事诉讼证据规定》第31条第2款规定,对需要鉴定的待证事实负有举证责任的当事人,在人民法院指定期间内无正当理由不提出鉴定申请或者不预交鉴定费用,或者拒不提供相关材料,致使待证事实无法查明的,应当承担举证不能的法律后果。本题中,对待证事实即借款关系的成立负有举证责任的一方为甲,因此甲应当向法院申请鉴定借条的真伪,否则需要承担诉讼的不利结果。故B选项正确,C选项错误。

[难度系数] *

3 [答案] C

[考点] 本证与反证、证明责任分配、自认

[解析] 选项A考查证明责任的分配。证明责任分配,是指当作为裁判基础的法律要件事实在诉讼中处于真伪不明的状态时,法官据以判决何方当事人承担败诉后果的法定风险分配形式。《民诉解释》第91条规定:"人民法院应当依照下列原则确定举证证明责任的承担,但法律另有规定的除外:(一)主张法律关系存在的当事人,应当对产生该法律关系的基本事实承担举证证明责任;(二)主张法律关系变更、消灭或者权利受到妨害的当事人,应当对该法律关系变更、消灭或者权利受到妨害的基本事实承担举证证明责任。"具体到本案,在借款关系中,王某主张钱某曾向其借款5万元,其应当就借款关系存在的事实承担证明责任,选项A正确。

选项B涉及自认。本案中,钱某向法院提交了王某收到钱某返还借款的收条,其目的是证明自己已经返还了借款,从中可以看出钱某承认了自己曾向王某借款的事实,属于自认。选项B正确。

选项C、D涉及本证与反证的区分。本证和反证是依举证与证明责任的关系而在学理上进行的分类,两者的划分依据与提出主体无关。判断某项证据是本证还是反证,首先需要了解具体案件中证明责任是如何分配的。关于C选项,依照《民诉解释》第91条关于证明责任的分配原则,本案中,王某起诉钱某返还借款,王某应当就借款关系存在承担证明责任;就钱某而言,虽然其对借款事实不承担证明责任,但其提供收条的行为表明其已经自认了借款事实,该收条不是反证所指的不负证明责任的一方为证明该事实不存在或不真实而提出的证据,从而不构成反证,C选项说法错误。关于D选项,就还款事实而言,钱某应当就还款事实存在承担举证证明责任,钱某提供的收条是还款事实的本证,D选项说法正确。综上所述,本题属选非题,正确答案为C。

[难度系数] * *

4 [答案] B

[考点] 证据的种类和分类

[解析] 证据的种类是民事诉讼法根据证据不同的外在表现形式对其所做的区分;证据的分类是为了民事诉讼法学理论研究的需要,按照不同的标准对证据所做的划分。我国《民事诉讼法》将民事诉讼中的证据分为八种,这一分类具有法律效力,不得随意改变;而证据的分类则由学者从不同的角度进行划分,是学理上的概念,不具有法律上的约束力。

本题主要考查了对书证、视听资料和电子数据的判断。选项A中牟某提供的银行转账凭证是通过一定的物质载体表现出来,并以其文字记载所表达的思想内容来证明待证事实的,属于书证。

选项 B 中牟某提供的记载战某表示要向其借款 5 万元的手机短信,根据《民诉解释》第 116 条的规定,属于电子数据。选项 C 中牟某提供的记载战某表示要向其借款 5 万元的手机通话录音是录音资料,但是由于该录音存储在手机存储卡这一电子介质中,根据《民诉解释》第 116 条的规定,属于电子数据。

在证据的分类中,根据证据与案件主要事实的关系,可以将证据分为直接证据和间接证据。直接证据,是指能够直接、单独证明案件主要事实的证据。间接证据,是指单独不能直接证明案件主要事实,必须结合其他证据才能证明案件主要事实的证据。间接证据必须与其他的证据形成"证据链条",才能作为认定案件主要事实的依据。牟某提供的银行转账凭证,可以证明牟某曾向战某给付过金钱,但单凭转账凭证并不足以证明战某向牟某借款这一案件主要事实,因为这笔钱可能是牟某赠与而非借给战某的,故该转账凭证为间接证据。要证明战某与牟某之间的借贷法律关系成立,必须证明战某与牟某之间达成了借款的合意且牟某已经给付了金钱这两项主要事实。无论是战某表示要向牟某借款的手机短信还是手机通话记录,都只能证明战某曾经向牟某作出过欲借款的单方面意思表示,既不能证明双方已达成借款的合意,也不能证明牟某已经实际交付了 5 万元给战某,因此属于间接证据。如果题中的手机短信或通话记录记载的是"战某已经向牟某借款 5 万元",至少可以证明双方达成了合意这一主要事实,此时手机短信或通话记录属于直接证据。可见要成为直接证据,必须能够证明案件的某一主要事实,但无须证明案件的全部事实。结合前文分析,选项 A 中牟某提供的银行转账凭证是书证,对借款事实而言是间接证据,选项 A 错误。选项 B 中牟某提供的记载战某表示要向其借款 5 万元的手机短信为电子数据,对借款事实而言是间接证据,选项 B 正确。选项 C 中牟某提供的记载战某表示要向其借款 5 万元的手机通话录音属于电子数据,该证据对借款事实而言是间接证据,选项 C 错误。

原告、被告都有可能提出本证和反证,故区分本证和反证的关键不在于提出证据的主体是原告还是被告,而在于证据提出者是否对待证事实负有证明责任。本案中,牟某主张战某向牟某借款这一法律关系存在,牟某提供的证明战某向牟某借款的基本事实存在的证据是本证,战某提供的证明该基本事实不存在的证据是反证。选项 D 中,战某提供的借条复印件不能证明战某向牟某借款的事实不成立,不符合反证的定义,故战某提供的借条复印件对牟某主张战某借款的事实而言不属于反证,选项 D 错误。该借条复印件仅证明了牟某向战某借款的事实,该证据对牟某主张战某借款的另一个事实而言,既不属于本证,也不属于反证,是与该事实无关联的证据。

[难度系数] * *

第九章　证　　明

考点一　证明责任

1 **[答案]** BD

[考点] 堆放物倒塌侵权的证明责任

[解析] 《民法典》第 1255 条规定:"堆放物倒塌、滚落或者滑落造成他人损害,堆放人不能证明自己没有过错的,应当承担侵权责任。"这说明堆放物倒塌致人损害采用的是过错推定的归责原则。在这类案件中,只要发生了侵权,先推定被告有过错,被告证明自己无过错后方可免责。因此,

堆放物倒塌侵权案件中双方证明责任的分配为,原告方证明:侵权行为、损害结果、因果关系。被告方证明:自己无过错。

本案属于堆放物倒塌致人损害,因此应当适用过错推定原则。损害事实属于损害结果,损害结果的举证责任在于原告乙,而不在于被告甲。被告甲对损害事实不承担证明责任,A 项错误,B 项正确。

由被告甲证明自己无过错,而不是由原告乙证明被告甲有过错,C 项错误,D 项正确。

[陷阱点拨] 我国民事诉讼证明责任分配有以下规则:(1)一般规则,当事人须对法律规范中对其有利的事实承担证明责任。(2)特殊规则,典型的是证明责任倒置。证明责任倒置必须有法律的明文规定,如《民法典》《民诉解释》《民事诉讼证据规定》等。

我国法律中关于证明责任倒置的案件和事项,详见下表总结:

案件类型	加害方证明事项	受害方证明事项
专利纠纷	产品制造方法不同于专利方法	其余由受害方证明
高度危险作业	受害方故意	
环境污染	有免责事由、无因果关系	
搁置物、悬挂物	所有人或管理人无过错	
饲养动物侵权	受害人故意或重大过失	
产品缺陷	有免责事由	
共同危险	证明侵权人	
医疗行为	无因果关系	

[难度系数] * *

2 **[答案]** AC

[考点] 证明责任的分配

[解析] 证明责任的分配遵循"谁主张,谁举证"的规则,《民诉解释》第 91 条规定:"人民法院应当依照下列原则确定举证证明责任的承担,但法律另有规定的除外:(一)主张法律关系存在的当事人,应当对产生该法律关系的基本事实承担举证证明责任;(二)主张法律关系变更、消灭或者权利受到妨害的当事人,应当对该法律关系变更、消灭或者权利受到妨害的基本事实承担举证证明责任。"

关于应当由谁对收条承担证明责任的问题。被告向法院提供的收条的待证事实为借款已经归还,即借款法律关系已经消灭。根据上述《民诉解释》第 91 条的规定,应当由主张借款法律关系已经消灭的当事人承担举证证明责任,即应当由被告对收条承担证明责任,故选项 B 错误,选项 C 正确。

关于应当由谁对签名的真伪承担证明责任的问题。对此可以从以下两个角度分析:首先,从"谁主张,谁举证"的基本原理来看,收条上签字真伪的待证事实是借款法律关系是否已经消灭。此时原告主张借款法律关系尚未消灭,被告主张借款法律关系已经消灭,根据《民诉解释》第 91 条的规定,应当由主张借款法律关系已经消灭的当事人承担举证证明责任,即应由被告承担举证证明责任。其次,《民事诉讼证据规定》第 92 条第 1 款规定,"私文书证的真实性,由主张以私文书证证明案件事实的当事人承担举证责任"。即谁提出该文书作为证据,谁对文书的真实性承担证明责任。本题中被告提出该收条证明还款事实,故应当由被告对收条的真实性承担证明责任。综合上述两个角度，被告应对签名的真伪承担证明责任，故选项 A 正确，选项 D 错误。

［陷阱点拨］ (1)《民诉解释》第 91 条规定的“谁主张，谁举证”的一般原则，可进一步细化为“谁主张积极事实谁承担证明责任，主张消极事实的不承担证明责任”。如在借款法律关系中：关于借没借，借了是积极事实，没借是消极事实，由主张借了的一方承担证明责任；关于还没还，还了是积极事实，没还是消极事实，由主张还了的一方承担证明责任。

(2)关于证明责任分配一般规则的具体运用，总结归纳如下：

情形	证明责任分配
合同纠纷案件	主张合同关系存在的一方对合同存在的事实承担举证责任；主张合同关系变更、消灭、受到妨碍的一方对引起合同关系变更、消灭、受到妨碍的事实承担举证责任
对合同是否履行发生争议的	由负有履行义务的当事人承担举证责任
对代理权发生争议的	由主张有代理权的一方承担举证责任
劳动争议纠纷案件	因用人单位作出开除、除名、辞退、解除劳动合同、减少劳动报酬、计算劳动者工作年限等决定而发生劳动争议的，由用人单位负举证责任

［难度系数］ * *

3 ［答案］ BC

［考点］ 证据责任

［解析］ 本题考查证明责任分配。温某主张合同存在欺诈，并非其真实意思表示，请求撤销合同，而理财公司主张该合同系双方共同达成的合意，不存在影响温某真实意思表达的情形，不应予以撤销。首先，理财公司提供的合同能够完整直接证明双方当事人之间关于合同权利义务的约定，是直接证据，A 选项错误。其次，温某主张理财公司欺诈，应由温某对存在欺诈的事实承担证明责任，对欺诈的构成要件先行举证。后理财公司向法院提交了合同原件。《民事诉讼证据规定》第 92 条第 1 款和第 2 款规定：“私文书证的真实性，由主张以私文书证证明案件事实的当事人承担举证责任。私文书证由制作者或者其代理人签名、盖章或捺印的，推定为真实。”合同属于私文书证，理财公司欲主张该合同合法有效，就应对合同的真实性承担证明责任。现理财公司已经提供了合同原件，合同原件中有温某签名，故对该合同应当推定为真实。此时主张合同可撤销的行为意义上的证明责任转移给温某，应由温某继续举证该合同可撤销，故 B 选项正确。最后，既然温某要对存在欺诈的事实承担证明责任，接下来需要讨论的就是证明标准问题。民事诉讼中的证明标准分为三个层次：一是程序性事实适用较大可能性的证明标准；二是一般的实体性事实适用高度可能性的证明标准；三是欺诈、胁迫、恶意串通、口头遗嘱、赠与五个特殊的实体事实适用排除合理怀疑的证明标准。本案中温某主张的事实是欺诈，故应当适用排除合理怀疑的证明标准，故 C 选项正确，D 选项错误。

综上所述，本题答案为 BC。

［难度系数］ * *

4 ［答案］ A

［考点］ 证明责任分配

［解析］ 《民事诉讼法》第 67 条第 1 款规定：“当事人对自己提出的主张，有责任提供证据。”根据上述规定以及《民诉解释》第 91 条的规定可知，对于证明责任的分配问题，原则上为“谁主张，谁举证”。选项 A 表述正确。

本案中杨某的保洁行为致使张某受伤，本案属于侵权案件，侵权的要件事实包括侵权行为、损害结果、因果关系、过错，证明责任分配问题是对于某个要件事实而言的，不能针对整个案件。也就是说，若属于证明责任倒置的情形，应该由被告对其中某个要件事实承担证明责任，张某作为原告仍然需要承担其他要件事实的证明责任，而非题中所述，由被告对整个案件事实承担证明责任。选项 B 表述错误。

本案为侵权案件，对于侵权要件中的侵权事实部分，应该由主张该事实存在的原告张某承担证明责任，这意味着如果张某未能提供证据或者提供的证据不足以证明事实主张，张某就要承担败诉的不利后果。蒋某可以积极提出证据否认该侵权事实，但不承担对该事实的证明责任，案件事实真伪不明时，其无须承担不利后果。选项 C 表述错误。

《民法典》第 1192 条第 1 款规定："个人之间形成劳务关系，提供劳务一方因劳务造成他人损害的，由接受劳务一方承担侵权责任。接受劳务一方承担侵权责任后，可以向有故意或者重大过失的提供劳务一方追偿。提供劳务一方因劳务受到损害的，根据双方各自的过错承担相应的责任。"蒋某作为接受劳务的一方，需要对提供劳务一方的行为承担责任，这是一种无过错责任，即无论其主观上是否具有过错，均须担责，故蒋某是否具有过错在本案中是无须证明的。选项 D 表述错误。

[难度系数] * *

5 **[答案]** D

[考点] 适格被告、证明责任、证明对象

[解析] 在一般情况下，案件的当事人是民事法律关系的主体。本案中，薛某雇杨某料理家务形成劳务关系，且两人均为自然人，属于个人之间形成的劳务关系。杨某在履行劳务（下楼倒厨房垃圾）的过程中，因劳务造成了他人损害（划伤邻居乔某），根据《民法典》第 1192 条第 1 款的规定，此时应当由接受劳务的一方薛某承担责任。所以，本案的被告是薛某。故选项 A、B 错误。

证明对象，是指在民事诉讼中需要运用证据加以证明的事实，通常包括实体法事实、程序法事实、外国法律和地方性法规等。证明责任，是指当事人对自己提出的事实主张，有提出证据加以证明的责任，如果当事人未能尽到上述责任，则有可能承担对其主张不利的法律后果。划定证明对象是确定证明责任的前提，所以，在进行证明责任分配之前首先需要确定案件有哪些事项需要证明。因本案属于个人之间的劳务关系，当提供劳务一方因劳务而造成他人损害时，不管接受劳务一方是否有过错，按照《民法典》第 1192 条的规定，都要承担侵权责任。因此，本案需要证明的实体法事实仅包括侵权行为的存在、损害后果和因果关系。接受劳务一方的薛某本身的主观过错不是本案的证明对象，从而根本不存在对薛某主观过错的证明责任问题，所以，选项 C 说法错误，选项 D 说法正确。

[难度系数] *

考点二 证据保全

[答案] ABC

[考点] 证据保全

[解析] 诉前禁令，是一种诉前行为保全措施，本题考查诉前行为保全。诉前保全应当向被保全财产所在地、被申请人住所地、对案件有管辖权的法院提出申请，可见 A、B 选项中关于管辖的表述是正确的。同时，诉前保全，法院应当责令申请人提供担保，担保是必须的，A 选项正确；由于诉前保全均为情况紧急的情形，法院应当在 48 小时内作出裁定，B 选项表述正确；采取诉前保全措施后，申请人应当在 30 日内提起诉讼或者申请仲裁，否则法院应当裁定解除保全，C 选项正确；如果

申请人在30日内没有起诉或者申请仲裁,法院应当裁定解除保全,但保全的解除需要法院作出裁定,而不能自动解除,所以D选项错误。综上所述,本题答案为ABC。

[难度系数]　* *

考点三　证明程序

1 [答案]　ABCD

[考点]　证明妨碍、传来证据

[解析]　《民诉解释》第111条规定:"民事诉讼法第七十三条规定的提交书证原件确有困难,包括下列情形:(一)书证原件遗失、灭失或者毁损的;(二)原件在对方当事人控制之下,经合法通知提交而拒不提交的;(三)原件在他人控制之下,而其有权不提交的;(四)原件因篇幅或者体积过大而不便提交的;(五)承担举证证明责任的当事人通过申请人民法院调查收集或者其他方式无法获得书证原件的。前款规定情形,人民法院应当结合其他证据和案件具体情况,审查判断书证复制品等能否作为认定案件事实的根据。"本案中,借条原件由汪某保管,法院通知汪某提交后,汪某以各种理由推脱拒不提交,符合《民诉解释》第111条第1款第2项"原件在对方当事人控制之下,经合法通知提交而拒不提交"的情形。此时,法院可以根据《民事诉讼法》第73条第1款"书证应当提交原件。物证应当提交原物。提交原件或者原物确有困难的,可以提交复制品、照片、副本、节录本"的规定,允许叶某提交借条复印件,并结合其他证据和案件具体情况对借款事实进行审查判断。选项A说法正确。

本案中,借条的复印件并非直接来源于案件事实,而是经过复印环节得来的,属于案涉借款事实的传来证据。选项B说法正确。

《民诉解释》第112条规定:"书证在对方当事人控制之下的,承担举证证明责任的当事人可以在举证期限届满前书面申请人民法院责令对方当事人提交。申请理由成立的,人民法院应当责令对方当事人提交,因提交书证所产生的费用,由申请人负担。对方当事人无正当理由拒不提交的,人民法院可以认定申请人所主张的书证内容为真实。"本案中,借条原件在汪某控制下,经法院责令提交后,汪某先以证明责任在原告为由拒不提供,后又称找不到借条原件,法院可依《民诉解释》第112条的规定,认定叶某主张的书证内容即借款3万元为真实。选项C说法正确。

《民诉解释》第113条规定:"持有书证的当事人以妨碍对方当事人使用为目的,毁灭有关书证或者实施其他致使书证不能使用行为的,人民法院可以依照民事诉讼法第一百一十四条规定,对其处以罚款、拘留。"本案中,汪某将借条原件烧毁,并在质证中承认了烧毁借条原件的事实,法院可依《民诉解释》第113条的规定,对汪某处以罚款、拘留。选项D说法正确。

[难度系数]　*

2 [答案]　AC

[考点]　证明妨碍

[解析]　选项A考查了提交证据原件的例外。本案中,遗嘱的原件由对方当事人王武保管,但王武无正当理由拒绝提交,符合《民诉解释》第111条第1款第2项的情形,属于提交书证原件确有困难,王文可以向法院提交遗嘱的复印件,选项A正确。

选项B、C、D考查证明妨碍。证明妨碍是指持有证据而不负证明责任的一方当事人,无正当理由拒不提供证据而使负有证明责任的一方当事人无法提供证据的行为。为了维护负有证明责任的一方当事人的利益,在其主张该证据的内容不利于证据持有人时,可以推定该主张成立。王武无正当理由拒不提交遗嘱原件,人民法院可以认定申请人王文所主张的该遗嘱能证明的事实为真实,选项 C 正确。

结合《民诉解释》第 113 条的规定,题干中并没有信息表明王武有毁灭该遗嘱原件或者其他致使遗嘱原件不能使用的行为,因此,人民法院不可以对其进行拘留,选项 B 错误。

《民事诉讼证据规定》第 85 条第 1 款规定:"人民法院应当以证据能够证明的案件事实为根据依法作出裁判。"因此,法院必须综合考虑双方提交的所有证据来认定案件事实,不能单凭王武拒不提交遗嘱原件的行为就判决支持王文的各项诉讼请求,选项 D 错误。

[难度系数] * *

第十章 期间与送达

考点一 期间

[答案] C

[考点] 期间的顺延

[解析] 期间的顺延,也就是期间的补救,是指当事人、诉讼代理人因故不能在法定或指定的期间内完成应为的诉讼行为时,依法采取的顺延措施。《民事诉讼法》第 86 条规定:"当事人因不可抗拒的事由或者其他正当理由耽误期限的,在障碍消除后的十日内,可以申请顺延期限,是否准许,由人民法院决定。"由此可知,第一,申请顺延期限的法定情形是因不可抗拒的事由或者其他正当理由耽误期限。第二,期限的顺延均需要当事人申请,法院不得依职权决定。第三,期限顺延的申请时间为障碍消除后的 10 日内。第四,期限顺延是否被准许,由人民法院决定。

本案中,张弟被撞昏迷,属于有正当理由耽误期限的情形,其可以依法申请期限的顺延。因此,张弟的上诉权有补救途径,选项 A 错误。根据上述第二点可知,选项 B"法院应依职权决定顺延期限"的说法错误。结合上述第三点和第四点可知,选项 C 正确。上诉期限为法定期间,但张弟符合提出期限顺延的条件,法院应根据具体情况决定是否准许,选项 D"法院不应准许"的说法过于绝对,错误。

[难度系数] * *

考点二 送达

1 **[答案]** D

[考点] 送达

[解析] 根据《民事诉讼法》第 95 条的规定,其他方式都无法送达或受送达人下落不明时,法院可以公告送达。本案中,法院多次向赵某送达都无人接收,说明通过其他方式无法送达;邻居说赵某已经一年多没有回来居住,可以视为赵某下落不明。因此对赵某可以公告送达。D 项当选。

根据《民事诉讼法》第 90 条的相关规定,电子送达必须经受送达人同意才可以适用。本案中赵某下落不明,不可能同意适用电子送达。A 项不当选。

根据《民事诉讼法》第 88 条第 1 款的规定,送达诉讼文书,应当直接送交受送达人。受送达人是公民的,本人不在交他的同住成年家属签收。《民事诉讼法》第 89 条规定:"受送达人或者他的同住成年家属拒绝接收诉讼文书的,送达人可以邀请有关基层组织或者所在单位的代表到场,说明情况,在送达回证上记明拒收事由和日期,由送达人、见证人签名或者盖章,把诉讼文书留在受送达人的住所;也可以把诉讼文书留在受送达人的住所,并采用拍照、录像等方式记录送达过程,即视为送达。"留置送达必须是见到了受送达人或其同住成年家属,对方只是不签收才可以适用。本案中,未能见到受送达人赵某,不能适用留置送达。B 项不当选。

《民事诉讼法》第 91 条规定:"直接送达诉讼文书有困难的,可以委托其他人民法院代为送达,或者邮寄送达。邮寄送达的,以回执上注明的收件日期为送达日期。"邮寄送达不能在明知受送达人下落不明的情况下适用,否则就是恶意损害当事人合法权益。C 项不当选。

[**难度系数**]　*

2 [**答案**]　B

[**考点**]　送达

[**解析**]　根据《民事诉讼法》第 88、89 条的规定,在当事人或其同住成年家属拒绝签收法律文书时,法院可以采用留置送达的方式进行送达,留置送达包括邀请见证人到场见证以及采用拍照、录像等方式记录送达过程两种方式。本案中,王某的妻子作为王某的同住成年家属,有权代王某收取诉讼文书。但法院在送达时并未采取留置送达的这两种方式,故不属于留置送达。选项 A 表述错误。

《民诉解释》第 131 条第 1 款规定:"人民法院直接送达诉讼文书的,可以通知当事人到人民法院领取。当事人到达人民法院,拒绝签署送达回证的,视为送达。审判人员、书记员应当在送达回证上注明送达情况并签名。"可见,法院通知当事人到法院领取文书是直接送达诉讼文书的一种方式,当事人到达法院但拒绝签署送达回证的,也视为送达。本案中,王某妻子到法院领取诉讼文书,属于直接送达的情形。当王某妻子拒绝签收时,法院直接在送达回证上注明情况即视为送达。选项 B 表述正确。

委托送达只能委托其他人民法院进行,本案不存在委托其他法院的情况,故选项 C 表述错误。

《民事诉讼法》第 90 条规定:"经受送达人同意,人民法院可以采用能够确认其收悉的电子方式送达诉讼文书。通过电子方式送达的判决书、裁定书、调解书,受送达人提出需要纸质文书的,人民法院应当提供。采用前款方式送达的,以送达信息到达受送达人特定系统的日期为送达日期。"本案采用的是通知当事人到法院领取的方式,非传真、电子邮件等方式,故选项 D 表述错误。

[**难度系数**]　* *

第十一章　人民法院调解

1 [**答案**]　D

[**考点**]　调解书及其效力

[**解析**]　选项 A 考查的是调解书的效力问题。《民事诉讼法》第 100 条规定:"调解达成协议,人民法院应当制作调解书。调解书应当写明诉讼请求、案件的事实和调解结果。调解书由审判人员、书记员署名,加盖人民法院印章,送达双方当事人。调解书经双方当事人签收后,即具有法律效力。"本案中,张某在签收调解书的时候发现调解书的内容与调解协议不一致,遂提出异议,未签收调解书,所以此时调解书并未生效。选项 A 表述错误。

选项 B、C、D 考查的是调解书的补正。最高人民法院《关于人民法院民事调解工作若干问题的规定》(以下简称《民事调解规定》)第 13 条规定:"当事人以民事调解书与调解协议的原意不一致为由提出异议,人民法院审查后认为异议成立的,应当根据调解协议裁定补正民事调解书的相关内容。"本案中,张某发现调解书和调解协议的原意不一致,遂提出异议,根据规定,法院可以通过裁定的方式对调解书的内容进行补正,而非重新制作调解书或者出具判决。故选项 B、C 错误,选项 D 表述正确。

[难度系数] * *

2 [答案] A

[考点] 调解书、调解中的担保

[解析] 选项 A 考查了调解协议的范围。《民事调解规定》第 7 条规定:"调解协议内容超出诉讼请求的,人民法院可以准许。"如果不允许当事人达成超出诉讼请求范围的调解协议,非但不利于纠纷的彻底解决,还会打击当事人调解的积极性,因此,调解协议内容超出诉讼请求时仍具有合法性。选项 A 正确。

选项 B 考查了调解书的送达方式。《民诉解释》第 133 条规定:"调解书应当直接送达当事人本人,不适用留置送达。当事人本人因故不能签收的,可由其指定的代收人签收。"由此可知,调解书不能留置送达,选项 B 错误。

选项 C 和选项 D 考查了调解中的担保问题。《民事调解规定》第 9 条规定:"调解协议约定一方提供担保或者案外人同意为当事人提供担保的,人民法院应当准许。案外人提供担保的,人民法院制作调解书应当列明担保人,并将调解书送交担保人。担保人不签收调解书的,不影响调解书生效。当事人或者案外人提供的担保符合民法典规定的条件时生效。"本案中,丙公司作为案外人同意为乙公司提供担保,人民法院应当准许,并在调解书中列明丙公司是担保人。丙公司不签收调解书不影响调解书生效,法院不必另外作出判决。选项 D 错误。丙提供的担保在符合《民法典》规定的条件时生效,可见丙要受调解书约束,调解书对其有效,选项 C 错误。

[难度系数] * *

3 [答案] A

[考点] 调解书

[解析] 《民事诉讼法》第 101 条规定了若干可以不制作调解书的情形:"下列案件调解达成协议,人民法院可以不制作调解书:(一)调解和好的离婚案件;(二)调解维持收养关系的案件;(三)能够即时履行的案件;(四)其他不需要制作调解书的案件。对不需要制作调解书的协议,应当记入笔录,由双方当事人、审判人员、书记员签名或者盖章后,即具有法律效力。"本案中,老李和小李经调解维持收养关系,属于法定可以不制作调解书的情形。故选项 A 正确。

《民事诉讼法》第 213 条规定:"当事人对已经发生法律效力的解除婚姻关系的判决、调解书,不得申请再审。"故选项 B"一方以违反自愿为由可申请再审"的说法错误。

《民事诉讼法》第 219 条第 1 款、第 2 款规定:"最高人民检察院对各级人民法院已经发生法律效力的判决、裁定,上级人民检察院对下级人民法院已经发生法律效力的判决、裁定,发现有本法第二百一十一条规定情形之一的,或者发现调解书损害国家利益、社会公共利益的,应当提出抗诉。地方各级人民检察院对同级人民法院已经发生法律效力的判决、裁定,发现有本法第二百一十一条规定情形之一的,或者发现调解书损害国家利益、社会公共利益的,可以向同级人民法院提出检察建议,并报上级人民检察院备案;也可以提请上级人民检察院向同级人民法院提出抗诉。"故选项 C"只能是提出检察建议"的说法错误。

《民事诉讼法》第 241 条规定:“在执行中,双方当事人自行和解达成协议的,执行员应当将协议内容记入笔录,由双方当事人签名或者盖章。申请执行人因受欺诈、胁迫与被执行人达成和解协议,或者当事人不履行和解协议的,人民法院可以根据当事人的申请,恢复对原生效法律文书的执行。”由此可知,执行和解协议是双方当事人在执行阶段自行达成的协议,法院并不参与其中,当事人不可以要求法院根据和解协议制作调解书。因为法院制作的调解书是发生法律效力的文书,而执行阶段已经有了双方当事人经过审判程序获得的具有法律效力的文书,故不可以再制作调解书。选项 D 错误。

[陷阱点拨] 考生需要注意的是,执行程序的目的在于实现生效法律文书所确定的内容,因此,法院在执行程序中不能调解,调解只发生在审判阶段。但是为了当事人能够及时履行,法律允许当事人在执行阶段和解。如果当事人根据和解协议履行完毕,法院作执行结案处理,这时执行和解具有终结执行程序的效力。如果申请执行人因受欺诈、胁迫与被执行人达成和解协议,或者一方当事人不履行和解协议,对方当事人可以向法院申请恢复对原生效法律文书的执行。

[难度系数] * *

第十二章 保全与先予执行

考点一 保全

1 **[答案]** C

[考点] 行为保全的救济

[解析] 行为保全,也称临时禁令,指法院在受理前或受理后,为避免当事人或利害关系人的利益受到不应有的或进一步的损害,根据利害关系人的申请或依职权,对相关当事人的侵害或有侵害之虞的行为采取强制措施,责令其作出一定行为或者禁止其作出一定行为的制度,行为保全以裁定的形式作出。本案中的禁止令是法院禁止乙作出辱骂甲的行为,实质上是禁止乙为某一行为,是行为保全。

选项 A、B 考查行为保全是否可以通过再审的方式救济。根据《民诉解释》第 379 条的规定可知,民事诉讼中可以申请再审的裁定有两种:不予受理和驳回起诉。本题中的禁止令本质上是行为保全,行为保全以裁定的形式作出,且不属于法律规定的可以再审的裁定,因此乙不能向任何一个法院申请再审,选项 A、B 错误。

选项 C 考查行为保全是否可以以复议的方式救济。《民事诉讼法》第 111 条规定:“当事人对保全或者先予执行的裁定不服的,可以申请复议一次。复议期间不停止裁定的执行。”同时《民诉解释》第 172 条规定:“利害关系人对保全或者先予执行的裁定不服申请复议的,由作出裁定的人民法院依照民事诉讼法第一百一十一条规定处理。”本案中是当事人乙对行为保全的裁定不服,根据上述规定应向作出裁定的人民法院申请复议,即向发出禁止令的法院申请复议,故选项 C 正确。

选项 D 考查行为保全是否可以通过上诉的方式救济。《民事诉讼法》第 157 条规定,可以上诉的裁定有:不予受理、管辖权异议、驳回起诉。行为保全的裁定不属于法律规定的可以上诉的裁定,因此不可以通过上诉救济,选项 D 错误。

[陷阱点拨] 可以上诉的裁定有三种:不予受理、管辖权异议、驳回起诉,其中只有不予受理和

驳回起诉可以申请再审。

[难度系数] * *

2 [答案] AB

[考点] 诉前保全

[解析] 《民事诉讼法》第104条第1款规定:“利害关系人因情况紧急,不立即申请保全将会使其合法权益受到难以弥补的损害的,可以在提起诉讼或者申请仲裁前向被保全财产所在地、被申请人住所地或者对案件有管辖权的人民法院申请采取保全措施。申请人应当提供担保,不提供担保的,裁定驳回申请。”故诉前财产保全必须提供担保,选项A表述正确。

选项B、C、D考查的是当事人申请诉前保全和提起诉讼的法院不同时,两个法院应当如何处理的问题。《民事诉讼法》第24条规定:“因合同纠纷提起的诉讼,由被告住所地或者合同履行地人民法院管辖。”《民诉解释》第160条规定:“当事人向采取诉前保全措施以外的其他有管辖权的人民法院起诉的,采取诉前保全措施的人民法院应当将保全手续移送受理案件的人民法院。诉前保全的裁定视为受移送人民法院作出的裁定。”本案为水果买卖合同纠纷,乙住所地B区人民法院作为被告住所地法院是有管辖权的,所以甲可以选择向B区人民法院提起诉讼。甲向采取诉前保全措施的A区人民法院以外的法院起诉时,A区人民法院应将保全手续全部转移给B区人民法院,而不是对水果采取具体的保全措施。故选项B表述正确,选项C、D表述错误。

[难度系数] * *

3 [答案] ACD

[考点] 行为保全

[解析] 最高人民法院《关于审查知识产权纠纷行为保全案件适用法律若干问题的规定》第3条第1款规定:“申请诉前行为保全,应当向被申请人住所地具有相应知识产权纠纷管辖权的人民法院或者对案件具有管辖权的人民法院提出。”本案为知识产权侵权纠纷,应该由被告住所地或者侵权行为地人民法院管辖,也即这些法院对诉前禁令拥有管辖权。本案中,申请人刘某的住所地H地不是侵权行为地,该地法院对诉前禁令没有管辖权,故选项A表述错误。

《民事诉讼法》第104条第2款、第3款规定:“人民法院接受申请后,必须在四十八小时内作出裁定;裁定采取保全措施的,应当立即开始执行。申请人在人民法院采取保全措施后三十日内不依法提起诉讼或者申请仲裁的,人民法院应当解除保全。”本案中,刘某申请诉前禁令,属于诉前行为保全,故刘某应当在法院采取保全措施之后30日内提起诉讼,选项B表述正确。

《民诉解释》第152条第2款规定:“利害关系人申请诉前保全的,应当提供担保。申请诉前财产保全的,应当提供相当于请求保全数额的担保;情况特殊的,人民法院可以酌情处理。申请诉前行为保全的,担保的数额由人民法院根据案件的具体情况决定。”本案属于诉前行为保全,需要提供担保,但是担保数额应该由人民法院根据案件的具体情况决定,而非题目中所说担保数额应该等同于申请保全的数额。故选项C后半句表述错误。

《民诉解释》第171条规定:“当事人对保全或者先予执行裁定不服的,可以自收到裁定书之日起五日内向作出裁定的人民法院申请复议。人民法院应当在收到复议申请后十日内审查。裁定正确的,驳回当事人的申请;裁定不当的,变更或者撤销原裁定。”本案中,罗某、展某若对保全裁定不服,可以在收到裁定之日起5日内提出复议,收到复议申请之后,法院并不会直接撤销原裁定,而是会对原裁定进行审查,只有审查认定原裁定不当时,才会进行变更或撤销。选项D表述错误。

[难度系数] * *

4 [答案] C

[考点] 执行保全

[解析] 选项A考查了执行保全提起的时间,选项D考查了执行保全的解除。《民诉解释》第163条规定:"法律文书生效后,进入执行程序前,债权人因对方当事人转移财产等紧急情况,不申请保全将可能导致生效法律文书不能执行或者难以执行的,可以向执行法院申请采取保全措施。债权人在法律文书指定的履行期间届满后五日内不申请执行的,人民法院应当解除保全。"可见,在案件审理结束后执行开始前,债权人李某有权申请法院采取保全措施,选项A错误。李某申请保全后,其在生效判决书指定的履行期间届满后5日内不申请执行的,法院应当解除保全措施,选项D错误。

选项B和选项C考查了执行保全的管辖法院。《民事诉讼法》第235条规定:"发生法律效力的民事判决、裁定,以及刑事判决、裁定中的财产部分,由第一审人民法院或者与第一审人民法院同级的被执行的财产所在地人民法院执行。法律规定由人民法院执行的其他法律文书,由被执行人住所地或者被执行的财产所在地人民法院执行。"因此,债权人李某应向第一审人民法院甲市M区法院或者与第一审人民法院同级的被执行的财产所在地人民法院甲市N区法院申请保全。选项B错误,选项C正确。

[难度系数] * *

5 [答案] ABC

[考点] 财产保全

[解析] 《民诉解释》第154条第2款规定:"查封、扣押、冻结担保物权人占有的担保财产,一般由担保物权人保管;由人民法院保管的,质权、留置权不因采取保全措施而消灭。"由此可知,查封、扣押、冻结担保物权人占有的担保财产时:第一,一般情况下均由担保物权人保管;第二,特殊情况下由法院保管;第三,法院保管时,担保物权不因此消灭。本案中,某小额贷款公司是担保物权人,法院对其占有的担保财产采取保全措施,一般由该公司保管,选项A"应交由法院保管"的说法错误。法院采取保全措施,并不影响小额贷款公司的质权,其质权并未消失。选项B错误。

《民诉解释》第157条规定:"人民法院对抵押物、质押物、留置物可以采取财产保全措施,但不影响抵押权人、质权人、留置权人的优先受偿权。"本案中,法院采取了保全措施,不影响小额贷款公司对两块名表的优先受偿权。选项C说法错误。

财产保全制度是为了避免被申请人的财产被转移、隐匿、损害,法院依法对被申请人的财产采取强制性的保护措施。根据《民事诉讼法》第106条第1款的相关规定,法院保全财产后,应当立即通知被保全财产的人。由此可知,就财产所有人而言,法院采取保全措施后仅具有通知义务,而非要经其同意。类比可知,对于担保物权人,法院采取保全措施也不需要经其同意。选项D正确。

本题选择错误选项,故为ABC三项。

[难度系数] * *

考点二 先予执行

1 [答案] C

[考点] 先予执行

[解析] 《劳动争议调解仲裁法》第44条规定:"仲裁庭对追索劳动报酬、工伤医疗费、经济补

偿或者赔偿金的案件,根据当事人的申请,可以裁决先予执行,移送人民法院执行。仲裁庭裁决先予执行的,应当符合下列条件:(一)当事人之间权利义务关系明确;(二)不先予执行将严重影响申请人的生活。劳动者申请先予执行的,可以不提供担保。"《民事诉讼法》第235条规定:"发生法律效力的民事判决、裁定,以及刑事判决、裁定中的财产部分,由第一审人民法院或者与第一审人民法院同级的被执行的财产所在地人民法院执行。法律规定由人民法院执行的其他法律文书,由被执行人住所地或者被执行的财产所在地人民法院执行。"仲裁中申请先予执行的,由劳动争议仲裁委员会作出裁定。由于该裁定不属于法院的文书,所以由被执行人住所地即公司住所地或被执行的财产所在地的法院执行。C项正确。

[**难度系数**] * *

2 [**答案**] A

[**考点**] 先予执行

[**解析**] 先予执行,是指人民法院在终审判决作出之前,为解决权利人生活或生产经营的急需,依法裁定义务人预先履行义务的制度。《民事诉讼法》第109条规定:"人民法院对下列案件,根据当事人的申请,可以裁定先予执行:(一)追索赡养费、扶养费、抚养费、抚恤金、医疗费用的;(二)追索劳动报酬的;(三)因情况紧急需要先予执行的。"根据《民诉解释》第170条的规定,情况紧急的案件主要包括:需要立即停止侵害、排除妨碍的;需要立即制止某项行为的;追索恢复生产、经营急需的保险理赔费的;需要立即返还社会保险金、社会救助资金的;不立即返还款项,将严重影响权利人生活和生产经营的。《民事诉讼法》第110条第1款规定:"人民法院裁定先予执行的,应当符合下列条件:(一)当事人之间权利义务关系明确,不先予执行将严重影响申请人的生活或者生产经营的;(二)被申请人有履行能力。"根据上述规定可以看出,先予执行制度的设立目的主要是解决当事人的生活、生产经营急需,若不符合该标准,当事人无权申请先予执行。

本题中,王某主张本案法律关系清楚,但其要求交付房屋的请求并不属于《民事诉讼法》及《民诉解释》规定的先予执行的适用范围,不符合"情况紧急"的标准,故王某无权申请先予执行,选项A正确。因王某无权申请先予执行,故选项BCD均不选。

[**难度系数**] *

第十三章　一审程序

考点一　一审的基本程序阶段

1 [**答案**] B

[**考点**] 既判力、重复起诉

[**解析**] 《民诉解释》第248条规定:"裁判发生法律效力后,发生新的事实,当事人再次提起诉讼的,人民法院应当依法受理。"一次侵权,当事人两次起诉,但是就不同的损害(前一次是已经发生的实际损害,第二次是后遗症引发的新的损害)起诉的,属于发生了新的事实,再次起诉不构成重复起诉。法院应该受理。B项正确,D项认为裁定不予受理错误。

生效法律文书的既判力只对先发生的10万元损害具有约束力,对判决之后发生的事情——后遗症的5万元没有约束力。B项正确,A项错误。

甲就新的损害另行起诉,法院应该受理。受理后调解不成的,应该及时判决,不能告知其另行起诉。C 项错误。

[难度系数] *

2 [答案] B

[考点] 婚姻无效、离婚案件

[解析] 《民法典婚姻家庭编解释(一)》第 12 条规定:"人民法院受理离婚案件后,经审理确属无效婚姻的,应当将婚姻无效的情形告知当事人,并依法作出确认婚姻无效的判决。"《民法典婚姻家庭编解释(一)》第 10 条规定:"当事人依据民法典第一千零五十一条规定向人民法院请求确认婚姻无效,法定的无效婚姻情形在提起诉讼时已经消失的,人民法院不予支持。"本案中当事人诉讼离婚,到人民法院审理时,两人均为 20 岁,男方没有达到法定婚龄 22 岁,婚姻无效的情形没有消失,所以法院应该按照婚姻无效处理,不再审理离婚的诉求。B 项正确,A 项错误。

《民法典婚姻家庭编解释(一)》第 11 条规定:"人民法院受理请求确认婚姻无效案件后,原告申请撤诉的,不予准许。对婚姻效力的审理不适用调解,应当依法作出判决。涉及财产分割和子女抚养的,可以调解。调解达成协议的,另行制作调解书;未达成调解协议的,应当一并作出判决。"本案中就财产问题当事人达成了调解协议,应该制作调解书,不能制作判决书。D 项错误。

当事人就孩子抚养问题未能达成调解协议,应该制作判决书结案,不能制作调解书结案。C 项错误。

[难度系数] *

3 [答案] BD

[考点] 诉讼时效的中止和中断

[解析] 《民法典》第 195 条规定:"有下列情形之一的,诉讼时效中断,从中断、有关程序终结时起,诉讼时效期间重新计算:(一)权利人向义务人提出履行请求;(二)义务人同意履行义务;(三)权利人提起诉讼或者申请仲裁;(四)与提起诉讼或者申请仲裁具有同等效力的其他情形。"

本案中当事人约定有还款期限。从还款期限届满次日起开始计算三年的诉讼时效。所以在借款期满后的三年内催告,诉讼时效都会中断。在借款期满后的第二年催告,没有过诉讼时效。C 项错误,D 项正确。

债权人催告债务人履行义务会引起诉讼时效的中断,而不是中止。B 项正确,A 项错误。

[难度系数] *

4 [答案] BC

[考点] 拘传、民间借贷纠纷

[解析] 《民事诉讼法》第 146 条规定:"原告经传票传唤,无正当理由拒不到庭的,或者未经法庭许可中途退庭的,可以按撤诉处理;被告反诉的,可以缺席判决。"本案中原告甲不到庭,但是原告的诉讼代理人纪某到庭,纪某即使被赋予一般代理的代理权限,也可以代当事人出庭参加庭审。代理人纪某出庭,对原告方不能按撤诉处理。A 项错误。

《民诉解释》第 174 条第 2 款规定:"人民法院对必须到庭才能查清案件基本事实的原告,经两次传票传唤,无正当理由拒不到庭的,可以拘传。"借贷纠纷中,法院为了查明案情,原则上双方当事人必须到庭。本案中甲作为借贷纠纷的当事人,属于必须到庭的当事人。法院对甲进行两次合法传票传唤后,甲仍不到庭,法院可以拘传甲到庭接受审理。B 项正确。

《民间借贷案件规定》第 17 条规定:"依据《最高人民法院关于适用〈中华人民共和国民事诉讼法〉的解释》第一百七十四条第二款之规定,负有举证责任的原告无正当理由拒不到庭,经审查现有证据无法确认借贷行为、借贷金额、支付方式等案件主要事实的,人民法院对原告主张的事实不予认定。"本案中原告甲对借款事实负有证明责任,经两次合法传票传唤以自己忙为由不出庭,属于无正当理由不到庭。双方因是否支付借款产生争议,法院经审理发现无法确认借款事实存在,说明没有证据证明借款事实存在,没有提供充足的证据证明借贷关系存在。法院可以认定原告主张的借款事实不存在。C 项正确。

只有在当事人及有权代理当事人的诉讼代理人都不到庭的情况下,法院作出的判决才是缺席判决。本案中原告律师到庭,对原告不适用缺席判决的规定,法院作出的判决是对席判决。D 项说法院缺席判决驳回原告诉讼请求是错误的。

[难度系数] * *

5 [答案] B

[考点] 重复起诉

[解析] 代位执行只是债的保全方式,代位诉讼中债权人甲诉次债务人丙胜诉后,必须是次债务人丙向债权人甲履行相关义务后,甲、乙之间和乙、丙之间的债权债务关系才会消灭。本题中债权人甲诉次债务人丙胜诉后,因为丙没有财产可供执行,代位诉讼的判决被法院裁定终结执行,次债务人丙并没有履行相关义务,故债权人甲与债务人乙之间的债权债务关系也并未消灭,所以甲可以继续向乙主张 200 万元的债权。

债权人甲提起代位诉讼,是代债务人乙向次债务人丙主张债权,债权人甲和债务人乙之间的债权债务关系并不因为代位诉讼而消灭。由于代位诉讼胜诉后的诉讼结果未得到实现,故债权人甲仍然可以就主债权起诉债务人乙,对此人民法院应当受理。B 项正确。A、D 项错误。

本题涉及的问题是当事人的诉权是否存在,题干中没有关于当事人实体权利是否成立的描述,所以法院不处理实体问题,不应该判决驳回诉讼请求。C 项错误。

[难度系数] * * *

6 [答案] C

[考点] 民事裁判、撤诉

[解析] 选项 A 考查了撤回起诉的条件。《民法典婚姻家庭编解释(一)》第 11 条第 1 款规定:"人民法院受理请求确认婚姻无效案件后,原告申请撤诉的,不予准许。"因而原告不能撤回起诉,故选项 A 错误。

选项 B 考查调解适用的消极范围,主要包括:(1)适用特别程序、督促程序、公示催告程序的案件不能调解;(2)婚姻等身份关系确认案件以及其他依案件性质不能调解的民事案件不能调解。本题中,案情为确认婚姻无效之诉,属于身份的确认案件,因此不可调解结案,故选项 B 错误。

《民法典婚姻家庭编解释(一)》第 12 条规定:"人民法院受理离婚案件后,经审理确属无效婚姻的,应当将婚姻无效的情形告知当事人,并依法作出确认婚姻无效的判决。"本条明确规定对于申请确认婚姻效力案件,法院应依法判决结案,故选项 C 正确。

选项 D 主要考查驳回起诉的条件。《民法典婚姻家庭编解释(一)》第 9 条规定:"有权依据民法典第一千零五十一条规定向人民法院就已办理结婚登记的婚姻请求确认婚姻无效的主体,包括婚姻当事人及利害关系人。其中,利害关系人包括:(一)以重婚为由的,为当事人的近亲属及基层组织;(二)以未到法定婚龄为由的,为未到法定婚龄者的近亲属;(三)以有禁止结婚的亲属关系为由的,为当事人的近亲属。”本题中,刘母为未达法定婚龄者的近亲属,以未达法定婚龄为由申请宣告婚姻无效时为本案的利害关系人,具有原告资格,同时其提起的确认婚姻无效之诉已被法院受理且符合上述其余三个起诉条件,因此不属于裁定驳回起诉的适用情形,故选项 D 错误。

[陷阱点拨] 不予受理、驳回起诉与驳回诉讼请求的区别,详见下表总结:

项目	不予受理	驳回起诉	驳回诉讼请求
适用的诉讼阶段	审查起诉阶段	立案受理后	审理后
作出裁判的主体	立案庭	审判组织	审判组织
解决的问题	程序问题	程序问题	实体问题
适用的条件	起诉不符合法定条件	起诉不符合法定条件	实体请求无法律根据
适用的诉讼文书	裁定	裁定	判决
当事人的权利	可以上诉	可以上诉	可以上诉
上诉期	10 日	10 日	15 日

[难度系数] * * *

7 **[答案]** C

[考点] 诉讼请求的变更、管辖恒定

[解析] 选项 C 考查级别管辖恒定和诉的变更。级别管辖恒定指原告起诉时,受诉法院按照诉讼标的金额确定级别管辖后,其级别管辖不因诉讼过程中当事人增加诉讼请求使诉讼标的金额超出其级别管辖的权限而变动。根据民事诉讼法的相关规定,级别管辖恒定存在两种例外情形:(1)原告增加诉讼请求金额导致案件标的额超过受诉法院级别管辖标准,被告提出级别管辖异议的;(2)当事人故意规避有关级别管辖的规定的。本案 A 公司变更诉求请求,请求 B 公司支付货款和违约金共 3500 万元看似符合上述第一种级别管辖恒定的例外情形,但《民诉解释》第 232 条规定,原告增加诉讼请求应在案件受理后、法庭辩论结束前,而本案中,法庭辩论已经结束,进入了判决书撰写阶段,因此原告不能再变更诉讼请求,故而本案标的额仍为 2000 万元,丙法院具有管辖权。此时合议庭一致决定支持 A 公司诉求,因此应当判决 A 公司 2000 万元诉讼请求成立,故选项 C 正确。

选项 A 考查移送管辖制度。本案中,原告未在法律规定的期间变更诉讼请求,因此案件标的额仍在丙法院的级别管辖范围内,丙法院具有管辖权。另外,该案件已经经过开庭审理进入了撰写判决书的阶段,无法再进行移送,因此选项 A 错误。

选项 B 考查指定管辖制度。根据《民事诉讼法》的规定,指定管辖的情况主要包括:(1)有管辖权的法院由于特殊原因,不能行使管辖权,如全员回避、严重自然灾害等;(2)两个同级法院对管辖权发生争议且协商不成;(3)受移送的法院认为不属于本院管辖的,不得再行移送,只能报请上级法院指定管辖。如上述分析,本案中丙法院对案件有管辖权,此时从题意中并不能得出丙法院存在不能行使管辖权的特殊原因,且其并未与其他法院产生管辖权争议,其也并非受移送法院,因此不满足指定管辖的条件,故而选项 B 错误。

选项 D 考查原告增加诉讼请求致使案件标的额超过受诉法院级别管辖标准时的管辖权异议。根据上述分析可知,本案原告增加诉讼请求并未在法律规定的期间内,因此本案标的额仍为 2000 万元,未超出丙法院有关级别管辖的规定,故而 B 公司无权提出级别管辖异议,自然也就不涉及中止审理的问题,故选项 D 错误。

[难度系数] * *

8 **[答案]** A

[考点] 重复起诉的例外

[解析] 根据《民诉解释》第248条的规定,法院作出的判决仅对判决之前当事人之间的实体法律关系的状态进行判断,不可能对判决之后可能出现的新的事实作出预测,因此在判决生效后出现新的事实时,应当允许当事人再次起诉,法院应将其作为新的案件受理。

本题中,法院基于疫情期间供货商无法供货导致兴盛公司无法交货这一事实驳回隆发公司的诉讼请求。三个月后复工复产是判决生效后发生的新的事实,因此隆发公司可以将其作为新的事实重新起诉,法院应当受理,故A选项正确。根据《民事诉讼法》第210条的规定,对已经发生法律效力的判决、裁定,当事人认为有错误的,可以向上一级人民法院申请再审。本题中,法院基于判决前的事实作出的判决是正确的,并无错误,不符合再审的条件,因此BC选项错误。D选项,上诉的对象是尚未生效的一审判决及部分裁定,本题中一审判决已生效,故不能上诉,因此D选项错误。

对于《民诉解释》第248条的理解:这一司法解释规定背后涉及的是既判力的时间效力这一理论问题。大陆法系通说认为:“发生既判力的判决只确认特定时刻的权利状态,而不是确认所有未来的权利状态。”因为法院判决是对特定时间点,即辩论终结时当事人之间的实体法律关系状态的判断,故法院判决仅对该特定时间点之前发生的事项具有既判力,对该特定时间点之后发生的事项没有既判力。故该特定时间点后发生的事实不受既判力的约束,当事人可以再次提起诉讼。

[难度系数] *

9 **[答案]** C

[考点] 一审撤诉的处理、监护权的确定、审判组织形式

[解析] A选项考查了一审撤诉的处理。《民事诉讼法》第148条第1款规定:“宣判前,原告申请撤诉的,是否准许,由人民法院裁定。”一审程序中申请撤诉的条件包括:(1)须是当事人自愿提出。(2)时间上须在法庭辩论结束前;法庭辩论结束后原告申请撤诉,被告不同意的,法院可以不予准许。(3)须采用书面形式进行。(4)撤诉不得损害国家、集体和他人的利益。但需要注意,是否裁定准许当事人的撤诉申请,法院享有最终决定权。本题中,王平与易某和解后王平向法院申请撤诉,是否准许由法院审查后作出裁定,而不是“应当准许”,故A选项错误。

B选项考查了监护权的确定。《民法典》第27条规定:“父母是未成年子女的监护人。未成年人的父母已经死亡或者没有监护能力的,由下列有监护能力的人按顺序担任监护人:(一)祖父母、外祖父母;(二)兄、姐;(三)其他愿意担任监护人的个人或者组织,但是须经未成年人住所地的居民委员会、村民委员会或者民政部门同意。”据此,父母是未成年人的当然监护人,只有在父母死亡或者没有监护能力的情况下,才可以由其他个人或者有关组织担任监护人。本题中,如果仅是为了办理上学,在王晓的母亲易某仍具有监护能力的情况下,法院不应当支持王平的请求,故B选项“判决支持王平的请求”的表述错误。除不得判决变更外,法院也不得以调解书的形式变更王晓的监护人,D选项法院出具调解书变更王平为监护人的做法也是错误的。

C选项考查了一审的审判组织形式。《民事诉讼法》第40条第1款规定:“人民法院审理第一审民事案件,由审判员、人民陪审员共同组成合议庭或者由审判员组成合议庭。合议庭的成员人数,必须是单数。”本题是申请变更监护人的一审案件,由法官李某、邓某和人民陪审员周某组成合议庭审理此案符合《民事诉讼法》的规定,故C选项正确。

[难度系数] * *

10 **[答案]** D

[考点] 预备合并之诉

[解析] 本题考查了预备合并之诉。所谓"预备合并之诉",是指当事人向法院提出一个在先之诉,为了防止在先之诉不被支持而向法院提出一个在后之诉。当法院认为在先顺序的诉不应获得支持时,由法院就后位之诉再进行审理;而当在先之诉获得支持时,在后顺序的诉自然消灭。我国现行有效的法律及司法解释尚未就预备合并之诉作出明确规定,但其在司法实践中已逐渐得到认可。最高人民法院在其作出的(2019)最高法民再152号民事裁定书中明确了对预备合并之诉效力的最新观点:"八一农场在提起股东会决议无效之诉的同时,又请求确认该股东会决议增资对应的股东权益归其所有,两个诉讼请求虽然是相互矛盾的,但八一农场提起的两个诉,诉讼要素齐全,均符合《中华人民共和国民事诉讼法》规定的立案标准,当事人可以在前一个诉的请求不被支持时,退一步选择主张后一个诉的诉讼请求,对当事人的两个诉,人民法院均应立案受理。"也就是说,当事人提起两个相互矛盾的诉讼请求时,如果两者诉讼要素均齐全,符合《民事诉讼法》规定的立案标准,法院均应受理。因此本题中,虽然A公司提出的确认合同无效的诉讼请求和要求法院解除合同的诉讼请求互相矛盾,但根据最高人民法院裁判所体现出的态度,法院应当按顺序进行审理,D选项正确。

[难度系数] * *

11 **[答案]** C

[考点] 诉的受理

[解析] 《民事诉讼法》第122条规定:"起诉必须符合下列条件:(一)原告是与本案有直接利害关系的公民、法人和其他组织;(二)有明确的被告;(三)有具体的诉讼请求和事实、理由;(四)属于人民法院受理民事诉讼的范围和受诉人民法院管辖。"同时,《民事诉讼法》第127条对不予受理的情形进行了规定:"人民法院对下列起诉,分别情形,予以处理:(一)依照行政诉讼法的规定,属于行政诉讼受案范围的,告知原告提起行政诉讼;(二)依照法律规定,双方当事人达成书面仲裁协议申请仲裁、不得向人民法院起诉的,告知原告向仲裁机构申请仲裁;(三)依照法律规定,应当由其他机关处理的争议,告知原告向有关机关申请解决;(四)对不属于本院管辖的案件,告知原告向有管辖权的人民法院起诉;(五)对判决、裁定、调解书已经发生法律效力的案件,当事人又起诉的,告知原告申请再审,但人民法院准许撤诉的裁定除外;(六)依照法律规定,在一定期限内不得起诉的案件,在不得起诉的期限内起诉的,不予受理;(七)判决不准离婚和调解和好的离婚案件,判决、调解维持收养关系的案件,没有新情况、新理由,原告在六个月内又起诉的,不予受理。"当事人的起诉不满足《民事诉讼法》第122条的规定或者存在第127条规定的情形时,法院应当裁定不予受理,受理后发现有上述情形的,应当裁定驳回起诉。本案中,甲网络公司是合同一方当事人,与案件有利害关系,被告为乙公司,是明确的被告,且具有明确的诉讼请求和事实理由,该起诉在程序上是符合法定的起诉条件的,所以不应裁定不予受理或驳回起诉。选项AB表述错误。

《民法典》第153条第2款规定:"违背公序良俗的民事法律行为无效。"本案中,甲网络公司和乙公司之间签订的合同内容为向不特定的用户发送信息,这种信息是强制向不特定的多数群体发布的,用户并不希望收到此种无价值的短信,两公司协议发布短消息的行为损害了社会公共利益,违背了公序良俗。在双方当事人对发送的短信属于商业广告、垃圾信息知情的情况下,双方签订的《短消息合作协议书》因损害社会公共利益、违背公序良俗而属于无效合同。在合同无效的情况下,合同对双方都没有约束力,甲网络公司的诉讼请求在实体上不能成立,故法院应判决驳回诉讼请求。选项 C 表述正确，选项 D 表述错误。

[**难度系数**]　＊＊

12 [**答案**]　B

[**考点**]　对起诉的受理、重复起诉

[**解析**]　人民法院应当保障当事人享有起诉的权利，法院在收到起诉状或口头起诉后，按不同情形作出以下处理：(1)符合受理条件的，应当受理；(2)不符合受理条件的，应当裁定不予受理；(3)立案后发现起诉不符合受理条件的，应当裁定驳回起诉；(4)《民事诉讼法》第 127 条规定了法院对当事人起诉时具有特殊情形的处理，其中“对判决、裁定、调解书已经发生法律效力的案件，当事人又起诉的，告知原告申请再审，但人民法院准许撤诉的裁定除外”；(5)属于重复起诉的，法院应当裁定不予受理。

关于重复起诉，《民诉解释》第 247 条第 1 款规定：“当事人就已经提起诉讼的事项在诉讼过程中或者裁判生效后再次起诉，同时符合下列条件的，构成重复起诉：(一)后诉与前诉的当事人相同；(二)后诉与前诉的诉讼标的相同；(三)后诉与前诉的诉讼请求相同，或者后诉的诉讼请求实质上否定前诉裁判结果。”对于重复起诉的案件，《民诉解释》第 247 条第 2 款规定：“当事人重复起诉的，裁定不予受理；已经受理的，裁定驳回起诉，但法律、司法解释另有规定的除外。”在该条的理解上应注意：(1)上述三个条件必须同时满足才能构成重复起诉；(2)当事人相同，不受当事人在前诉与后诉中诉讼地位的影响；(3)给付之诉往往隐含确认之诉的内容，如果一方起诉要求履行合同内容而另一方请求确认合同无效，仍然属于后诉请求实质上否定前诉裁判结果的情形。

本案中，法院判决乙公司败诉后，乙公司未上诉，但又向法院起诉要求确认合同无效。后诉与前诉的当事人相同(甲公司和乙公司)，诉讼标的相同(同一份买卖合同关系)，前诉中法院判决乙公司履行买卖合同的约定，而后诉中乙公司又要求确认合同无效，后诉的诉讼请求实质上否定了前诉的裁判结果，因此构成重复起诉，法院应当裁定不予受理。正确答案为 B 选项，ACD 选项均错误。

关于选项 D，需要强调的是，再审的启动方式包括法院决定再审、检察院抗诉或提出检察建议、当事人申请再审三种。本案中，当事人向法院的起诉行为不能引发再审程序，因此，选项 D 说法错误。

[**难度系数**]　＊＊

考点二　延期审理、诉讼中止、诉讼终结

1 [**答案**]　B

[**考点**]　诉讼中止

[**解析**]　选项 A 考查当事人的追加。追加当事人，是指人民法院发现对诉讼标的具有共同权利或义务的当事人未参加诉讼时，依照职权追加其为案件的原告或被告的诉讼行为。追加当事人只存在于必要的共同诉讼中，普通的共同诉讼中不会发生追加当事人的问题。从题意中并不能判断出王妻张某对本案诉讼标的具有共同权利或义务且未参诉，也无法判断出本案属于必要共同诉讼，因此不能追加张某为原告继续诉讼，故而选项 A 错误。

选项 B 考查诉讼中止。诉讼中止，是指在诉讼进行的过程中，如果出现一些法定特殊原因，使诉讼程序暂时难以继续进行时，人民法院裁定暂停诉讼程序，待特殊原因消失后再行恢复诉讼程序的法律制度。根据《民事诉讼法》第 153 条第 1 款的规定，诉讼中止的情形包括：(1)一方当事人死

亡,需要等待继承人表明是否参加诉讼的;(2)一方当事人丧失诉讼行为能力,尚未确定法定代理人的;(3)作为一方当事人的法人或者其他组织终止,尚未确定权利义务承受人的;(4)一方当事人因不可抗拒的事由,不能参加诉讼的;(5)本案必须以另一案的审理结果为依据,而另一案尚未审结的;(6)其他应当中止诉讼的情形。本案中,王某出车祸成为植物人丧失了诉讼行为能力,同时尚未确定法定代理人,符合诉讼中止的情形,因此选项 B 正确。

选项 C 考查诉讼中止后的处理。王某成为植物人后即丧失了民事行为能力,根据《民事诉讼法》第 198 条的规定,需要由王某的利害关系人或有关组织申请,通过认定公民无民事行为能力的特别程序,由法院从法律上宣告王某为无民事行为能力人并选定代理人。因此,尽管根据《民法典》第 28 条在确定无民事行为能力的成年人的监护人时,配偶处于第一顺位,法院依然不能直接裁定张某为法定代理人从而继续诉讼,而是应该先通过认定公民无民事行为能力的特别程序确认王某为无民事行为能力人并选定代理人,而后再由法定代理人继续诉讼,故而选项 C 错误。

选项 D 考查撤诉的主体。根据《民事诉讼法》的规定,有权撤回起诉的主体只有诉的原告,本案中诉的原告是王某,在王某成为植物人的情况下,其法定代理人有权撤回起诉。根据上述分析,本案尚未确定王某的法定代理人,即使确立法定代理人,根据《民法典》第 28 条,“无民事行为能力或者限制民事行为能力的成年人,由下列有监护能力的人按顺序担任监护人:(一)配偶;(二)父母、子女;(三)其他近亲属;(四)其他愿意担任监护人的个人或者组织,但是须经被监护人住所地的居民委员会、村民委员会或者民政部门同意”,以及《民法典》第 23 条,“无民事行为能力人、限制民事行为能力人的监护人是其法定代理人”,应该由王某的配偶张某担任法定代理人。因此,本案中,王父既非诉的原告,也非原告的法定代理人,无权撤回起诉,故选项 D 错误。

[陷阱点拨] (1)诉讼中止与延期审理的区别,详见下表总结:

区别项	诉讼中止	延期审理
发生时间	针对整个审判程序,可以发生在审判程序中裁判作出前任一阶段	只能发生在开庭审理阶段
对诉讼活动的影响	案件审理的任何诉讼活动都不得进行	其他诉讼活动不受影响,可以继续进行
可预测性	无法预测恢复诉讼程序的时间	延期时间具有可预测性
文书	裁定	决定书

(2)诉讼终结与诉讼中止的区别,详见下表总结:

区别项	诉讼终结	诉讼中止
引起的后果不同	诉讼程序永久性结束,不再恢复	诉讼程序暂停,引起诉讼中止的原因消失后,诉讼程序可以恢复
引起的原因不同	相对单一,以一方死亡为适用条件,人民法院应当裁定终结诉讼,无自由裁量权	原因复杂多样,人民法院对诉讼中止有一定的裁量权

[难度系数] * *

2 **[答案]** B

[考点] 诉讼中止

[解析] 本案为合同纠纷,一方当事人甲某死亡,需要等待甲某的继承人表明是否参加诉讼,故根据《民事诉讼法》第 153 条,法院应该裁定中止诉讼。由于甲某已经提起了上诉,二审程序已经

启动，此时案件的具体处理应该由二审法院进行，故裁定应当由二审法院作出，选项B表述正确。

［陷阱点拨］ 在此类题型中，考生应该注意在一方当事人死亡时，既可能出现中止诉讼的情形，也可能出现终结诉讼的情形。

（1）一般案件中当事人死亡，需要裁定中止诉讼，等待继承人表明是否参加诉讼：继承人表明参加，则恢复诉讼；没有继承人、继承人放弃权利，则裁定终结诉讼。

（2）离婚案件，追索赡养费、扶养费、抚养费以及解除收养关系的案件，涉及身份关系，无法继承，一方当事人死亡，则诉讼终结。同时被告死亡，没有遗产，也没有应当承担义务的人时，诉讼终结。

考生需要注意案件的类型，以此来判断当事人死亡时的法律后果。

［难度系数］ ＊＊

3 ［答案］ B

［考点］ 诉讼障碍、诉讼中止、诉讼终结

［解析］ 选项A对撤诉进行考查。申请撤诉是当事人以积极的意思表示，向受诉法院要求撤回已提起之诉，不再要求法院对案件继续审理的行为。《民事诉讼法》第148条规定："宣判前，原告申请撤诉的，是否准许，由人民法院裁定。人民法院裁定不准许撤诉的，原告经传票传唤，无正当理由拒不到庭的，可以缺席判决。"本案中，黄某并未向法院申请撤诉，故法院对案件不能裁定撤诉。选项A表述错误。

诉讼中止是出现了法定情形，导致诉讼无法进行或者不宜继续进行，需要等障碍消除之后，才能确定是否需要继续诉讼、由谁参加诉讼。根据《民事诉讼法》第153条的规定，本案中，原告的继承人黄小明下落不明，案件无法继续进行下去，需要等待黄小明出现表明是否参加诉讼，故应裁定中止诉讼。选项B表述正确。

庭审并不等同于诉讼，庭审开始前的准备阶段、庭审过程、庭审结束之后，都属于诉讼阶段，都需要当事人的参与，并应保障当事人在此期间的诉讼权利。本案中，庭审虽然已经结束，但是并不意味着诉讼已经结束，不能直接根据庭审情况作出判决，需要通知继承人继续参加诉讼程序，保障当事人的诉讼权利。选项C表述错误。

《民事诉讼法》第154条规定："有下列情形之一的，终结诉讼：（一）原告死亡，没有继承人，或者继承人放弃诉讼权利的；（二）被告死亡，没有遗产，也没有应当承担义务的人的；（三）离婚案件一方当事人死亡的；（四）追索赡养费、扶养费、抚养费以及解除收养关系案件的一方当事人死亡的。"本案中，继承人处于下落不明的状态，并不属于没有继承人或者继承人放弃诉讼权利的情况，故不符合诉讼终结的情形。选项D表述错误。

［难度系数］ ＊＊

4 ［答案］ BD

［考点］ 判决的生效时间、诉讼终结

［解析］ 本题考查判决的生效时间以及离婚案件中一方当事人死亡的后果。

《民事诉讼法》第171条规定："当事人不服地方人民法院第一审判决的，有权在判决书送达之日起十五日内向上一级人民法院提起上诉。当事人不服地方人民法院第一审裁定的，有权在裁定书送达之日起十日内向上一级人民法院提起上诉。"一审判决作出后不会立即生效，自判决书送达之日起经过15日才会发生法律效力。本案中，法院于2017年7月3日作出判决，该判决同日送达双方当事人，而作为离婚案件一方当事人的刘女于7月10日死亡。此时，一审判决尚未生效。在诉讼进行过程中,如果一方当事人死亡,会影响诉讼进程,法院一般会裁定诉讼中止或诉讼终结。

诉讼终结,是指在诉讼进行过程中,因出现某种法定的特殊事由,使诉讼程序无法继续进行或者继续进行已无必要,由法院裁定终结诉讼程序的法律制度。根据《民事诉讼法》第 154 条的相关规定,本案属于离婚诉讼,作为离婚案件的一方当事人刘女死亡时,婚姻关系自行消灭,法院无须继续对离婚诉讼进行审理。此时若法院作出判决对双方婚姻关系进行处理已无意义,因此,应当裁定诉讼终结。B 选项正确,A 选项错误。

本案中,一审判决未过上诉期,即一审判决未生效。在判决送达后的第 7 日一方当事人死亡,婚姻关系因一方死亡而解除。所以,C 选项认为夫妻双方的婚姻关系因生效判决而解除,说法错误,不当选。《民法典》第 1121 条第 1 款规定:“继承从被继承人死亡时开始。”因刘女死亡,继承法律关系开始。作为配偶的张男和作为母亲的李某是法定第一顺位继承人,因此,张男仍享有继承权,D 选项说法正确。综上所述,正确答案为 BD。

[难度系数] * *

第十四章　简 易 程 序

考点一　简易程序

1 [答案] D

[考点] 简易程序诉状送达的特别规定

[解析] 最高人民法院《关于适用简易程序审理民事案件的若干规定》(以下简称《简易程序规定》)第 8 条规定:“人民法院按照原告提供的被告的送达地址或者其他联系方式无法通知被告应诉的,应当按以下情况分别处理:(一)原告提供了被告准确的送达地址,但人民法院无法向被告直接送达或者留置送达应诉通知书的,应当将案件转入普通程序审理;(二)原告不能提供被告准确的送达地址,人民法院经查证后仍不能确定被告送达地址的,可以被告不明确为由裁定驳回原告起诉。”本案采用简易程序审理,原告提供的地址有误且经法院多方了解和查证后仍无法确定被告送达地址,符合本条第 2 项的情形,法院可以被告不明为由裁定驳回起诉,D 选项正确。

如果法院仅无法通过直接送达或留置送达的方式向被告送达诉讼文书,但可以通过其他方式送达,如公告送达,即此时被告是可以找到的、明确的,则可以转为普通程序继续审理。但本案中,经过多方查证无法确定被告准确地址,视为被告不明确,应驳回起诉,A 选项错误。

简易程序不能采取公告送达的方式,其原因在于:一方面,公告送达的前提是受送达人下落不明或通过其他方式无法送达,而《民诉解释》第 257 条规定的不能适用简易程序的事由中包括“起诉时被告下落不明”的情形;另一方面,公告送达公告期较长(30 日),不符合简易程序简单快速处理案件的要求和程序原理。需要公告送达时,应当转为普通程序。B 选项适用公告送达的说法错误。

本案不满足《民事诉讼法》第 153 条规定的诉讼中止的情形,C 选项错误,不当选。

[难度系数] * *

2 [答案] B

[考点] 简易程序的审理、再审案件的审理

［解析］ 简易程序具有众多简便的特点，其中之一便是传唤方式简便。《民诉解释》第 261 条第 1 款规定："适用简易程序审理案件，人民法院可以依照民事诉讼法第九十条、第一百六十二条的规定采取捎口信、电话、短信、传真、电子邮件等简便方式传唤双方当事人、通知证人和送达诉讼文书。"本案中，一审法院适用简易程序审理，电话通知双方当事人开庭符合法律规定。故选项 A 说法错误。

《民诉解释》第 261 条第 2 款规定："以简便方式送达的开庭通知，未经当事人确认或者没有其他证据证明当事人已经收到的，人民法院不得缺席判决。"本案中，法院未证明当事人已经收到开庭通知即缺席判决的做法错误。根据《民事诉讼法》第 211 条的相关规定，未经传票传唤，缺席判决的，当事人申请再审时，法院应当再审。故选项 B 说法正确。

《民事诉讼法》第 210 条规定："当事人对已经发生法律效力的判决、裁定，认为有错误的，可以向上一级人民法院申请再审；当事人一方人数众多或者当事人双方为公民的案件，也可以向原审人民法院申请再审。当事人申请再审的，不停止判决、裁定的执行。"本案中，双方当事人均为公民，故再审案件的受理法院既可以是原审人民法院，也可以是上一级人民法院。选项 C 说法错误。

《民事诉讼法》第 217 条规定："按照审判监督程序决定再审的案件，裁定中止原判决、裁定、调解书的执行，但追索赡养费、扶养费、抚养费、抚恤金、医疗费用、劳动报酬等案件，可以不中止执行。"本案属于追索医疗费用的案件，因此，可以不中止执行。故选项 D 说法错误。

［难度系数］ * *

考点二　小额诉讼程序

1 **［答案］** B

［考点］ 普通程序、简易程序、小额诉讼程序的适用

［解析］ 选项 A 考查行政诉讼的当事人。本题中，政府为原告，公民甲为被告，不符合行政诉讼"民告官"的要求，因此不能适用行政诉讼程序。选项 A 错误。

选项 C 考查普通程序的适用。是适用普通程序还是简易程序抑或小额诉讼程序，需要考虑的是案件事实是否清楚、权利义务关系是否明确、双方争议大小和标的额大小，至于双方当事人的身份并不是程序适用的考量因素。因此，即使本题中的原告是政府，不是普通的民事主体，也不必然适用普通程序，而是要根据案件事实、权利义务关系、争议大小以及标的额大小确定适用何种程序。选项 C 错误。

选项 B、D 考查小额诉讼程序的适用范围。广义的小额诉讼程序与传统的简易程序并无严格区分，二者的区别仅在于诉讼标的额和简易程度不同，狭义的小额诉讼程序指基层法院的小额法庭或专门的小额法院审理数额较小的案件时所适用的比简易程序更加简化的诉讼程序。根据《民事诉讼法》第 165 条的规定，小额诉讼程序适用于基层人民法院和它派出的法庭审理的事实清楚、权利义务关系明确、争议不大且标的额为各省、自治区、直辖市上年度就业人员年平均工资 50% 以下的简单金钱给付民事案件，标的额超出前述规定但在各省、自治区、直辖市上年度就业人员年平均工资 2 倍以下的，当事人双方可以约定适用小额诉讼程序。同时，《民事诉讼法》第 166 条规定了不能适用小额诉讼程序审理的案件：(1) 人身关系、财产确权案件；(2) 涉外案件；(3) 需要评估、鉴定或者对诉前评估、鉴定结果有异议的案件；(4) 一方当事人下落不明的案件；(5) 当事人提出反诉的案件；(6) 其他不宜适用小额诉讼的程序审理的案件。不当得利，是指无法律上的原因而受利益致他人损害的事实，并不在上述不能适用小额诉讼程序的情形之列，因此，当不当得利的案件符合适

用小额诉讼的条件时，当然可以适用小额诉讼程序进行审理。选项 D 错误。同时，由于本案事实清楚、权利义务关系明确、争议不大且标的额为 2 万元，属于小额金钱给付的范畴且不在上述限制之列，因此可以适用小额诉讼程序。选项 B 正确。

[**陷阱点拨**]简易程序与普通程序的转化：

项目	内容
适用情形	(1)法院发现案情复杂，需要转为普通程序审理的； (2)当事人就案件适用简易程序提出异议，经法院审查，异议成立的
程序	(1)转为普通程序的，法院应将审判人员及相关事项以书面形式通知双方当事人； (2)审理期限自法院立案之日起计算； (3)双方当事人已确认的事实，可以不再进行举证、质证

小额诉讼程序的转化：(1)人民法院在审理过程中，发现案件不宜适用小额诉讼的程序的，应当适用简易程序的其他规定审理或者裁定转为普通程序。(2)当事人认为案件适用小额诉讼的程序审理违反法律规定的，可以向人民法院提出异议。人民法院对当事人提出的异议应当审查，异议成立的，应当适用简易程序的其他规定审理或者裁定转为普通程序；异议不成立的，裁定驳回。(3)因当事人申请增加或者变更诉讼请求、提出反诉、追加当事人等，致使案件不符合小额诉讼案件条件的，应当适用简易程序的其他规定审理。因上述情况而应当适用普通程序审理的，裁定转为普通程序。

[**难度系数**] * *

2 [**答案**] BCD

[**考点**] 小额诉讼程序的适用范围及特点

[**解析**] 《民事诉讼法》第 165 条第 1 款规定："基层人民法院和它派出的法庭审理事实清楚、权利义务关系明确、争议不大的简单金钱给付民事案件，标的额为各省、自治区、直辖市上年度就业人员年平均工资百分之五十以下的，适用小额诉讼的程序审理，实行一审终审。"《民事诉讼法》第 166 条规定："人民法院审理下列民事案件，不适用小额诉讼的程序：(一)人身关系、财产确权案件……"根据上述规定，人身关系的确权案件不能适用小额诉讼程序，但是身份关系无争议，只是金钱给付有争议的案件，可以适用小额诉讼程序审理。在苏强与苏明的赡养费纠纷中，双方身份关系明确，仅对于赡养费的给付存在争议。因此，可以适用小额诉讼程序审理。

《民事诉讼法》第 176 条第 1 款规定："第二审人民法院对上诉案件应当开庭审理。经过阅卷、调查和询问当事人，对没有提出新的事实、证据或者理由，人民法院认为不需要开庭审理的，可以不开庭审理。"由此可见，在二审程序中，只有在没有新事实、新证据或理由的情况下才可以不开庭审理。就一审程序而言，当事人之间的争议事实及证据等均未经过任何法院的审理，本质上均为新事实、新证据。因此，我国民事一审案件必须进行开庭审理，这是为了确保双方当事人的辩论权等诉讼权利得到充分保障，A 选项错误。

《民诉解释》第 280 条规定："小额诉讼案件的裁判文书可以简化，主要记载当事人基本信息、诉讼请求、裁判主文等内容。"根据上述规定，小额诉讼的裁判文书只能简化，不能不写裁判理由。但根据最高人民法院《民事诉讼程序繁简分流改革试点实施办法》的规定，小额诉讼的案件裁判文书可以不写裁判理由。因此，本题中的案件适用小额诉讼程序的情况下，裁判文书可以不写裁判理由，B 选项是正确的。

《民诉解释》第 259 条规定："当事人双方可就开庭方式向人民法院提出申请，由人民法院决定是否准许。经当事人双方同意，可以采用视听传输技术等方式开庭。”因此，双方当事人同意的情况下可以进行在线视频审理，C 选项正确。

《民诉解释》第 271 条规定，人民法院审理小额诉讼案件，适用《民事诉讼法》第 165 条的规定，实行一审终审。因此，本题中的案件若适用小额诉讼程序，则为一审终审，D 选项正确。

［难度系数］ *

第十五章　公益诉讼

1 ［答案］ C

［考点］ 公益诉讼、第三人撤销之诉

［解析］ 《民诉解释》第 295 条规定：“对下列情形提起第三人撤销之诉的，人民法院不予受理：……（三）民事诉讼法第五十七条规定的未参加登记的权利人对代表人诉讼案件的生效裁判；（四）民事诉讼法第五十八条规定的损害社会公共利益行为的受害人对公益诉讼案件的生效裁判。”本案中，55 人提起的诉讼不属于公益诉讼，而是属于损害赔偿诉讼中的代表人诉讼。在代表人诉讼中，A 属于未参加登记的权利人，为了实现同类案件判决中的同案同判，法院不允许未参加登记的权利人 A 针对代表人诉讼案件的生效判决提出第三人撤销之诉。因此，对于 A 提起的第三人撤销之诉，法院应该裁定不予受理。C 项正确。

法院不受理该案，就不能对实体问题进行处理，既不能撤销赔偿 5 万元的判决，也不能驳回 A 的诉讼请求。所以 A、B、D 三项错误。

［难度系数］ *

2 ［答案］ AD

［考点］ 民事公益诉讼

［解析］ 选项 A 考查民事公益诉讼的管辖。《民诉解释》第 283 条第 1 款规定：“公益诉讼案件由侵权行为地或者被告住所地中级人民法院管辖，但法律、司法解释另有规定的除外。”由此可知，民事公益诉讼应由中级人民法院审理，因此选项 A 正确。

选项 B 考查民事公益诉讼的告知程序和前置程序。最高人民法院、最高人民检察院《关于检察公益诉讼案件适用法律若干问题的解释》第 13 条规定：“人民检察院在履行职责中发现破坏生态环境和资源保护，食品药品安全领域侵害众多消费者合法权益，侵害英雄烈士等的姓名、肖像、名誉、荣誉等损害社会公共利益的行为，拟提起公益诉讼的，应当依法公告，公告期间为三十日。公告期满，法律规定的机关和有关组织、英雄烈士等的近亲属不提起诉讼的，人民检察院可以向人民法院提起诉讼。人民检察院办理侵害英雄烈士等的姓名、肖像、名誉、荣誉的民事公益诉讼案件，也可以直接征询英雄烈士等的近亲属的意见。”由此可知，民事公益诉讼的前置程序应该是人民检察院事先公告。另外，《民诉解释》第 284 条规定：“人民法院受理公益诉讼案件后，应当在十日内书面告知相关行政主管部门。”由此可知，告知程序是指人民法院在受理案件后告知生态环境主管部门，而环保组织无须事先告知生态环境主管部门，故而选项 B 错误。

选项 C 考查民事公益诉讼的上诉。《人民检察院公益诉讼办案规则》第 58 条规定：“人民检察院应当在收到人民法院第一审公益诉讼判决书、裁定书后三日内报送上一级人民检察院备案。人民检察院认为第一审公益诉讼判决、裁定确有错误的，应当提出上诉。提出上诉的，由提起诉讼的人民检察院决定。上一级人民检察院应当同步审查进行指导。”第 62 条规定：“被告不服第一审公益诉讼判决、裁定上诉的，人民检察院应当在收到上诉状副本后三日内报送上一级人民检察院，提起诉讼的人民检察院和上一级人民检察院应当全面审查案卷材料。”由此可知，公益诉讼可以上诉，而非一审终审，故而选项 C 错误。

选项 D 考查民事公益诉讼中的法官释明制度。最高人民法院《关于审理环境民事公益诉讼案件适用法律若干问题的解释》第 9 条规定了民事公益诉讼中法官的释明权，具体为：“人民法院认为原告提出的诉讼请求不足以保护社会公共利益的，可以向其释明变更或者增加停止侵害、修复生态环境等诉讼请求。”本案中，人民法院经计算得出原告提出的支付 100 万元处理费的诉讼请求并不足以保护社会公共利益，此时法院可以向原告释明，告知其将诉讼请求增加到支付 1000 万元处理费方能充分保护社会公共利益，但依据处分原则，法院不得强制要求环保组织将诉讼请求增加到 1000 万元，故而选项 D 正确。

[难度系数] * *

3 (1)**[答案]** D

[考点] 公益诉讼案件的提起

[解析] 《民诉解释》第 285 条规定：“人民法院受理公益诉讼案件后，依法可以提起诉讼的其他机关和有关组织，可以在开庭前向人民法院申请参加诉讼。人民法院准许参加诉讼的，列为共同原告。”对于同一侵害社会公共利益的行为，能够提起公益诉讼的主体可能为两个以上。为了充分保护原告的诉权，当一个原告起诉后，其他适格原告再次起诉时，法院应当允许。但为了避免司法资源的浪费和出现同案不同判的结果，也为了减少程序负担，其他原告应当以参加诉讼的方式而非起诉的方式参与到诉讼中。因此，当法院已经受理公益诉讼案件后，因同一侵权行为起诉的其他机关和有关组织可以在开庭前申请参加，法院准许的，应将其列为共同原告。基于上述分析，其他原告起诉后，将其与原有诉讼合并审理或者另案单独审理的做法均是错误的。A、B 选项不当选。

本案中，法院受理甲组织提起的诉讼后，在公告期间，依法可以提起诉讼的乙组织也提起诉讼，此时，法院应准许乙公益组织参加诉讼，并将其列为共同原告。本题是对《民诉解释》第 285 条的直接考查，D 选项说法正确。

《民诉解释》第 289 条规定：“公益诉讼案件的裁判发生法律效力后，其他依法具有原告资格的机关和有关组织就同一侵权行为另行提起公益诉讼的，人民法院裁定不予受理，但法律、司法解释另有规定的除外。”本题中，乙组织是在法院受理后提出的，并不是裁判发生法律效力后，不构成重复起诉，法院应予受理，C 选项说法错误。

[难度系数] *

(2)**[答案]** BCD

[考点] 公益诉讼案件中的和解与撤诉

[解析] 《民诉解释》第 287 条规定：“对公益诉讼案件，当事人可以和解，人民法院可以调解。当事人达成和解或者调解协议后，人民法院应当将和解或者调解协议进行公告。公告期间不得少于三十日。公告期满后，人民法院经审查，和解或者调解协议不违反社会公共利益的，应当出具调解书；和解或者调解协议违反社会公共利益的，不予出具调解书，继续对案件进行审理并依法作出裁判。”因此，C 选项“应将双方的和解协议内容予以公告”说法正确，应选。公告期满后，经法院审查，和解协议不违反社会公共利益的，法院应当依职权根据和解协议的内容制作调解书，D 选项说

法正确,应选。

《民诉解释》第 288 条规定:“公益诉讼案件的原告在法庭辩论终结后申请撤诉的,人民法院不予准许。”由此可知,在法庭辩论终结前,原告申请撤诉的,法院原则上应予准许。但值得注意的是,双方达成和解协议后,是不予允许申请撤诉的。其原因在于:公益诉讼是为了保护社会公共利益,原告与该社会公共利益之间并无利害关系,一旦和解或者达成调解协议后撤诉,公共利益的实现将处于诉讼程序之外,即使不了了之,人民法院也没有程序可以予以纠正。私益诉讼则不会存在这个问题,当事人可以自由处分其权利,人民法院不需要干预其能否实现。因此,本案中,法院不应当准许公益环保组织的撤诉申请,A 选项错误,B 选项正确。

[陷阱点拨] 很多考生认为选项 A 正确,其理由是《民诉解释》中赋予了公益诉讼原告撤诉的权利,这是因为这类考生忽略了公益诉讼撤诉的特殊性。公益诉讼案件中当事人达成和解协议或调解协议后是不允许撤诉的,对此,法院会作出以下两种处理:(1)公告期满,经审查不违反社会公共利益的,制作调解书;(2)公告期满,经审查违反社会公共利益的,依法作出裁判。

[难度系数] * *

(3)**[答案]** D

[考点] 公益诉讼与私益诉讼的衔接

[解析] 《民诉解释》第 286 条规定:“人民法院受理公益诉讼案件,不影响同一侵权行为的受害人根据民事诉讼法第一百二十二条规定提起诉讼。”因此,作为私益主体的渔民梁某,可以依同一侵权行为向法院提起诉讼。A、B 选项不予受理的说法错误。

私益诉讼中的诉讼请求是否受公益诉讼的影响,这一问题涉及同一侵权行为中私益诉讼与公益诉讼的关系。从性质和功能上看,公益诉讼是为了社会公共利益,私益诉讼是为了私人利益,两者并不冲突,也不能互相取代,是并行存在的。因此,公益诉讼中提出的诉讼请求在私益诉讼中仍然可以提出,C 选项错误,D 选项“其诉讼请求不受公益诉讼影响”说法正确。

[难度系数] *

第十六章 二审程序

考点一 二审中的当事人

1 **[答案]** A

[考点] 二审中的当事人

[解析] 《民诉解释》第 317 条规定了必要共同诉讼人在二审程序中的地位。必要共同诉讼人的一人或者部分人提起上诉的,按下列情形分别处理:(1)上诉仅对与对方当事人之间权利义务分担有意见,不涉及其他共同诉讼人利益的,对方当事人为被上诉人,未上诉的同一方当事人依原审诉讼地位列明;(2)上诉仅对共同诉讼人之间权利义务分担有意见,不涉及对方当事人利益的,未上诉的同一方当事人为被上诉人,对方当事人依原审诉讼地位列明;(3)上诉对双方当事人之间以及共同诉讼人之间权利义务承担有意见的,未提起上诉的其他当事人均为被上诉人。本案中,作为必要共同诉讼人之一的甲仅对共同诉讼人之间的权利义务分担有意见,不涉及对方当事人利益;因此,根据《民诉解释》第 317 条第 2 项的规定,本案甲为上诉人,丙为被上诉人,乙为原审被告,丁为

原审原告。选项 A 正确,选项 B、C、D 说法均错误。

解答本题首先需要判断本案是属于必要共同诉讼还是普通共同诉讼。在二审中,对于不同类型的共同诉讼当事人的诉讼地位是不同的。此外,考生需要进一步掌握:在普通共同诉讼中,共同诉讼人中的一人或者一部分人就法院作出的一审裁判不服,提起上诉的,该上诉行为仅对自己有效,其效力不及于其他共同诉讼人,其他共同诉讼人不能因此作为二审案件的当事人。

[难度系数] *

2 [答案] D

[考点] 二审中的当事人

[解析] 根据《民诉解释》第 317 条的规定,本案中:上诉的是甲,甲就是上诉人;甲认为法院分配给丙、丁的份额过多,对丙和丁不满,故丙和丁为被上诉人;由于本案和乙之间没有权利义务争议,所以应将乙列为原审原告。因此,本题答案为 D。

[难度系数] *

考点二 上诉的提起与受理

[答案] A

[考点] 上诉的受理与裁判

[解析] 选项 A 考查上诉的受理。上诉的受理,是指法院通过法定程序对当事人所提起的上诉审查后,对符合法定条件的上诉予以接受的诉讼行为。根据民事诉讼法的规定,上诉的条件如下:(1)当事人提起上诉只能针对法律规定允许上诉的判决和裁定;(2)提起上诉的主体应当合法,即应当是依据第一审裁判享有实体权利或承担实体义务的人;(3)当事人必须在法定期间内提起上诉;(4)当事人必须提交上诉状。本题中,B 区人民法院收到上诉状时发现得利公司的上诉已超过法定上诉期限,不符合上述上诉的第三个法定条件,因此法院经过审查后不应接受得利公司的上诉,即不予受理得利公司的上诉状,故选项 A 正确。

选项 B、C 考查上诉案件的裁判。根据《民事诉讼法》第 177 条第 1 款第 1 项的规定,原判决、裁定认定事实清楚,适用法律正确的,以判决、裁定方式驳回上诉,维持原判决、裁定。首先,本题中得利公司的上诉不满足受理条件,应当不予受理,故而没有进入第二审实体审理阶段,自然更不涉及第二审的裁判问题,即不涉及驳回上诉。其次,得利公司不服一审判决提起上诉,二审若对此进行裁判,应当用判决的方式驳回得利公司的上诉而非以裁定的方式。综上所述,选项 B、C 错误。

选项 D 考查上诉案件受理后的程序。虽然根据《民事诉讼法》第 174 条第 2 款的规定,原审人民法院收到上诉状,应当在 5 日内连同全部案卷和证据,报送第二审人民法院,但《民诉解释》第 318 条规定,未在法定上诉期间内递交上诉状的,视为未提起上诉。本案中,得利公司未在法定上诉期内提起上诉,依法视为未提起上诉,因此无须向 A 市中级人民法院移送案卷,故选项 D 错误。

[陷阱点拨] 关于上诉案件的裁判,总结如下:

项目	类型	适用情形
判决	判决驳回上诉,维持原判	原判决认定事实清楚,适用法律正确
	依法改判	原判决认定事实错误或适用法律错误
		原判决认定基本事实不清
	裁定撤销原判,发回重审	原判决认定基本事实不清
		原判决遗漏当事人或违法缺席判决等严重违反法定程序
		对当事人在第一审程序中已经提出的诉讼请求,原审法院未作审理、判决的,第二审法院可根据当事人自愿原则进行调解,调解不成,发回重审
		一审判决不准离婚的案件,上诉后,第二审法院认为应当判决离婚的,可以根据当事人自愿原则,与子女抚养、财产问题一并调解,调解不成的,发回重审。双方当事人同意由第二审法院一并审理的,第二审法院可一并裁判
	裁定撤销原判,驳回起诉	法院依照第二审程序审理案件,认为依法不应由法院受理
	裁定撤销原判,移送有管辖权的法院	法院依照第二审程序审理案件,认为第一审法院受理案件违反专属管辖规定
裁定	裁定驳回上诉,维持原裁定	原裁定认定事实清楚,适用法律正确的
	裁定撤销或变更原裁定	原裁定认定事实错误或适用法律错误的

[难度系数] * *

考点三 上诉案件的审理

1 [答案] D

[考点] 申请鉴定的时间 二审中的新诉求

[解析] 《民事诉讼法》并未禁止当事人在二审中申请鉴定,故驳回张三的鉴定申请是错误的。A 项错误。

《民诉解释》第 326 条第 1 款规定:“在第二审程序中,原审原告增加独立的诉讼请求或者原审被告提出反诉的,第二审人民法院可以根据当事人自愿的原则就新增加的诉讼请求或者反诉进行调解;调解不成的,告知当事人另行起诉。”张三要求甲公司赔偿损失属于二审中提出的新诉求。对于二审中当事人提出的新诉求,法院不能直接告知另诉,而是应先调解,调解不成再告知其另行起诉。B 项、C 项错误,D 项正确。

[陷阱点拨] (1)考生在做此题时,应当区分漏判诉讼请求和增加诉讼请求这两种不同情况。《民诉解释》第 326 条第 2 款规定的“一并裁判”针对的是增加的诉讼请求,不包括漏判的诉讼请求。因为二审法院经当事人一致同意审理其增加的诉讼请求,属于当事人行使处分权,放弃其增加的诉讼请求的上诉权,而漏判的诉讼请求属于严重违反法定程序的错误,当事人不能自由处分,必须要发回重审进行改正。

(2)下表为对二审中的调解所作的总结,便于考生掌握。

处理方式	适用情形
二审可调解，调解不成的，发回重审	“漏判”——对当事人在第一审程序中已经提出的诉讼请求，原审人民法院未作审理、判决的： ①第二审人民法院可以根据当事人自愿的原则进行调解； ②调解不成的，发回重审
	“漏人”——必须参加诉讼的当事人或者有独立请求权的第三人，在第一审程序中未参加诉讼的： ①第二审人民法院可以根据当事人自愿的原则进行调解； ②调解不成的，发回重审
	离婚案件——一审判决不准离婚的案件，上诉后，第二审人民法院认为应当判决离婚的： ①可以根据当事人自愿的原则，与子女抚养、财产问题一并调解； ②调解不成的，发回重审
二审可调解，调解不成的，告知另行起诉	在第二审程序中，原审原告增加独立的诉讼请求或者原审被告提出反诉的： ①第二审人民法院可以根据当事人自愿的原则就新增加的诉讼请求或者反诉进行调解； ②调解不成的，告知当事人另行起诉
二审可调解，调解不成的，及时判决	①第二审人民法院审理上诉案件，可以进行调解。②调解达成协议，应当制作调解书，由审判人员、书记员署名，加盖人民法院印章。调解书送达后，原审人民法院的判决即视为撤销。③调解不成的，应当及时判决

[难度系数] * *

2 **[答案]** A

[考点] 上诉的撤回

[解析] 二审中，当事人达成和解协议后，上诉人撤回上诉的，一审判决生效。当对方反悔不履行和解协议时，因为已经有生效法律文书，所以只能申请执行一审判决。A 项正确。

诉讼中达成的和解协议、调解协议是纠纷的解决方式，不是民事合同，不能以实体法中的“显失公平”为由撤销，法院不能支持乙的这种诉求。B 项、C 项错误。

诉讼中达成的和解协议没有可诉性，只有执行和解协议、人民调解协议具有可诉性。D 项错误。

二审中，当事人达成和解协议、调解协议的，可以选择如下方式结案：根据和解协议、调解协议制作调解书；一审原告申请撤回起诉——此时法院会撤销一审裁判，同时原告诉权丧失；上诉人撤回上诉——一审判决会生效。和解协议、调解协议作为纠纷解决方式，不是民事合同，不能向法院起诉，也没有强制执行力。

[难度系数] *

3 **[答案]** B

[考点] 上诉的撤回

[解析] 在民事诉讼中，当事人享有程序选择权和处分权。在二审程序中，当事人有权撤回起诉，也有权撤回上诉，但需要满足一定的条件。根据《民诉解释》第 336 条的规定，在二审程序中，原审原告申请撤回起诉，应当同时满足两项条件：(1)经其他当事人同意；(2)不损害国家利益、社会公共利益、他人合法权益。此时，法院有权决定是否准许。对于准许撤回起诉的，应当一并裁定撤销一审裁判。所以，A 选项所说的二审程序不允许撤回起诉不正确，只要满足一定条件，二审中是允许撤回起诉的。

本案中,新立公司与张某达成合意,双方同意撤回起诉和上诉,张某撤回起诉满足法律规定的撤回起诉的条件,即经其他当事人新立公司同意且不存在损害国家利益、社会公共利益、他人合法权益,所以,法院可准许张某撤回起诉。B 选项正确。与之相对,D 选项"不许张某撤回起诉"的说法不正确。

根据《民事诉讼法》和相关司法解释的规定,二审法院发现原判决认定基本事实不清时,可以裁定撤销原判发回重审,当发现原判遗漏当事人或者违法缺席判决等严重违反法定程序时,应当裁定撤销原判发回重审。本案中,双方当事人同意撤回起诉和上诉的行为不属于撤销原判发回重审的原因,当事人的申请满足《民诉解释》第 336 条规定的撤回起诉的条件,在二审程序中可以直接撤回起诉,C 选项说法错误。

[难度系数] *

4 **[答案]** B

[考点] 上诉撤回的法律效果、和解协议

[解析] 上诉的撤回,是指上诉人在提起上诉后、二审判决作出前,向二审法院申请撤回上诉的行为。上诉人撤回上诉表明放弃了审级利益和对一审裁判的承认,法院准许当事人撤回上诉的,一审判决自动生效,当事人可依一审判决申请强制执行。B 选项说法正确。

本题中,除有一审判决外,还有双方当事人达成的和解协议。值得注意的是,和解协议实质是双方就争议的民事法律关系签订的一份合同,不具有强制执行力,不能申请强制执行,A 选项说法错误。

当事人撤回上诉会导致一审裁判生效。由于本案已经存在生效的一审判决,如果当事人依和解协议另行起诉就会违反"一事不再理"原则,法院不会再行受理。C 选项说法错误。

我国《民事诉讼法》仅规定了调解协议的司法确认程序,本案中的和解协议不是司法确认的对象,D 选项说法错误。如果当事人欲使双方达成的和解协议的内容具有强制执行的效力,可以按照《民诉解释》第 337 条的规定,向人民法院申请对双方达成的和解协议进行审查并制作调解书。本案中,双方可以请求法院根据和解协议制作调解书,从而否定一审判决。

[陷阱点拨] 考生需要注意的是,在一审和二审中达成和解协议后申请撤诉对当事人诉讼权利的影响和法律文书效力的影响是不同的。在一审中,和解协议不具有强制执行力,但当事人在法定期间内可再行起诉;在二审中,和解协议不具有强制执行力,一审裁判生效,当事人可以选择是否对一审裁判申请强制执行。

[难度系数] * *

5 **[答案]** AC

[考点] 二审案件的审理范围

[解析] 《民事诉讼法》第 175 条规定:"第二审人民法院应当对上诉请求的有关事实和适用法律进行审查。"《民诉解释》第 321 条规定:"第二审人民法院应当围绕当事人的上诉请求进行审理。当事人没有提出请求的,不予审理,但一审判决违反法律禁止性规定,或者损害国家利益、社会公共利益、他人合法权益的除外。"

本案中,力胜公司不服令其支付 5 万元违约金的判决,向二审法院提起上诉。二审法院应当围绕上诉人的上诉请求即不服违约金判决的请求的有关事实和法律适用情况进行审理。因此,选项 A、C 为正确选项。房屋质量问题的认定并不在上诉请求范围内,且仅关涉双方当事人私人利益,不存在损害国家利益、社会公共利益、他人合法权益的情况。同时,一审法院对房屋质量问题的认定

仅是证据不足,并未违反法律禁止性规定。因此,根据《民诉解释》第 321 条的规定,房屋质量问题不属于二审法院的审理范围,选项 B 说法错误。民事诉讼二审与刑事诉讼二审不同,实行不告不理制度而非全面审查制度,选项 D 说法错误。

[难度系数] *

考点四 上诉案件的裁判

[答案] C

[考点] 二审裁判的补正

[解析] 《民事诉讼法》第 157 条第 1 款规定:“裁定适用于下列范围:……(七)补正判决书中的笔误……”《民诉解释》第 245 条规定:“民事诉讼法第一百五十七条第一款第七项规定的笔误是指法律文书误写、误算,诉讼费用漏写、误算和其他笔误。”可见,当判决书中存在误写、误算,诉讼费用漏写、误算和其他笔误时,可以通过裁定补正。本案中,二审法院发现其作出的判决中存在计算错误,可以通过裁定补正判决书中的笔误。选项 C 正确,选项 A、B、D 错误。

[难度系数] * *

考点五 重审

1 [答案] BC

[考点] 发回重审、变更诉讼请求

[解析] 《民诉解释》第 251 条规定:“二审裁定撤销一审判决发回重审的案件,当事人申请变更、增加诉讼请求或者提出反诉,第三人提出与本案有关的诉讼请求的,依照民事诉讼法第一百四十三条规定处理。”《民事诉讼法》第 143 条规定:“原告增加诉讼请求,被告提出反诉,第三人提出与本案有关的诉讼请求,可以合并审理。”发回重审后当事人可以变更诉讼请求,法院可以合并审理,法院应当根据李四变更后的诉讼请求审理案件。B 项正确。D 项错误。

发回重审的案件,既是原审程序的延续,同时又允许当事人提出新的诉求和证据。如果当事人没有提出新的证据,原有的证据材料仍然可以作为定案依据,所以说法院不能按原审证据材料认定事实是错误的。A 项错误。

根据前述规定,发回重审还是要受到原审程序的约束,李四不能随意撤回原审中的自认,原来的诉讼行为原则上对双方当事人都有约束力。所以说李四应受原审诉讼的约束是对的。C 项正确。

[难度系数] * *

2 [答案] D

[考点] 对发回重审的次数限制、离婚案件的调解原则及二审的处理

[解析] 《民事诉讼法》第 177 条第 2 款规定:“原审人民法院对发回重审的案件作出判决后,当事人提起上诉的,第二审人民法院不得再次发回重审。”这一规定一方面能够避免当事人的纠纷处于久处不决的状态,另一方面也能够有效避免司法资源的浪费。《民诉解释》第 327 条规定:“一审判决不准离婚的案件,上诉后,第二审人民法院认为应当判决离婚的,可以根据当事人自愿的原则,与子女抚养、财产问题一并调解;调解不成的,发回重审。双方当事人同意由第二审人民法院一并审理的,第二审人民法院可以一并裁判。”这一规定的原因在于,我国实行两审终审制,二审法院作出的裁判即为终审裁判。该规定体现了对当事人审级利益的保障,征询当事人同意的规定也是

民事诉讼法处分原则的体现。

本题中，一审法院作出不予离婚的判决后，二审法院经调解未能达成调解协议，故应根据《民诉解释》第327条的规定撤销原判、发回重审。原一审法院再次作出不予离婚的判决后，根据《民事诉讼法》第177条第2款的规定，二审法院不得再次发回重审，故A选项错误。根据《民诉解释》第327条的规定，二审法院对婚姻关系、子女抚养及财产问题一并审理的，需要经过当事人的同意，故B选项“直接作出判决”的表述错误。根据《民诉解释》第145条第2款的规定，人民法院审理离婚案件，应当进行调解，但不应久调不决。因此，二审法院就离婚问题进行审理时，应当进行调解，故C选项“可以”的表述错误。二审法院调解过程中，若双方调解达成一致，可以调解结案；若调解不成，本题中二审法院已发回重审一次，此时法院应当作出判决。换言之，本题法院可以作出调解书，也可以作出判决。故D选项正确。

[难度系数] *

3 **[答案]** BC

[考点] 发回重审

[解析] 《民事诉讼法》第40条第2款规定：“适用简易程序审理的民事案件，由审判员一人独任审理……”《民事诉讼法》第41条第3款规定：“发回重审的案件，原审人民法院应当按照第一审程序另行组成合议庭。”由此可知，发回重审的案件必须适用合议庭审理，而简易程序案件由审判员独任审理，二者相冲突，因此，发回重审的案件不能适用简易程序。选项A错误。

《民事诉讼法》第130条规定：“人民法院受理案件后，当事人对管辖权有异议的，应当在提交答辩状期间提出。人民法院对当事人提出的异议，应当审查。异议成立的，裁定将案件移送有管辖权的人民法院；异议不成立的，裁定驳回。当事人未提出管辖异议，并应诉答辩或者提出反诉的，视为受诉人民法院有管辖权，但违反级别管辖和专属管辖规定的除外。”同时，《民诉解释》第39条第2款规定：“人民法院发回重审或者按第一审程序再审的案件，当事人提出管辖异议的，人民法院不予审查。”由此可知，被告的管辖权异议应当在提交答辩状期间提出。发回重审期间，被告提出管辖权异议的，法院不予审查。选项B正确。

《民诉解释》第251条规定：“二审裁定撤销一审判决发回重审的案件，当事人申请变更、增加诉讼请求或者提出反诉，第三人提出与本案有关的诉讼请求的，依照民事诉讼法第一百四十三条规定处理。”《民事诉讼法》第143条规定：“原告增加诉讼请求，被告提出反诉，第三人提出与本案有关的诉讼请求，可以合并审理。”由此可知，在发回重审的案件中，当事人申请变更、增加诉讼请求或者提出反诉，第三人提出与本案有关的诉讼请求时，有两种处理方式：第一，合并审理；第二，另案处理。本案中，原告章俊增加了诉讼请求，被告李泳提出反诉，法院可以合并审理，选项C正确。法院以重审不可提出反诉为由拒绝受理李泳的反诉，此理由不符合法律规定，选项D错误。

[陷阱点拨] 二审发回重审与再审提审的比较，详见下表总结：

项目	审理法院	适用程序	原文书效力	当事人权利
重审	原一审法院	一审普通程序	未生效	可上诉
提审	上级人民法院或最高人民法院	二审程序	生效	不得上诉

[难度系数] * *

第十七章　再 审 程 序

考点一　再审的提起

1 [答案]　BD

[考点]　当事人申请再审

[解析]　对于甲和乙之间的借款合同、甲和丙之间的担保合同,甲已经向法院起诉过,并且生效法律文书判决甲和乙之间的借款合同成立,但是甲和丙之间担保法律关系不成立。在生效法律文书已经确定甲和丙之间的担保合同法律关系不成立的情况下,其具有既判力,对当事人双方都有约束力。因此,法院不能允许甲另行起诉丙,否则另诉就否定了前诉的裁判结果,构成重复起诉。A 项错误。

最高人民法院《关于受理审查民事申请再审案件的若干意见》第 18 条规定:“人民法院对以下列事由申请再审的案件,可以组织当事人进行听证:(一)有新的证据,足以推翻原判决、裁定的;(二)原判决、裁定认定的基本事实缺乏证据证明的;(三)原判决、裁定认定事实的主要证据是伪造的;(四)原判决、裁定适用法律确有错误的。”可见,对于当事人申请再审的案件,法院可以询问当事人,必要时可以听证。B 项正确。

再审制度是针对生效法律文书的救济制度,所以不能以法律文书生效为由驳回再审申请。C 项错误。

当事人对于一审案件,能上诉而没有上诉,而后再申请再审的行为,违反了诚信原则,属于滥用诉讼权利,法院应裁定驳回再审申请。该种情形法律没有明确规定,但最高人民法院在(2020)最高法民申 7058 号等文书中表达了上述观点。D 项正确。

[难度系数]　* *

2 [答案]　D

[考点]　再审申请的审查

[解析]　执行回转指的是执行完毕后,据以执行的法律文书确有错误被法院撤销的,对已执行的财产,法院应当作出裁定,责令取得财产人返还,拒不返还的,强制执行。本案是在再审申请过程中,法院发现和解协议已经履行完毕,并不存在据以执行的法律文书被法院撤销的情形,故与执行回转无关。选项 A 表述错误。

选项 B、D 考查的是对再审申请如何处理的问题。《民事诉讼法》第 215 条第 1 款规定:“人民法院应当自收到再审申请书之日起三个月内审查,符合本法规定的,裁定再审;不符合本法规定的,裁定驳回申请。有特殊情况需要延长的,由本院院长批准。”《民诉解释》第 400 条规定:“再审申请审查期间,有下列情形之一的,裁定终结审查:(一)再审申请人死亡或者终止,无权利义务承继者或者权利义务承继者声明放弃再审申请的;(二)在给付之诉中,负有给付义务的被申请人死亡或者终止,无可供执行的财产,也没有应当承担义务的人的;(三)当事人达成和解协议且已履行完毕的,但当事人在和解协议中声明不放弃申请再审权利的除外;(四)他人未经授权以当事人名义申请再审的;(五)原审或者上一级人民法院已经裁定再审的;(六)有本解释第三百八十一条第一款规定情形的。”本案中,法院受理了当事人的再审申请并进行审查,但是审查过程中发现双方当事人在执行程序中达成了和解协议并已经履行完毕，属于法律规定的裁定终结审查的情形。选项 B 表述错误，选项 D 表述正确。

选项 C 考查的是再审审查内容。《民诉解释》第 384 条规定，人民法院受理申请再审案件后，应当依照《民事诉讼法》第 211 条、第 212 条、第 215 条等规定，对当事人主张的再审事由进行审查。《民事诉讼法》第 211 条规定："当事人的申请符合下列情形之一的，人民法院应当再审：(一)有新的证据，足以推翻原判决、裁定的；(二)原判决、裁定认定的基本事实缺乏证据证明的；(三)原判决、裁定认定事实的主要证据是伪造的；(四)原判决、裁定认定事实的主要证据未经质证的；(五)对审理案件需要的主要证据，当事人因客观原因不能自行收集，书面申请人民法院调查收集，人民法院未调查收集的；(六)原判决、裁定适用法律确有错误的；(七)审判组织的组成不合法或者依法应当回避的审判人员没有回避的；(八)无诉讼行为能力人未经法定代理人代为诉讼或者应当参加诉讼的当事人，因不能归责于本人或者其诉讼代理人的事由，未参加诉讼的；(九)违反法律规定，剥夺当事人辩论权利的；(十)未经传票传唤，缺席判决的；(十一)原判决、裁定遗漏或者超出诉讼请求的；(十二)据以作出原判决、裁定的法律文书被撤销或者变更的；(十三)审判人员审理该案件时有贪污受贿，徇私舞弊，枉法裁判行为的。"本案中，法院对甲和乙之间的合同纠纷作出了判决，只是在执行过程中，双方当事人达成了和解协议，甲以新证据为由向法院申请再审，是就原法院作出的判决申请再审，而不是就和解协议申请再审。在对判决申请再审时，法院审查的内容应该为是否存在《民事诉讼法》第 207 条规定的 13 种法定情形，而非和解协议的内容。选项 C 表述错误。

[难度系数] * *

3 **[答案]** CD

[考点] 检察监督

[解析] 《民事诉讼法》第 220 条规定："有下列情形之一的，当事人可以向人民检察院申请检察建议或者抗诉：(一)人民法院驳回再审申请的；(二)人民法院逾期未对再审申请作出裁定的；(三)再审判决、裁定有明显错误的。人民检察院对当事人的申请应当在三个月内进行审查，作出提出或者不予提出检察建议或者抗诉的决定。当事人不得再次向人民检察院申请检察建议或者抗诉。"第 221 条规定："人民检察院因履行法律监督职责提出检察建议或者抗诉的需要，可以向当事人或者案外人调查核实有关情况。"由此可知：第一，关于当事人申请检察建议的前提条件。在法院驳回再审申请、法院逾期未作裁定、再审裁判有错误时，当事人才可向检察院申请检察建议。因此，选项 A 在申请再审的同时申请检察建议的做法错误。第二，无论申请检察建议还是申请抗诉，以一次为限。因此，选项 B 错误。第三，检察机关有向当事人或者案外人调查核实的权力。建华公司、瑞成公司都是案件当事人，因此，选项 C、D 正确。

[陷阱点拨] 检察建议与抗诉的区别，详见下表总结：

项目	检察建议	抗诉
提起主体的级别不同	同级检察院向同级法院提出	上级检察院向下级法院提出
针对的对象不同	(1)生效裁判； (2)审判人员的违法行为； (3)执行监督	生效裁判(除适用非讼程序或解除婚姻关系的判决、裁定外)
效力不同	再审检察建议不必然启动再审	抗诉必然启动再审

[难度系数] *

考点二 再审案件的审判程序

1 ［答案］ B

［考点］ 再审案件的管辖

［解析］ 《民诉解释》第 377 条规定:“当事人一方人数众多或者当事人双方为公民的案件,当事人分别向原审人民法院和上一级人民法院申请再审且不能协商一致的,由原审人民法院受理。”对于本条的理解应当注意,当事人分别向原审人民法院和上一级人民法院申请再审,这里的“分别”指的应当是双方当事人同时向有管辖权的法院申请再审的情况。如果当事人分别同时向原审法院和上一级人民法院申请再审,两受理法院应及时征求双方当事人的意见,协商确定管辖。协商不成的,由原审人民法院受理。换言之,在一方当事人已经向有管辖权的法院之一申请再审,法院已经受理并向对方当事人发送再审申请书副本,对方当事人已经收到的情况下,对方当事人还向另一具有管辖权的法院申请再审的,则属于规避已经受理的法院管辖,不适用《民诉解释》第 377 条的规定。本题题干中表述为“丁甲与王二先后分别……申请再审”,应理解为丁甲和王二并非同时向有管辖权的法院申请再审,无法适用《民诉解释》第 377 条的规定,故正确答案为 B 选项。

［难度系数］ *

2 ［答案］ ABD

［考点］ 发回重审的处理、本诉撤诉后反诉的处理

［解析］ A 选项考查了再审发回重审后提出反诉的处理。《民诉解释》第 252 条规定:“再审裁定撤销原判决、裁定发回重审的案件,当事人申请变更、增加诉讼请求或者提出反诉,符合下列情形之一的,人民法院应当准许:(一)原审未合法传唤缺席判决,影响当事人行使诉讼权利的;(二)追加新的诉讼当事人的;(三)诉讼标的物灭失或者发生变化致使原诉讼请求无法实现的;(四)当事人申请变更、增加的诉讼请求或者提出的反诉,无法通过另诉解决的。”本题中,基于再审发现遗漏了必须参加诉讼的丙公司,一审法院重审时应当追加其为诉讼当事人,即属于前述规定所列的第 2 项的情形。因此,若乙公司提出反诉,法院应当准许,A 选项正确。

B 选项考查了发回重审适用的审判组织形式。《民事诉讼法》第 41 条第 3 款、第 4 款规定,发回重审的案件,原审人民法院应当按照第一审程序另行组成合议庭。审理再审案件,原来是第一审的,按照第一审程序另行组成合议庭;原来是第二审的或者是上级人民法院提审的,按照第二审程序另行组成合议庭。本题中,原审法院应当另行组成合议庭,即应当适用普通程序审理,B 选项正确。

C 选项和 D 选项考查了发回重审后本诉撤诉后的处理。《民事诉讼法》第 148 条第 1 款规定:“宣判前,原告申请撤诉的,是否准许,由人民法院裁定。”法院裁定准许甲公司撤诉后,无须再作出驳回乙公司再审申请的裁定,因为在乙公司申请再审后,再审法院已经裁定发回重审,即其已经就乙公司的再审申请作出了处理。重审中甲公司申请撤诉的,无须再由裁定再审的法院作出处理,只需要再审法院作出是否准许的裁定即可,故 C 选项错误。《民诉解释》第 239 条规定:“人民法院准许本诉原告撤诉的,应当对反诉继续审理;被告申请撤回反诉的,人民法院应予准许。”法院应当就乙公司的反诉进行审理,故 D 选项正确。

［难度系数］ * *

3 ［答案］ BD

［考点］ 再审案件的审理范围

[解析] 《民诉解释》第 403 条规定："人民法院审理再审案件应当围绕再审请求进行。当事人的再审请求超出原审诉讼请求的，不予审理；符合另案诉讼条件的，告知当事人可以另行起诉。被申请人及原审其他当事人在庭审辩论结束前提出的再审请求，符合民事诉讼法第二百一十二条规定的，人民法院应当一并审理。人民法院经再审，发现已经发生法律效力的判决、裁定损害国家利益、社会公共利益、他人合法权益的，应当一并审理。"可见，再审案件的审理范围是当事人的再审请求。本案中，再审法院裁定撤销原判决，将案件发回重审，甲公司新增的诉讼请求及乙公司提出的反诉均超出了再审请求，且不符合《民诉解释》第 252 条规定的法院应当准许合并审理的情形，故不属于再审范围，再审法院不应对其进行调解，应告知当事人另行起诉。选项 B、D 表述正确，选项 A、C 表述错误。

[陷阱点拨] 考生应该注意区分在二审程序和再审程序中，当事人增加诉讼请求及提出反诉应该如何处理。《民诉解释》第 326 条规定："在第二审程序中，原审原告增加独立的诉讼请求或者原审被告提出反诉的，第二审人民法院可以根据当事人自愿的原则就新增加的诉讼请求或者反诉进行调解；调解不成的，告知当事人另行起诉。双方当事人同意由第二审人民法院一并审理的，第二审人民法院可以一并裁判。"在二审程序中，原审原告新增独立的诉讼请求或者原审被告反诉的，二审法院可以先进行调解，调解不成，再告知另行起诉；而在再审程序中，法律未规定再审法院可以先进行调解，再审法院应不予审理。

[难度系数] * *

4 [答案] D

[考点] 再审案件的审判程序

[解析] 《民事诉讼法》第 238 条规定："执行过程中，案外人对执行标的提出书面异议的，人民法院应当自收到书面异议之日起十五日内审查，理由成立的，裁定中止对该标的的执行；理由不成立的，裁定驳回。案外人、当事人对裁定不服，认为原判决、裁定错误的，依照审判监督程序办理；与原判决、裁定无关的，可以自裁定送达之日起十五日内向人民法院提起诉讼。"本案中，关于甲、乙之间的字画所有权争议，A 市 B 县法院判决字画所有权归甲，之后丙在执行程序中提出异议但被驳回。丙主张自己为字画所有权人，即丙认为法院作出的判决内容是错误的，故之后丙应该申请再审，不可提起诉讼。

执行异议之诉，是在执行过程中，当事人和案外人对执行标的实体权利存有争议，请求执行法院解决争议而引起的诉讼，包括案外人异议之诉、申请执行人异议之诉以及分配方案异议之诉。故法院无法在具体的再审审查中告知再审申请人提起执行异议之诉。选项 B 表述错误。

又因《民事诉讼法》第 210 条规定："当事人对已经发生法律效力的判决、裁定，认为有错误的，可以向上一级人民法院申请再审；当事人一方人数众多或者当事人双方为公民的案件，也可以向原审人民法院申请再审。当事人申请再审的，不停止判决、裁定的执行。"《民事诉讼法》第 215 条第 2 款规定："因当事人申请裁定再审的案件由中级人民法院以上的人民法院审理，但当事人依照本法第二百一十条的规定选择向基层人民法院申请再审的除外……"根据《民事诉讼法》第 210 条的规定可知，双方当事人为公民的案件，当事人可以向原审人民法院或上一级人民法院申请再审。本案中，案件的生效判决是基层人民法院作出的，丙向中级人民法院申请再审，属于向上一级人民法院申请再审的情形，应该按照第二审程序进行审理。但丙之前并未参加诉讼，若按二审程序审理之后判决直接生效，意味着丙的权利义务关系只经一次审理即告终结，违背两审终审制度。故 A 市中级法院应该进行调解，调解不成的，裁定撤销原判决，发回重审。重审时应追加丙为共同诉讼人，而非直接作出判决或告知丙另诉。选项 A、C 表述错误,选项 D 表述正确。

[难度系数]　* *

第十八章　特别程序

考点一　宣告失踪案件

1 [答案]　AB

[考点]　财产代管人的变更

[解析]　《民诉解释》第 342 条第 1 款规定:"失踪人的财产代管人经人民法院指定后,代管人申请变更代管的,比照民事诉讼法特别程序的有关规定进行审理。申请理由成立的,裁定撤销申请人的代管人身份,同时另行指定财产代管人;申请理由不成立的,裁定驳回申请。"赵某的妻子作为财产代管人,自己要求变更财产代管人,适用特别程序审理。A 项正确。

《民诉解释》第 342 条第 2 款规定:"失踪人的其他利害关系人申请变更代管的,人民法院应当告知其以原指定的代管人为被告起诉,并按普通程序进行审理。"赵某的妈妈要求变更财产代管人,属于利害关系人要求变更代管人,应作为争讼程序适用普通程序审理,不能适用简易程序审理。B 项正确,C 项错误。同时,赵某的妈妈要求变更财产代管人,应以现有的财产代管人赵某的妻子为被告,不能以尚未担任财产代管人的赵乙为被告。D 项错误。

[难度系数]　* *

2 [答案]　B

[考点]　宣告失踪的特别程序

[解析]　选项 A 考查宣告失踪案件的申请人。《民事诉讼法》第 190 条第 1 款规定:"公民下落不明满二年,利害关系人申请宣告其失踪的,向下落不明人住所地基层人民法院提出。"由此,申请公民失踪的主体为利害关系人。本案中,李某与刘某存在债权债务关系,因刘某的失踪会使其与李某的财产关系处于不稳定状态,故李某作为利害关系人有权申请刘某失踪。A 选项说法错误。

选项 B、C、D 考查失踪人财产代管人变更的程序。本案中,刘妻为财产代管人,刘父为失踪人的其他利害关系人。刘父认为刘妻代管财产会损害其子的利益,向法院申请变更代管人,应当适用《民诉解释》第 342 条第 2 款的规定,即以刘妻为被告向法院起诉,由法院按照普通程序进行审理。B 选项说法正确。

考生需要注意,其他利害关系人要求法院变更财产代管人,涉及实体争议,应当通过诉讼的方式向法院提起变更之诉,而不是通过申请的方式,C 选项说法错误。

宣告失踪案件属于特殊程序案件,实行一审终审且不能进行再审,D 选项说法错误。

[难度系数]　*

考点二　宣告死亡案件

[答案]　C

[考点]　宣告死亡案件

[解析]　选项 A 考查宣告死亡案件的管辖法院。《民事诉讼法》第 191 条第 1 款规定:"公民

下落不明满四年,或者因意外事件下落不明满二年,或者因意外事件下落不明,经有关机关证明该公民不可能生存,利害关系人申请宣告其死亡的,向下落不明人住所地基层人民法院提出。”本案中,成某出差归途所乘航班失踪,主管方宣布机上乘客不可能生还,属于可以宣告死亡的案件。因成某居住在乙县,成妻作为利害关系人向乙县法院申请宣告成某死亡的做法正确;乙县法院有管辖权,不应将案件移送甲县法院审理。选项 A 错误。

诉的合并,是指法院将两个或两个以上彼此之间有牵连的诉合并到一个诉讼程序中审理和裁判。本案中,甲县法院受理的是成某诉罗某借款纠纷案件,是普通程序案件;乙县法院受理的是宣告成某死亡案件,是特别程序案件。二者不是同一程序,不能合并审理。选项 B 错误。

选项 C 考查诉讼中止的情形。《民事诉讼法》第 153 条规定:“有下列情形之一的,中止诉讼:(一)一方当事人死亡,需要等待继承人表明是否参加诉讼的;(二)一方当事人丧失诉讼行为能力,尚未确定法定代理人的;(三)作为一方当事人的法人或者其他组织终止,尚未确定权利义务承受人的;(四)一方当事人因不可抗拒的事由,不能参加诉讼的;(五)本案必须以另一案的审理结果为依据,而另一案尚未审结的;(六)其他应当中止诉讼的情形。中止诉讼的原因消除后,恢复诉讼。”本案中,成某是否死亡,是否需要等待继承人表明是否参加诉讼,需要等到宣告死亡案的结果出来后才能确定。故根据上述《民事诉讼法》第 153 条第 1 款第 5 项的规定,甲县法院对成某诉罗某借款纠纷案应当中止审理。选项 C 正确。

选项 D 考查诉讼终结的情形。《民事诉讼法》第 154 条规定:“有下列情形之一的,终结诉讼:(一)原告死亡,没有继承人,或者继承人放弃诉讼权利的;(二)被告死亡,没有遗产,也没有应当承担义务的人的;(三)离婚案件一方当事人死亡的;(四)追索赡养费、扶养费、抚养费以及解除收养关系案件的一方当事人死亡的。”本案中,成某死亡,其有继承人成妻,且成妻没有放弃诉讼权利,故不符合诉讼终结的情形。选项 D 错误。

[难度系数] * *

考点三　确认调解协议案件

1 **[答案]** D

[考点] 确认调解协议案件

[解析] 本题考查对特别程序所作判决、裁定的异议。首先,确认调解协议效力为特别程序,特别程序一审终审,对其判决、裁定不能上诉,也不能适用审判监督程序,故选项 B、C 错误。其次,根据《民诉解释》第 372 条的规定可知,适用特别程序作出的判决、裁定,当事人、利害关系人认为有错误的,可以向作出该判决、裁定的法院提出异议。法院经审查,异议成立或者部分成立的,作出新的判决、裁定撤销或者改变原判决、裁定;异议不成立的,裁定驳回。故本题当事人对法院确认调解协议效力的裁定有异议的,可以向作出该裁定的该区法院提出异议,由法院适用特别程序审查作出新的判决、裁定。当事人不能上诉、申请再审,也不存在复议的问题。本题答案应当为 D。

[难度系数] *

2 **[答案]** A

[考点] 申请确认调解协议案件

[解析] 本题考查的是特别程序能否申请再审的问题。《民诉解释》第 378 条规定:“适用特别程序、督促程序、公示催告程序、破产程序等非讼程序审理的案件,当事人不得申请再审。”《民事诉讼法》第 211 条第 1 款规定:“人民法院应当自收到再审申请书之日起三个月内审查,符合本法规

定的,裁定再审;不符合本法规定的,裁定驳回申请。有特殊情况需要延长的,由本院院长批准。”确认调解协议案件在《民事诉讼法》中被归为特别程序。本案中,双方当事人签订调解协议之后请求司法确认,法院作出裁定确认调解协议有效,属于特别程序案件,当事人不能申请再审。故根据《民事诉讼法》第 211 条第 1 款的规定,当事人的申请不符合条件,应裁定驳回再审申请,选项 A 表述正确。

[陷阱点拨] 本题中考生应该注意以调解方式解决纠纷时,当事人可以如何进行救济的问题。

(1)如果双方当事人在诉讼外达成了调解协议,但是没有进行司法确认。《人民调解法》第 32 条规定:“经人民调解委员会调解达成调解协议后,当事人之间就调解协议的履行或者调解协议的内容发生争议的,一方当事人可以向人民法院提起诉讼。”这种情况下,当事人可以就调解协议向法院提起诉讼。

(2)如果双方当事人达成了调解协议,并申请了司法确认,则属于确认调解协议的案件,为非讼程序,当事人不得申请再审。

(3)如果是在诉讼过程中,法院组织双方当事人进行了调解,并出具了调解书。《民事诉讼法》第 212 条规定:“当事人对已经发生法律效力的调解书,提出证据证明调解违反自愿原则或者调解协议的内容违反法律的,可以申请再审。经人民法院审查属实的,应当再审。”此种情况下,双方当事人可以就此调解书申请再审,但事由只能为“调解违反自愿原则或者调解协议的内容违反法律”。

考生在答题时应该注意区别调解的不同情形,避免失分。

[难度系数] *

考点四　实现担保物权案件

[答案] AD

[考点] 特别程序之实现担保物权的案件、仲裁条款独立性

[解析] 选项 A、选项 B 主要考查特别程序中有关实现担保物权案件的规定。《民诉解释》第 370 条规定:“人民法院审查后,按下列情形分别处理:(一)当事人对实现担保物权无实质性争议且实现担保物权条件成就的,裁定准许拍卖、变卖担保财产;(二)当事人对实现担保物权有部分实质性争议的,可以就无争议部分裁定准许拍卖、变卖担保财产;(三)当事人对实现担保物权有实质性争议的,裁定驳回申请,并告知申请人向人民法院提起诉讼。”本题中,刘某与银行签订贷款合同并以刘某和王某各自一套房屋抵押,后银行申请实现抵押权,刘某无异议,王某对抵押合同有异议。根据上述《民诉解释》第 370 条第 2 项的规定,当事人对实现担保物权有部分实质性争议的,法院可以就无争议部分裁定准许拍卖、变卖担保财产,即法院可以裁定准许拍卖刘某的房产,不能拍卖有争议的王某的房产。选项 A 正确,选项 B、C 错误。

选项 C、D 不仅考查了特别程序中有关实现担保物权案件的规定,还考查了仲裁条款独立性原则。根据上述《民诉解释》第 370 条第 3 项的规定可知,对于实现担保物权有实质性争议的部分,法院应当裁定驳回申请,告知另诉。因此,对于对抵押合同有实质性争议的王某而言,法院应当裁定驳回银行对王某房产的拍卖申请。《仲裁法》第 19 条第 1 款规定了仲裁条款独立性原则:“仲裁协议独立存在,合同的变更、解除、终止或者无效,不影响仲裁协议的效力”。因此,即使本案中王某提出异议称抵押合同系因欺诈签订,也不影响仲裁条款的效力,即抵押合同中关于仲裁的约定依然有效,法院应当告知王某另行仲裁。选项 D 正确。

[难度系数] * *

第十九章　督 促 程 序

1 [答案]　CD

[考点]　代位诉讼、支付令

[解析]　生效的支付令具有和判决书、调解书一样的强制执行力。丙公司是甲公司的债权人，而非甲公司、乙公司之间的支付令的当事人，不能申请执行债务人甲公司和第三方乙公司之间的生效法律文书。A 项错误。

乙公司不是丙公司和甲公司之间的债权债务关系的债务人，因此，丙公司不能直接代甲公司申请对乙公司发出支付令，只能对次债务人乙公司提起代位诉讼。B 项错误。

《民诉解释》第 159 条规定："债务人的财产不能满足保全请求，但对他人有到期债权的，人民法院可以依债权人的申请裁定该他人不得对本案债务人清偿。该他人要求偿付的，由人民法院提存财物或者价款。"丙公司胜诉后，可以申请保全债务人甲公司的财产，包括甲公司的到期债权——甲公司对乙公司的债权。C 项正确。

丙公司为甲公司的债权人，乙公司为次债务人，甲公司对乙公司的支付令生效后，甲公司并没有申请执行，属于怠于主张对乙公司的到期债权。所以丙公司可以提起代位诉讼，代甲公司主张对乙公司的到期债权。D 项正确。

[难度系数]　* * *

2 [答案]　BC

[考点]　人民调解委员会的人民调解协议的效力、支付令

[解析]　劳动争议案件经过人民调解委员会调解后所形成的人民调解协议具有合同效力。当事人之间的劳动争议纠纷被人民调解协议这个合同法律关系解决，故当事人不能再就劳动争议申请劳动仲裁。A 项错误。

人民调解协议属于准合同。当事人张三可以持人民调解协议向法院起诉，即选择适用争讼程序，也可以选择适用非讼程序——督促程序，向法院申请支付令。B 项、C 项正确。

人民调解协议不能和生效法律文书一样具有强制执行力，不能向人民法院申请强制执行，D 项错误。

[难度系数]　* *

3 [答案]　D

[考点]　督促程序、支付令效力

[解析]　《民诉解释》第 23 条规定："债权人申请支付令，适用民事诉讼法第二十二条规定，由债务人住所地基层人民法院管辖。"本案中，债务人住所地即为高某住所地 A 区，故 A 区人民法院对杨某申请支付令的案件有管辖权。选项 A 表述正确。

《民事诉讼法》第 24 条规定："因合同纠纷提起的诉讼，由被告住所地或者合同履行地人民法院管辖。"《民诉解释》第 18 条规定："合同约定履行地点的，以约定的履行地点为合同履行地。合同对履行地点没有约定或者约定不明确，争议标的为给付货币的，接收货币一方所在地为合同履行地；交付不动产的，不动产所在地为合同履行地；其他标的，履行义务一方所在地为合同履行地。即

时结清的合同,交易行为地为合同履行地。合同没有实际履行,当事人双方住所地都不在合同约定的履行地的,由被告住所地人民法院管辖。”本案中,高某和杨某之间是借款合同关系,被告住所地和合同履行地法院均有管辖权。本案被告住所地为高某所在的 A 区;因双方并未对合同履行地点进行约定,争议的标的为给付货币,故合同履行地为接收货币的一方即债权人杨某住所地 B 区。故 A 区、B 区法院对本案均有管辖权。杨某可以向 B 区法院起诉,选项 B 表述正确。

《民诉解释》第 430 条规定:“有下列情形之一的,人民法院应当裁定终结督促程序,已发出支付令的,支付令自行失效:(一)人民法院受理支付令申请后,债权人就同一债权债务关系又提起诉讼的;(二)人民法院发出支付令之日起三十日内无法送达债务人的;(三)债务人收到支付令前,债权人撤回申请的。”本案中,杨某为债权人,债权人在申请支付令之后再次提起诉讼,支付令自行失效。选项 C 表述正确,选项 D 表述错误。

[陷阱点拨] 本题考生需要注意,提起诉讼的是债权人还是债务人。在督促程序中,债权人和债务人提起诉讼的法律后果是不一样的。

《民诉解释》第 430 条规定,人民法院受理支付令申请后,债权人就同一债权债务关系又提起诉讼的,支付令自行失效。《民诉解释》第 431 条规定,债务人在收到支付令后,未在法定期间提出书面异议,而向其他人民法院起诉的,不影响支付令的效力。债务人超过法定期间提出异议的,视为未提出异议。

由上述规定可知,债权人和债务人向法院提起诉讼的效果是不同的:(1)债权人提起诉讼会导致支付令失效;(2)债务人收到支付令之后向其他法院提起诉讼不影响支付令的效力,向本院提起诉讼相当于提出了书面异议。考生在答题时需要注意是哪一方主体提起的诉讼。

[难度系数] * *

4 **[答案]** AC

[考点] 支付令的申请、审查和发出、支付令异议

[解析] 选项 A 考查支付令的送达方式。《民诉解释》第 429 条规定:“向债务人本人送达支付令,债务人拒绝接收的,人民法院可以留置送达。”选项 A 是对法条的直接考查,正确。

选项 B 考查债务人起诉对支付令效力的影响。本案中,甲公司未在法定期间内提出异议,而是向 A 市 C 区法院提起诉讼。根据《民诉解释》第 431 条的规定,甲公司对支付令的异议不成立,督促程序不会因此受到影响,且支付令继续有效。选项 B 错误。

选项 C 考查支付令的强制执行效力。《民事诉讼法》第 227 条第 3 款规定:“债务人在前款规定的期间不提出异议又不履行支付令的,债权人可以向人民法院申请执行。”前已述及,甲公司向其他法院起诉的行为并不构成有效的异议,支付令依然有效,乙公司可按照前款规定依支付令向法院申请执行甲公司的财产。选项 C 正确。

选项 D 考查支付令对担保人的效力。《民诉解释》第 434 条规定:“对设有担保的债务的主债务人发出的支付令,对担保人没有拘束力。债权人就担保关系单独提起诉讼的,支付令自人民法院受理案件之日起失效。”本案中,甲公司是主债务人,法院经审查向甲公司发出支付令,而丙公司是担保人,该支付令对丙公司没有拘束力,乙公司不能依支付令申请执行丙公司的担保财产。选项 D 错误。

[难度系数] * *

5 **[答案]** AB

[考点] 督促程序、支付令异议

［解析］ 选项 A 考查支付令的送达方式。支付令可以留置送达,选项 A 正确。

选项 B 考查支付令的强制执行力。《民事诉讼法》第 227 条规定:“人民法院受理申请后,经审查债权人提供的事实、证据,对债权债务关系明确、合法的,应当在受理之日起十五日内向债务人发出支付令;申请不成立的,裁定予以驳回。债务人应当自收到支付令之日起十五日内清偿债务,或者向人民法院提出书面异议。债务人在前款规定的期间不提出异议又不履行支付令的,债权人可以向人民法院申请执行。”本题中,债务人卢某在收到支付令之日起 20 日内,既未清偿债务也未向 M 法院提出书面异议,超过了法律规定的 15 日异议期间,债权人单某可以依支付令向法院申请强制执行。选项 B 正确。

选项 C、D 考查了债务人起诉对支付令效力的影响。本题中,根据《民诉解释》第 431 条的规定,债务人卢某向其他法院 N 法院起诉,并不影响支付令的效力。卢某未在收到支付令之日起 15 日内向人民法院提出书面异议,视为未提出异议,支付令仍然有效,选项 C 错误。M 法院无须裁定终结督促程序,选项 D 错误。

［难度系数］ * * *

第二十章　公示催告程序

1 ［答案］ BC

［考点］ 公示催告程序

［解析］ 《民事诉讼法》第 234 条规定:“利害关系人因正当理由不能在判决前向人民法院申报的,自知道或者应当知道判决公告之日起一年内,可以向作出判决的人民法院起诉。”《民诉解释》第 295 条规定:“对下列情形提起第三人撤销之诉的,人民法院不予受理:(一)适用特别程序、督促程序、公示催告程序、破产程序等非讼程序处理的案件;(二)婚姻无效、撤销或者解除婚姻关系等判决、裁定、调解书中涉及身份关系的内容;(三)民事诉讼法第五十七条规定的未参加登记的权利人对代表人诉讼案件的生效裁判;(四)民事诉讼法第五十八条规定的损害社会公共利益行为的受害人对公益诉讼案件的生效裁判。”公示催告程序属于非讼程序,如果有错误,不能再审,也不能提第三人撤销之诉。只能由利害关系人乙公司另行起诉公示催告的申请人丙公司。A 项、D 项错误,B 项正确。

如果公示催告程序没有错误,票据被宣告无效,甲公司的支付无效,则乙公司只能要求甲公司另行支付货款。C 项正确。

［难度系数］ * *

2 ［答案］ C

［考点］ 公示催告程序

［解析］ 《民诉解释》第 448 条规定,在申报期届满后、判决作出之前,利害关系人申报权利的,应当适用《民事诉讼法》第 232 条第 2 款、第 3 款规定处理。《民事诉讼法》第 232 条规定:“利害关系人应当在公示催告期间向人民法院申报。人民法院收到利害关系人的申报后,应当裁定终结公示催告程序,并通知申请人和支付人。申请人或者申报人可以向人民法院起诉。”

本题中,家佳公司在公告期间届满后、除权判决作出前才看到权利申报公告,此时仍然可以依《民诉解释》第 448 条的规定,向法院申报权利。A 选项、D 选项错误。家佳公司申报权利后,法院应当依《民事诉讼法》第 232 条第 2 款的规定裁定终结公示催告程序。B 选项错误,C 选项正确。

值得考生注意的是,公示催告程序作为非讼程序,其包含的两个阶段(公示催告和除权判决)均不涉及争议的解决。所谓除权判决,是指在公示催告期间届满后,无利害关系人申报权利,或者申报被依法驳回时,人民法院根据申请人的申请,作出宣告票据无效的判决。在除权判决阶段,不存在争讼双方,因此,不可能出现追加本题中的利害关系人家佳公司参加除权判决的情况。考生还应当注意,如果在除权判决作出后,家佳公司欲主张票据权利,应当在其知道或应当知道判决公告之日起 1 年内向作出除权判决的法院起诉,且起诉时只能以公示催告的申请人为被告。

[难度系数] *

第二十一章 执行程序

考点一 申请执行的条件

1 [答案] C

[考点] 股东代位诉讼的执行

[解析] 股东代位诉讼中,股东乙公司是原告,公司是第三人。关于股东代位诉讼中胜诉后哪些主体可以成为申请执行的主体,法律没有明确规定。

申请执行的主体,必须是生效法律文书的当事人。因此股东代位诉讼中,在甲公司怠于主张权利的情况下,乙公司作为甲公司的股东和生效法律法律文书的当事人,可以继续代替公司主张权利,申请执行。(2016)最高法执复 28 号案例中最高人民法院表达了上述观点。

当然,公司应当有权以自己的名义提起执行申请,毕竟股东代位诉讼中主张的是公司权益,受益的也是公司,所以甲公司可以申请执行。因此,甲公司和作为其股东的乙公司都可以申请执行。C 项正确。A 项、B 项、D 项错误。

[难度系数] * *

2 [答案] C

[考点] 仲裁裁决的执行

[解析] 最高人民法院《关于人民法院办理仲裁裁决执行案件若干问题的规定》第 2 条第 1 款规定:"当事人对仲裁机构作出的仲裁裁决或者仲裁调解书申请执行的,由被执行人住所地或者被执行的财产所在地的中级人民法院管辖。"

仲裁裁决的执行应由中级人民法院执行,原则上不能由基层人民法院执行。A、B 两项错误。

本案中,甲公司申请执行 A 仲裁委员会的仲裁裁决,应该由被执行人乙公司所在地(C 市 D 区)或者被执行财产所在地(C 市 E 区)中级人民法院管辖。因此,C 市中级人民法院对该案有管辖权。C 项正确。

审判程序中的案件可以协议管辖。但是执行程序中的案件不能适用审判程序中的协议管辖的规定,必须按照执行的管辖规定确定管辖法院。本案中,关于仲裁案件的执行法院不能协议管辖,只能按照执行管辖的规定,由被执行人住所地或被执行的财产所在地的中级人民法院管辖。D 项错误。

[难度系数] * *

考点二 被执行人的变更

1 [答案] D

[考点] 执行程序中变更、追加执行当事人,执行行为异议

[解析] 本题本质上涉及公司法中"法人人格反向否认"的问题。

"法人人格反向否认",系由法人人格否认制度引申而来,指当股东滥用股东权利,恶意向公司转移资产,并因此损害股东债权人利益时,股东债权人可以请求将公司和股东视为一体,由公司对股东的债务承担连带责任。《公司法》第20条第3款规定了"法人人格正向否认"制度,即公司股东滥用公司法人独立地位和股东有限责任,逃避债务,严重损害公司债权人利益的,应当对公司债务承担连带责任。《公司法》第63条还就一人有限责任公司进行了特别规定。但是我国现行法律尚无关于"法人人格反向否认"的规定。"法人人格反向否认"是对《公司法》"法人人格否认"相关条款的扩张解释和类推适用,司法实践中对此存在不同观点,根据目前已有的判例来看,总体态度倾向于保守和谨慎。

A选项考查了执行行为异议的主体。《民事诉讼法》第236条规定:"当事人、利害关系人认为执行行为违反法律规定的,可以向负责执行的人民法院提出书面异议。当事人、利害关系人提出书面异议的,人民法院应当自收到书面异议之日起十五日内审查,理由成立的,裁定撤销或者改正;理由不成立的,裁定驳回。当事人、利害关系人对裁定不服的,可以自裁定送达之日起十日内向上一级人民法院申请复议。"故A选项中"相关人"的表述错误。

B选项考查了执行程序中变更、追加执行当事人的处理。如前所述,我国现行立法及司法解释尚无关于在股东作为被执行人的情况下追加其作为股东的有限责任公司为被执行人的规定。因此,在无现行有效的法律依据支持的情况下,法院应当裁定驳回吴某的诉讼请求。B选项"裁定追加被执行人"的表述错误。

C选项考查了对执行异议裁定不服的救济程序。最高人民法院《关于民事执行中变更、追加当事人若干问题的规定》规定了一人有限公司作为被执行人时追加其股东为被执行人的处理及救济程序。但本题涉及自然人股东作为被执行人的情形下追加其作为独资股东的一人有限公司为被执行人的处理,现行立法及司法解释并未就此问题予以明确规定。因此,若皓星公司对法院追加其为被执行人的裁定不服,应当根据《民事诉讼法》第236条的规定,向负责执行的人民法院提出书面异议,如果对异议裁定不服,可以向上一级法院申请复议。因此,C选项"提出执行异议之诉"的表述错误。

D选项如前所述,在现行立法及司法解释没有明确规定的情况下,法院应当依法驳回吴某请求追加皓星公司为被执行人的请求;吴某对法院裁定不服的,可以根据《民事诉讼法》第236条的规定,向负责执行的法院提出书面异议。因此D选项正确。

[难度系数] * *

2 [答案] C

[考点] 被执行人的变更

[解析] 在执行过程中,因发生法定事由而由被申请执行人以外的公民、法人或其他组织来履行生效法律文书确定的义务的法律制度,就是被执行人的变更或追加。被执行人的变更或追加必须严格依法进行,人民法院只能在法律和司法解释明确规定的情形和范围内变更或追加被执行人。

本题考查继承情形下被执行人的变更。被执行人甲死亡,甲的继承人乙表示愿意继承,其他继承人均表示放弃继承,那么按照《民法典》继承编的相关规定,将由乙继承甲的全部财产,此时乙对甲的全部遗产享有所有权。如果人民法院直接执行甲的遗产,可能会损害乙的权益。因此,法院应当变更乙为被执行人,由乙在甲的遗产范围内偿还债务。《民诉解释》第 473 条对此明确规定:"作为被执行人的公民死亡,其遗产继承人没有放弃继承的,人民法院可以裁定变更被执行人,由该继承人在遗产的范围内偿还债务。继承人放弃继承的,人民法院可以直接执行被执行人的遗产。"本题中,甲的遗产继承人乙没有放弃继承,故法院不能直接裁定执行被执行人甲的遗产,选项 B 错误。其他继承人已经放弃继承,故法院应裁定变更被执行人为乙而非甲的全部继承人,选项 C 正确,选项 D 错误。

根据《民事诉讼法》第 267 条的规定可知,本题中申请执行人并未表示可以延期执行,即使表示了人民法院也应当裁定中止执行而非延期执行,选项 A 错误。

[难度系数] * *

考点三 执行异议

1 **[答案]** D

[考点] 执行行为异议

[解析] 最高人民法院《关于人民法院办理执行异议和复议案件若干问题的规定》第 5 条规定:"有下列情形之一的,当事人以外的自然人、法人和非法人组织,可以作为利害关系人提出执行行为异议:……(二)认为人民法院的拍卖措施违法,妨碍其参与公平竞价的;(三)认为人民法院的拍卖、变卖或者以物抵债措施违法,侵害其对执行标的的优先购买权的……"

老张认为被执行人哄抬拍卖价格,从而导致自己高价拍得房屋,是认为拍卖程序违法,而拍卖行为是法院的执行行为,故实际上老张是认为执行行为违法。对执行行为违法的救济途径是提出执行行为异议,不能另行起诉。A、B 两项错误。老张提出的应当是对执行行为的异议,不是对执行标的的异议。C 项错误,D 项正确。

[难度系数] *

2 **[答案]** D

[考点] 执行行为的异议

[解析] 最高人民法院《关于人民法院办理执行异议和复议案件若干问题的规定》第 15 条规定:"当事人、利害关系人对同一执行行为有多个异议事由,但未在异议审查过程中一并提出,撤回异议或者被裁定驳回异议后,再次就该执行行为提出异议的,人民法院不予受理。案外人撤回异议或者被裁定驳回异议后,再次就同一执行标的提出异议的,人民法院不予受理。"根据该规定,执行行为和执行标的的异议以一次为限。本题中,乙撤回异议后再次提出异议,法院否决是正确的。

最高人民法院《关于人民法院办理执行异议和复议案件若干问题的规定》第 2 条第 3 款规定:"异议人对不予受理或者驳回申请裁定不服的,可以自裁定送达之日起十日内向上一级人民法院申请复议。上一级人民法院审查后认为符合受理条件的,应当裁定撤销原裁定,指令执行法院立案或者对执行异议进行审查。"本题中,乙第二次提出异议,人民法院裁定不予受理(或驳回申请),此时乙是对执行行为不服,其救济途径是向上一级法院申请复议。故本题的正确答案为 D。

[难度系数] * *

3 [答案] D

[考点] 执行异议之诉

[解析] 丙向法院提出执行异议,实质上是认为红星公司的该股份归自己所有,属于股权归属问题。该异议在作为执行依据的欠款纠纷的判决中并没有涉及,执行标的与生效法律文书无关,是在执行中产生的新的争议。也就是说,丙是对执行标的提出异议,而且执行标的与生效法律文书无关,故丙的救济途径是提出执行异议之诉,D 项正确。执行标的与生效法律文书有关,执行异议被驳回后的救济途径才是申请再审,C 项错误。本案中,丙是对执行标的提出异议,不是对执行行为提出异议,B 项错误。执行中的救济途径没有上诉,A 项错误。

[难度系数] * *

4 [答案] B

[考点] 执行异议之诉、证明责任分配

[解析] 关于执行异议之诉的提起主体,考生需要明确被执行人不能提起执行异议之诉。《民事诉讼法》第 238 条规定:“执行过程中,案外人对执行标的提出书面异议的,人民法院应当自收到书面异议之日起十五日内审查,理由成立的,裁定中止对该标的的执行;理由不成立的,裁定驳回。案外人、当事人对裁定不服,认为原判决、裁定错误的,依照审判监督程序办理;与原判决、裁定无关的,可以自裁定送达之日起十五日内向人民法院提起诉讼。”从法律条文上看,本条所称的“当事人”应当包括申请执行人和被执行人。被执行人看似也可以提起执行异议之诉,然而,无论是民事诉讼法理还是相关司法解释及司法实务中,执行异议之诉仅分为案外人执行异议之诉和申请执行人执行异议之诉,申请执行人执行异议之诉其实也是因案外人提出执行异议而引发的诉讼。这一点可以从《民诉解释》和《民事案件案由规定》中得到印证。根据《民诉解释》第 302 条至第 304 条的规定可知,执行异议之诉的提起主体是案外人和执行申请人;最高人民法院发布的《民事案件案由规定》明确规定了我国执行程序中的异议之诉包括案外人执行异议之诉,申请执行人执行异议之诉,追加、变更被执行人异议之诉,执行分配方案异议之诉。可见,被执行人在执行异议之诉中无诉讼利益,其无权提起执行异议之诉。本案中,王某作为被申请执行人,其无提起执行异议之诉的主体资格,C 选项、D 选项可以排除。

《民诉解释》第 309 条规定:“案外人或者申请执行人提起执行异议之诉的,案外人应当就其对执行标的享有足以排除强制执行的民事权益承担举证证明责任。”换句话说,无论在案外人提起的执行异议之诉还是在由申请执行人提起的执行异议之诉中,都需要由案外人承担其对执行标的享有特定权利的证明责任,且这种特定权利足以排除强制执行。具体到本案中,谢某作为案外人,因其主张被法院扣押的财产属于他借给王某(被执行人)使用的,其本人才是该项财产的所有权人,从而提出异议,所以在执行异议案件审理过程中,应由谢某对自己享有该财产的所有权承担证明责任。A 选项错误,B 选项正确。

[难度系数] * *

5 (1)[答案] AC

[考点] 对执行标的的异议

[解析] 根据《民事诉讼法》第 238 条的规定,对执行标的提出执行异议需要符合以下条件:(1)异议需在执行过程中提出,本案符合该条件。(2)异议主体必须为案外人。本案中,宁虹为案外人,其提出异议符合条件。(3)须对执行标的享有排除强制执行的权益,也就是主张物权。本案

中，宁虹主张该房屋已由丙法院判决归其所有，是主张所有权，符合条件。故宁虹符合提出执行异议的条件。

针对执行异议的审查：第一，法院应当自收到书面异议之日起15日内审查。故选项A正确。第二，异议理由成立的，裁定中止对该标的的执行。故选项B“裁定撤销对该房屋的执行”说法错误。第三，异议理由不成立的，裁定驳回。故选项C正确。第四，对裁定不服的救济有两种途径：一是原判决、裁定错误的，依照审判监督程序办理；二是与原判决、裁定无关的，另行起诉。故选项D“应当告知宁虹直接另案起诉”的说法错误。

［陷阱点拨］ 执行异议，是指在执行程序中，民事执行的当事人、利害关系人认为执行行为违反法律规定，或者案外人认为法院的执行行为损害自己的合法权益时，依法向有关机关提出采取保护或者补救措施请求的制度。由此可知，执行异议可以分为当事人、利害关系人对执行行为的异议和案外人对执行标的的异议两种，详见下表总结：

项目	对执行行为的异议	对执行标的的异议
法律依据	《民事诉讼法》第236条	《民事诉讼法》第238条
异议主体	当事人、利害关系人	案外人
异议内容	执行行为违反法律规定	对执行标的物主张实体权利
异议形式	书面形式	书面形式
管辖法院	执行法院	执行法院
对异议的审查期限	15日	15日
异议理由成立的处理	裁定撤销或者改正违法行为	裁定中止对执行标的的执行
异议理由不成立的处理	裁定驳回异议	裁定驳回异议
对处理不服的救济	向上一级法院复议	（1）认为原判决、裁定错误的，申请再审； （2）与原判决、裁定无关的，另行起诉

［难度系数］ ＊＊

（2）**［答案］** D

［考点］ 执行异议之诉

［解析］ 执行异议之诉，是指案外人、当事人对执行异议裁定不服，向人民法院提起的诉讼。

本案中，林海是申请执行人，应适用《民诉解释》第306条的规定：“申请执行人提起执行异议之诉的，以案外人为被告。被执行人反对申请执行人主张的，以案外人和被执行人为共同被告；被执行人不反对申请执行人主张的，可以列被执行人为第三人。”由此可知，林海应为原告，案外人宁虹应为被告，张山则根据其态度定为共同被告或第三人。本题选D项。

［陷阱点拨］ 执行异议之诉中当事人的确定，详见下表总结：

原告	被告	共同被告	第三人
申请执行人	案外人	被执行人（反对申请执行人的主张时）	被执行人（不反对申请执行人的主张时）
案外人	申请执行人	被执行人（反对案外人的主张时）	被执行人（不反对案外人的主张时）

［难度系数］ ＊＊

（3）**［答案］** BC

［考点］ 执行异议之诉

［解析］ 《民诉解释》第302条规定：“根据民事诉讼法第二百三十四条规定，案外人、当事人

对执行异议裁定不服,自裁定送达之日起十五日内向人民法院提起执行异议之诉的,由执行法院管辖。”本案的执行法院为乙法院,应该由乙法院管辖。故选项 A 错误。

《民诉解释》第 308 条规定:“人民法院审理执行异议之诉案件,适用普通程序。”故选项 B 正确。

由《民诉解释》第 309 条的规定可知,本案中,案外人宁虹应当自己对涉案房屋享有所有权承担证明责任,故选项 C 正确。

《民诉解释》第 307 条规定:“申请执行人对中止执行裁定未提起执行异议之诉,被执行人提起执行异议之诉的,人民法院告知其另行起诉。”本案中,张山为被执行人,其不可提出执行异议之诉。故选项 D 错误。

[难度系数] * *

考点四 执行和解

1 [答案] ABC

[考点] 执行和解协议

[解析] 最高人民法院《关于执行和解若干问题的规定》第 9 条规定:“被执行人一方不履行执行和解协议的,申请执行人可以申请恢复执行原生效法律文书,也可以就履行执行和解协议向执行法院提起诉讼。”本案中,甲和乙达成执行和解协议后,被执行人乙不履行执行和解协议,申请执行人甲可以申请恢复执行原生效的归还 100 万元欠款的法律文书,A 项正确。甲也可以就履行执行和解协议向执行法院起诉,要求履行执行和解协议中只归还 90 万元欠款的内容,C 项正确。

最高人民法院《关于执行和解若干问题的规定》第 18 条规定:“执行和解协议中约定担保条款,且担保人向人民法院承诺在被执行人不履行执行和解协议时自愿接受直接强制执行的,恢复执行原生效法律文书后,人民法院可以依申请执行人申请及担保条款的约定,直接裁定执行担保财产或者保证人的财产。”本案中,丙在执行和解协议中约定承担连带保证责任,意味着被执行人乙不履行义务时,可以要求被执行人乙承担责任,也可以要求保证人丙承担担保责任。所以法院可以直接裁定执行丙的财产。B 项正确。被执行人乙不履行义务,债权人甲可以直接执行保证人丙的财产,不需要另行起诉保证人丙。D 项错误。

[难度系数] * *

2 [答案] BC

[考点] 拒不履行执行和解协议的救济

[解析] 选项 A、D 考查拒不履行执行和解协议后原生效法律文书应如何执行的问题。《民事诉讼法》第 241 条规定:“在执行中,双方当事人自行和解达成协议的,执行员应当将协议内容记入笔录,由双方当事人签名或者盖章。申请执行人因受欺诈、胁迫与被执行人达成和解协议,或者当事人不履行和解协议的,人民法院可以根据当事人的申请,恢复对原生效法律文书的执行。”《民诉解释》第 465 条规定:“一方当事人不履行或者不完全履行在执行中双方自愿达成的和解协议,对方当事人申请执行原生效法律文书的,人民法院应当恢复执行,但和解协议已履行的部分应当扣除。和解协议已经履行完毕的,人民法院不予恢复执行。”本案中,双方当事人甲、乙达成和解协议后,乙拒不履行和解协议,甲请求恢复对原生效法律文书的执行。根据《民事诉讼法》第 235 条第 1 款的规定可知,执行依据是原生效法律文书中的财产部分,即返还价值 50 万元的青花瓷。又由题意知

青花瓷已经被乙打碎,根据《民诉解释》第 492 条第 1 款的规定可知,执行标的物为特定物的,应当执行原物。原物确已毁损或者灭失的,经双方当事人同意,可以折价赔偿。因此在青花瓷已经被打碎的情况下,应经双方当事人同意后折价赔偿,法院不能直接执行别的财产。选项 A、D 错误。同时需要对选项 A 作进一步说明的是,60 万元为甲、乙在和解协议中达成的内容,而执行中达成的和解协议是当事人双方的合意,并不具有可执行性,法院不能直接执行 60 万元的财产。

选项 C 考查执行标的物灭失的处理。《民诉解释》第 492 条规定:“执行标的物为特定物的,应当执行原物。原物确已毁损或者灭失的,经双方当事人同意,可以折价赔偿。双方当事人对折价赔偿不能协商一致的,人民法院应当终结执行程序。申请执行人可以另行起诉。”本案中,执行标的物为特定的价值 50 万元的青花瓷,现青花瓷已经被打碎,且题干中无法体现当事人双方是否对折价赔偿协商一致,因此法院应当终结执行程序。选项 C 正确。

选项 B 考查拒不履行执行和解协议的救济。最高人民法院《关于执行和解若干问题的规定》第 9 条规定:“被执行人一方不履行执行和解协议的,申请执行人可以申请恢复执行原生效法律文书,也可以就履行执行和解协议向执行法院提起诉讼。”本案中,甲申请恢复执行原生效法律文书,但原生效法律文书所执行的特定标的物青花瓷已经灭失,由于申请恢复执行原生效法律文书无法得到有效救济,此时甲还可以就履行执行和解协议起诉,故选项 B 正确。

本题需特别注意:执行和解协议具有可诉性但不具有可执行性。

[难度系数] * *

3 **[答案]** AD

[考点] 执行和解协议的履行及救济

[解析] 进入执行程序后,由于纠纷已经解决完毕,所以不再允许法院进行调解,只允许双方当事人自愿和解,这就是执行和解制度。既然不允许法院调解,法院就不应该在执行中劝说甲接受玉石抵债。所以,A 选项是正确的。

从形式上看,以书面形式或者口头形式达成和解协议都是合法的,和解协议并不要求必须以书面形式实现。但是,如果当事人达成了口头和解,为了记录双方当事人权利义务和方便证明,必须将口头和解协议记入执行笔录。所以,B 选项是错误的。

和解协议履行完毕后,有两种法律效果:若和解协议无效或可撤销(包括权利人受欺诈或者被胁迫与对方当事人达成和解协议),和解协议履行完毕后,权利人依然有权申请恢复对原执行根据的执行;若和解协议不存在无效或可撤销的情况,一旦执行和解协议履行完毕,执行即告终结。

本题中,双方当事人达成和解协议后,权利人发现玉石为赝品,属于权利人被对方当事人所欺诈,该和解协议属于可撤销的和解协议。最高人民法院《关于执行和解若干问题的规定》第 16 条对此问题进一步增设了对和解协议无效、可撤销的认定程序。当事人若认为执行和解协议存在无效、可撤销的情形,应先向法院起诉,由法院认定该协议无效或者由法院撤销该协议后,才能恢复原执行根据的执行。本题中,甲和乙因欺诈达成和解协议,该和解协议属于可撤销的合同。该和解协议被撤销后,当事人申请法院恢复执行原执行根据的,法院应予以恢复。由于本题是以前的题目,所以在表述上和现行法有一定的差距。总体看,D 选项是正确的。

需要说明的是,即使不存在欺诈、胁迫的情况,C 选项中和解协议即时履行完毕后,法院也应当是裁定执行终结,而不是裁定执行中止。所以,C 选项是错误的。本题答案为 AD。

[难度系数] * *

考点五　参与分配

［答案］　D

［考点］　参与分配

［解析］　参与分配，是指执行程序中债务人的财产不足以清偿全部债权人的债权时，申请执行人以外的其他债权人凭有效的执行依据申请加入已经开始的执行程序，各债权人从执行标的物的变价中公平获得清偿的制度。本题考查参与分配方案的确定程序。《民诉解释》第510条第2款、第3款规定："未提出异议的债权人、被执行人……提出反对意见的，应当通知异议人。异议人可以自收到通知之日起十五日内，以提出反对意见的债权人、被执行人为被告，向执行法院提起诉讼；异议人逾期未提起诉讼的，执行法院按照原分配方案进行分配。诉讼期间进行分配的，执行法院应当提存与争议债权数额相应的款项。"本案中，甲、乙是异议人，人民法院根据甲、乙提出的书面异议对分配方案进行了修正。对此，未提出异议的丙、丁提出反对意见，则人民法院应当通知异议人甲、乙，甲、乙应自收到通知之日起15日内，以丙、丁为被告向执行法院提起诉讼，选项D正确。选项A和选项B认为应当向上一级法院申请复议，错误。选项C认为应当由丙和丁向执行法院提起诉讼，错误。

［陷阱点拨］　关于参与分配制度，考生还应掌握参与分配的条件：(1)被申请执行人是公民或其他组织。如果被申请执行人是企业法人，应当直接适用破产程序清偿债务。(2)被申请执行人的财产不能清偿所有债权。如果被申请人的财产足以清偿全部债权人，则只需依优先原则清偿债务。(3)申请执行人已经取得金钱债权的执行依据或者对执行标的物享有优先权。(4)被申请执行及参与分配的债权均为金钱债权。(5)参与分配的申请应在执行程序开始后、被执行人的财产被清偿前提出。

［难度系数］　* *

考点六　执行担保

［答案］　A

［考点］　执行担保

［解析］　最高人民法院《关于执行担保若干问题的规定》第11条第1款规定："暂缓执行期限届满后被执行人仍不履行义务，或者暂缓执行期间担保人有转移、隐藏、变卖、毁损担保财产等行为的，人民法院可以依申请执行人的申请恢复执行，并直接裁定执行担保财产或者保证人的财产，不得将担保人变更、追加为被执行人。"执行担保暂缓执行期限届满，被执行人还是不能还款的，申请执行人可以申请恢复对被执行人的强制执行。A项正确。

黄某提供的保证书，案外人李某的担保没有办理抵押手续，所以既不构成执行担保，也不构成执行中一般的担保。同时，权利人廖某不能通过另行起诉或实现担保物权程序主张这个权利。如果办理了抵押登记手续，只是没有向执行法院办理完整的执行担保手续，此时虽不构成执行担保，但构成执行中的一般担保，担保物权人可以通过另行起诉或者实现担保物权的方式实现担保物权。但本案中因为没有办理抵押手续，所以执行担保和执行中的一般担保都不构成。廖某不能按照担保物权手续执行李某的车，也不能直接将李某的车交给法院拍卖。B项、D项错误。本案中不构成执行担保，也不构成一般的担保，所以只能申请恢复执行被执行人黄某的财产，不能执行李某的车。C项错误。

［难度系数］　* *

考点七 执行措施

1 [答案] B

[考点] 执行措施、对特定物的执行

[解析] 本题中,根据《民诉解释》第 492 条的规定,执行标的物为地上附着物,属于特定物,故应执行原物。但执行时,该地上附着物已经被管委会部分拆除,原物已经被毁损,且双方当事人无法就原物的折价赔偿事项达成协议,故法院应该裁定终结执行程序,申请人付某可以另行起诉。选项 B 表述正确。

[陷阱点拨] 考生应注意法院会对特定对象采取一些特殊的执行措施:

(1)对特定物的执行:执行标的物为特定物的,应当执行原物。原物毁损或者灭失时:①双方当事人协议进行折价赔偿;②双方当事人对折价赔偿不能协商一致的,法院裁定终结执行程序,申请人可以另行起诉。

(2)对赔礼道歉、恢复名誉等判决的执行:侵权人拒不执行生效判决,不为对方恢复名誉、消除影响的,人民法院可以采取公告、登报等方式,将判决的主要内容及有关情况公之于众,费用由被执行人负担,并可以追究其妨碍执行的责任。

考生在做题时应注意执行标的物是否是特殊的,法律对该标的物是否规定了不同的执行措施,以避免失分。

[难度系数] * *

2 [答案] BCD

[考点] 执行措施

[解析] 最高人民法院《关于人民法院民事执行中查封、扣押、冻结财产的规定》(以下简称《查封、扣押、冻结财产规定》)第 12 条第 1 款规定:"对被执行人与其他人共有的财产,人民法院可以查封、扣押、冻结,并及时通知共有人。"本案中,经法院查扣的汽车属于三人共有财产,对于共有财产,法院可以进行查扣,B 选项说法正确。选项 A 应当中止执行的说法错误。

《查封、扣押、冻结财产规定》第 12 条第 2 款规定:"共有人协议分割共有财产,并经债权人认可的,人民法院可以认定有效。查封、扣押、冻结的效力及于协议分割后被执行人享有份额内的财产;对其他共有人享有份额内的财产的查封、扣押、冻结,人民法院应当裁定予以解除。"因此,共有人对共有财产协议分割,并经债权人许可的,法院可以认定为有效,C 选项说法正确。

《查封、扣押、冻结财产规定》第 12 条第 3 款规定:"共有人提起析产诉讼或者申请执行人代位提起析产诉讼的,人民法院应当准许。诉讼期间中止对该财产的执行。"本案中,作为申请执行人的龙前铭可以代位提起析产诉讼,选项 D 说法正确。

[难度系数] *

3 [答案] AC

[考点] 执行措施

[解析] 本题考查了被执行人拒不履行生效判决时人民法院可采取的执行措施。《民事诉讼法》第 114 条规定:"诉讼参与人或者其他人有下列行为之一的,人民法院可以根据情节轻重予以罚款、拘留;构成犯罪的,依法追究刑事责任:……(六)拒不履行人民法院已经发生法律效力的判决、裁定的。人民法院对有前款规定的行为之一的单位,可以对其主要负责人或者直接责任人员予以

罚款、拘留；构成犯罪的，依法追究刑事责任。”本案中，田某拒不履行人民法院已经发生法律效力的判决，符合《民事诉讼法》第114条第1款第6项的情形，人民法院可以根据情节轻重予以罚款，选项A正确。

《民诉解释》第505条规定：“被执行人未按判决、裁定和其他法律文书指定的期间履行非金钱给付义务的，无论是否已给申请执行人造成损失，都应当支付迟延履行金。已经造成损失的，双倍补偿申请执行人已经受到的损失；没有造成损失的，迟延履行金可以由人民法院根据具体案件情况决定。”本案中，田某应履行的义务是迁出钟某房屋，属于非金钱给付义务，应当支付迟延履行金，不必赔礼道歉，也不必加倍支付迟延履行期间的债务利息，选项B和选项D错误。另外，田某拒不迁出钟某房屋的行为导致钟某无法将房屋交给承租人，已经给钟某造成损失，应当双倍补偿钟某已经受到的损失，选项C正确。

此外，还可以从另一个角度考虑选项B。赔礼道歉作为一种侵权责任形式，其作用在于弥补被侵权人的精神痛苦。本案中，田某拒不迁出钟某房屋的行为并未侵害钟某的人身权利，同时也不存在精神损害，法院不应责令田某向钟某赔礼道歉，选项B错误。

［难度系数］ * *

考点八 执行中止与终结

［答案］ BC

［考点］ 执行中止与执行终结

［解析］ 选项A、C考查的是再审程序作出调解书之后，法院对原生效法律文书如何处理的问题。最高人民法院《关于适用〈中华人民共和国民事诉讼法〉审判监督程序若干问题的解释》第25条规定：“当事人在再审审理中经调解达成协议的，人民法院应当制作调解书。调解书经各方当事人签收后，即具有法律效力，原判决、裁定视为被撤销。”《民事诉讼法》第268条规定：“有下列情形之一的，人民法院裁定终结执行：……（二）据以执行的法律文书被撤销的……”法院进行执行必须有合法的执行依据。本案中，双方当事人在再审程序中达成了调解协议，再审法院据此出具了调解书，原判决即视为被撤销，继续执行原判决将使法院的执行行为缺乏合法生效的法律依据，故再审法院不能恢复对该判决的执行，而应裁定终结执行。选项A表述错误，选项C表述正确。

选项B、D考查的是调解书的执行问题。《民事诉讼法》第245条规定：“人民法院制作的调解书的执行，适用本编的规定。”也就是说，调解书的执行适用执行程序的规定。法院制作的调解书经双方当事人签收后，案件就已经以调解方式结案了，调解书具有与生效判决相同的法律效力，是法院据以强制执行的法律依据之一。故在乙某拒不履行调解书内容时，甲某不能再依据调解协议起诉，而应该申请执行调解书。选项B表述正确，选项D表述错误。

［难度系数］ * *

第二十二章 涉外民事诉讼程序

1 ［答案］ ABC

［考点］ 涉外民事诉讼程序调解

［解析］ 本题考查涉外民事诉讼中的调解。《民诉解释》第520条规定：“有下列情形之一，人

民法院可以认定为涉外民事案件：（一）当事人一方或者双方是外国人、无国籍人、外国企业或者组织的；（二）当事人一方或者双方的经常居所地在中华人民共和国领域外的；（三）标的物在中华人民共和国领域外的；（四）产生、变更或者消灭民事关系的法律事实发生在中华人民共和国领域外的；（五）可以认定为涉外民事案件的其他情形。”本案被告美国芙泽公司为外国企业，符合第1项情形，因此，本案属于涉外民事案件，适用涉外民事诉讼的相关规定。

《民诉解释》第528条规定：“涉外民事诉讼中，经调解双方达成协议，应当制发调解书。当事人要求发给判决书的，可以依协议的内容制作判决书送达当事人。”涉外民事诉讼中，双方当事人达成调解协议的，人民法院应当制作调解书，选项A正确，选项D错误。需要考生注意的是，涉外案件经调解达成协议，要么制作调解书，要么制作判决书，不存在只记入笔录的情况。当事人要求法院根据调解协议制作判决书的，人民法院应当予以准许，选项C正确。

《民事诉讼法》第270条规定：“在中华人民共和国领域内进行涉外民事诉讼，适用本编规定。本编没有规定的，适用本法其他有关规定。”故在《民事诉讼法》没有特别规定时，涉外民事诉讼适用《民事诉讼法》的其他一般规定。

《民事诉讼法》第100条规定：“调解达成协议，人民法院应当制作调解书。调解书应当写明诉讼请求、案件的事实和调解结果。调解书由审判人员、书记员署名，加盖人民法院印章，送达双方当事人。调解书经双方当事人签收后，即具有法律效力。”由此可知，调解书必须直接送达，送达完成就意味着双方当事人或其指定的代收人已签收。选项B认为调解书自签收起生效，即调解书自送达完成时生效，正确。

[难度系数]　* *

2 **[答案]**　BD

[考点]　涉外民事诉讼中的期间与送达

[解析]　对于涉外民事诉讼程序我们应从以下几点把握：

（1）审限。《民事诉讼法》第152条规定，一审审限一般情况为6个月；第183条规定，二审审限一般为3个月。对于涉外民事案件的审限，根据《民事诉讼法》第287条的规定可知，法院审理具有涉外因素的案件，不受一审、二审审限的限制，也即本案法院不受一审审限6个月的限制。选项A错误。

（2）送达方式。《民事诉讼法》第283条规定：“人民法院对在中华人民共和国领域内没有住所的当事人送达诉讼文书，可以采用下列方式：（一）依照受送达人所在国与中华人民共和国缔结或者共同参加的国际条约中规定的方式送达……不能用上述方式送达的，公告送达，自发出公告之日起，经过六十日，即视为送达。”在涉外民事诉讼中，只有当事人在我国领域内没有住所的，才需要按照特殊规定送达。若当事人在我国领域内居住，诉讼文书和法律文书的送达方式适用我国《民事诉讼法》的一般规定。本案中，琼斯自结婚后一直居住在我国，因此，两人均适用一般送达方式，也即法院对琼斯和李虹可以采用相同的送达方式。选项B正确。

（3）上诉期间。《民事诉讼法》第286条规定：“在中华人民共和国领域内没有住所的当事人，不服第一审人民法院判决、裁定的，有权在判决书、裁定书送达之日起三十日内提起上诉。被上诉人在收到上诉状副本后，应当在三十日内提出答辩状。当事人不能在法定期间提起上诉或者提出答辩状，申请延期的，是否准许，由人民法院决定。”只有对不在中国领域内居住的当事人，才适用30日的特殊期间。对于在我国领域内居住的当事人，应当适用《民事诉讼法》关于上诉期间的一般规定。《民事诉讼法》第171条规定：“当事人不服地方人民法院第一审判决的，有权在判决书送达之日起十五日内向上一级人民法院提起上诉。当事人不服地方人民法院第一审裁定的,有权在裁定书送达之日起十日内向上一级人民法院提起上诉。”因此,本案中,李虹和琼斯应统一适用判决15日、裁定10日的上诉期间。选项C错误。

(4)委托诉讼代理人。《民诉解释》第526条规定:“涉外民事诉讼中的外籍当事人,可以委托本国人为诉讼代理人,也可以委托本国律师以非律师身份担任诉讼代理人;外国驻华使领馆官员,受本国公民的委托,可以以个人名义担任诉讼代理人,但在诉讼中不享有外交或者领事特权和豁免。”因此,美国驻华参赞可以个人身份作为琼斯的代理人,选项D正确。

[**难度系数**] * *

仲裁制度

第一章 仲裁协议

考点一 仲裁案件的管辖问题

1 [答案] A

[考点] 仲裁协议、专属管辖

[解析] 建设工程施工合同纠纷属于不动产专属管辖,但是专属管辖的案件可以约定仲裁,所以约定合同发生纠纷由甲仲裁委员会仲裁是有效的仲裁协议。

当事人后来就工程款支付事项达成补充协议,虽然补充协议中没有约定纠纷处理方式,但是民事合同和仲裁协议是独立的。关于工程款的补充协议,可以改变原合同中的民事实体权利义务的约定,但不影响原有的仲裁协议的效力。也就是说,原有的甲仲裁委员会仲裁的约定对该建设工程合同(包括工程款)引发的纠纷仍然是有效的。A 项正确。

有效的仲裁协议能够排除法院的管辖权,所以建设工程施工地的法院对案件没有管辖权,合同签订地、被告住所地的法院对案件更没有管辖权。B 项、C 项、D 项错误。

[难度系数] * *

2 [答案] D

[考点] 仲裁协议、建设工程施工合同纠纷的管辖

[解析] 《仲裁法》第 16 条第 2 款规定:"仲裁协议应当具有下列内容:(一)请求仲裁的意思表示;(二)仲裁事项;(三)选定的仲裁委员会。"《仲裁法解释》第 4 条规定:"仲裁协议仅约定纠纷适用的仲裁规则的,视为未约定仲裁机构,但当事人达成补充协议或者按照约定的仲裁规则能够确定仲裁机构的除外。"《仲裁法解释》第 6 条规定:"仲裁协议约定由某地的仲裁机构仲裁且该地仅有一个仲裁机构的,该仲裁机构视为约定的仲裁机构。该地有两个以上仲裁机构的,当事人可以协议选择其中的一个仲裁机构申请仲裁;当事人不能就仲裁机构选择达成一致的,仲裁协议无效。"本案中,当事人约定"如合同履行发生争议,在北京适用《中国国际经济贸易仲裁委员会仲裁规则》进行仲裁",其约定的仲裁机构并不明确。北京有两个仲裁机构:北京仲裁委员会和中国国际经济贸易仲裁委员会。当事人约定适用某仲裁机构的仲裁规则,不代表约定由该仲裁机构仲裁。根据约定的仲裁规则和仲裁地都难以使仲裁机构唯一化。当事人不能就仲裁机构选择达成一致意见的,仲裁协议无效。仲裁协议无效时,不能用仲裁方式解决纠纷。所以 A 选项、B 选项均不正确。

本题涉及建设工程施工合同纠纷的管辖。《民诉解释》第 28 条第 2 款规定:"农村土地承包经营合同纠纷、房屋租赁合同纠纷、建设工程施工合同纠纷、政策性房屋买卖合同纠纷,按照不动产纠纷确定管辖。"《民事诉讼法》第 34 条规定:"下列案件,由本条规定的人民法院专属管辖:(一)因不动产纠纷提起的诉讼,由不动产所在地人民法院管辖……"因此,建设工程施工合同纠纷应当按照不动产纠纷确定管辖,由不动产所在地即建设工程所在地人民法院管辖。本案中,旭日公司和世新

公司签订了建设工程施工合同,且工程地为M省丙县,因此,M省丙县法院对本案享有管辖权。C选项错误,D选项正确。

[陷阱点拨] 关于本题,很多考生误将建设工程施工合同视为一般的合同纠纷并按合同纠纷地域管辖的处理原则来解答,从而认为C选项也正确。关于不动产纠纷的专属管辖,考生需要掌握:(1)不动产纠纷是指因不动产权利确认、分割、相邻关系等引起的物权纠纷;(2)农村土地承包经营合同纠纷、房屋租赁合同纠纷、建设工程施工合同纠纷、政策性房屋买卖合同纠纷,按照不动产纠纷确定管辖;(3)不动产已登记的,以不动产登记簿记载的所在地为不动产所在地;不动产未登记的,以不动产实际所在地为不动产所在地。

[难度系数] * * *

3 **[答案]** D

[考点] 确认仲裁协议无效的管辖法院

[解析] 《仲裁法解释》第12条第1款规定:"当事人向人民法院申请确认仲裁协议效力的案件,由仲裁协议约定的仲裁机构所在地的中级人民法院管辖;仲裁协议约定的仲裁机构不明确的,由仲裁协议签订地或者被申请人住所地的中级人民法院管辖。"所以,对认定仲裁协议效力的管辖法院的确定需要分为两种情形:(1)有约定的仲裁机构,由该仲裁机构所在地中级法院管辖;(2)约定的仲裁机构不明确,由合同签订地或被申请人住所地中级法院管辖。

本案中,两江公司和百向公司约定合同发生纠纷可向W市仲裁委员会申请仲裁,但该市有两个仲裁委员会,属于约定的仲裁机构不明确的情形。依据上述法条的规定,对本案中仲裁协议效力的认定应当由合同签订地的H市中级人民法院或被申请人住所地的A市中级法院管辖。选项C"只能向A市中级法院申请"说法过于绝对,错误;选项D"可向H市中级法院申请"说法正确。选项B所说的M市中级法院是申请人(百向公司)住所地所在市的中级法院,而非被申请人(两江公司)住所地的中级法院,申请人住所地的中级法院无权管辖,选项B说法错误。关于选项A,由于本案中约定的仲裁机构不明确,不能按照前述第一种情形"由仲裁协议约定的仲裁机构所在地的中级人民法院管辖"来处理。因此,仲裁机构所在地的W市中级法院无权对仲裁协议效力进行认定,选项A说法错误。

[难度系数] * *

4 (1)**[答案]** ABC

[考点] 仲裁协议的效力

[解析] 本题考查仲裁协议效力的确认机构。《仲裁法》第20条规定:"当事人对仲裁协议的效力有异议的,可以请求仲裁委员会作出决定或者请求人民法院作出裁定。一方请求仲裁委员会作出决定,另一方请求人民法院作出裁定的,由人民法院裁定。当事人对仲裁协议的效力有异议,应当在仲裁庭首次开庭前提出。"《仲裁法解释》第12条第1款规定:"当事人向人民法院申请确认仲裁协议效力的案件,由仲裁协议约定的仲裁机构所在地的中级人民法院管辖;仲裁协议约定的仲裁机构不明确的,由仲裁协议签订地或者被申请人住所地的中级人民法院管辖。"上述法条一方面确定了仲裁的管辖自裁原则,另一方面稳固了司法的终局裁决权,在仲裁与司法之间达成了平衡。当事人既可以请求仲裁委员会确认仲裁协议的效力,也可以请求人民法院确认仲裁协议的效力,体现了对当事人意志的尊重。

本案中,乙公司申请确认仲裁条款无效,可以向人民法院提出申请。双方当事人在合同中约定由B市仲裁委员会仲裁,B市有丙仲裁委员会和丁仲裁委员会两家仲裁机构,即根据当事人签订的仲裁条款并不能确定某一具体的仲裁机构,该仲裁条款约定的仲裁机构不明确,故乙公司应当向仲裁协议签订地B市或者被申请人住所地H省K市的中级人民法院提出确认仲裁条款无效的申请。选项C正确,选项D错误。

乙公司也可以向仲裁机构提出确认仲裁条款无效的申请。仲裁的管辖自裁原则是现代商事仲裁的重要原则之一,其核心内容是仲裁机构有权对当事人提出的管辖权异议作出裁定,而不需要事先的司法决定。可见在仲裁机构根据仲裁协议的约定可能对案件有管辖权时,只要当事人提出管辖权异议,该仲裁机构就有权决定自己是否对案件有管辖权。本案中,确认仲裁协议效力的关键在于确认丙仲裁委员会或丁仲裁委员会是否对本案有管辖权,乙公司申请确认仲裁条款无效的实质就是提出仲裁管辖权异议。甲公司和乙公司约定由B市仲裁委员会进行仲裁,即双方至少在选择B市范围内的仲裁机构这一点上达成了合意,因此,B市的丙仲裁委员会和丁仲裁委员会都有管辖权,乙公司可以选择向丙仲裁委员会申请或向丁仲裁委员会申请确认仲裁条款无效。根据仲裁的管辖自裁原则,这两个仲裁机构都有权确认仲裁条款的效力,选项A、B正确。

[**难度系数**]　* *

(2)[**答案**]　ABCD

[**考点**]　协议管辖

[**解析**]　协议管辖,又称合意管辖或约定管辖,指双方当事人在纠纷发生之前或之后以书面方式约定特定案件的管辖法院。《民事诉讼法》第35条规定:"合同或者其他财产权益纠纷的当事人可以书面协议选择被告住所地、合同履行地、合同签订地、原告住所地、标的物所在地等与争议有实际联系的地点的人民法院管辖,但不得违反本法对级别管辖和专属管辖的规定。"本案中,原、被告住所地分别为H省K市L区和F省E市D区,合同签订地为B市C区,合同履行地为W省Z市Y区,均与合同法律关系有实际联系,当事人可以选择上述地点的法院管辖,故选项A、B、C、D均正确。

[**陷阱点拨**]　诉讼中的协议管辖必须具备以下条件:(1)协议管辖只适用于合同或者其他财产权益纠纷。其他财产权益纠纷包括侵权、不当得利、无因管理等引起的纠纷,当事人不得对涉及身份关系的民事纠纷协议管辖。(2)协议管辖的对象只能是一审程序的地域管辖。(3)协议管辖必须采用书面形式,口头协议一律无效。(4)协议管辖选择的法院限于被告住所地、合同履行地、合同签订地、原告住所地、标的物所在地等与争议有实际联系的地点的人民法院。(5)协议管辖选择的法院必须是明确的,管辖协议约定两个以上与争议有实际联系的地点的人民法院管辖的,原告可以向其中一个人民法院起诉。(6)协议管辖不得违反级别管辖和专属管辖的规定。

[**难度系数**]　*

(3)[**答案**]　BC

[**考点**]　合同纠纷的管辖

[**解析**]　《民事诉讼法》第24条规定:"因合同纠纷提起的诉讼,由被告住所地或者合同履行地人民法院管辖。"本案是因合同纠纷提起的诉讼,被告住所地F省E市D区法院有管辖权,选项B正确。甲、乙两公司约定了合同履行地,则以约定的履行地点为合同履行地,W省Z市Y区法院也有管辖权,选项C正确。

H省K市L区人民法院作为原告甲公司住所地人民法院对本案无管辖权,选项A错误。B市C区作为合同签订地,只有当事人协议管辖时才可能对合同纠纷案件有管辖权。本案中当事人没有签订管辖协议,故B市C区人民法院也没有管辖权,选项D错误。

[**难度系数**]　* *

考点二　仲裁协议效力的确认

1［答案］　D

［考点］　仲裁协议效力的承继

［解析］　《仲裁法解释》第 8 条第 1 款规定："当事人订立仲裁协议后合并、分立的，仲裁协议对其权利义务的继受人有效。"该条只是规定了当事人合并、分立后，仲裁协议对承继人继续有效，但是并没有规定公司注销后，仲裁协议对股东是否有效。

仲裁和诉讼不同，民事执行中公司注销，法院可以追加未履行清算义务的股东为被执行人，但是仲裁程序的启动和加入，必须以有效的仲裁协议的存在为前提。所以仲裁庭不能依职权，也不能依当事人申请追加股东丙和丁参加诉讼。A、B 两项错误。

即使中止仲裁，后续程序也无法进行，因为股东丙和丁与乙公司之间没有有效的仲裁协议。C 项错误。

本案中，仲裁庭应该询问两股东的意见：如果两股东愿意受仲裁协议的约束，相当于达成了补充协议，仲裁庭继续审理；如果两股东不愿意受两公司签订的仲裁协议的约束，基于仲裁意思自治原则，仲裁庭无权进行仲裁，仲裁程序结束。D 项正确。

［难度系数］　* *

2［答案］　D

［考点］　仲裁协议效力的确认

［解析］　本题中，双方当事人就商事合同纠纷约定向 A 地仲裁委员会申请仲裁，而由于 A 地存在两个仲裁机构，所以该仲裁协议相当于在约定仲裁委员会方面不够明确，由此导致仲裁协议无效，故可以排除 C 选项。

甲向其中某一仲裁委员会申请仲裁，乙在仲裁庭首次开庭时才提出异议，按照《仲裁法解释》第 13 条第 1 款的规定，乙若不认可该仲裁委员会的管辖权，应当在仲裁庭首次开庭前提出异议。若在仲裁庭首次开庭时才提出异议，就视为该仲裁委员会已经取得相关案件的管辖权，此时仲裁庭应当继续审理，而非裁定终结审理，所以 B 选项是错误的，D 选项是正确的。

A 选项中，如果当事人要向法院申请认定仲裁协议的效力，也应当在仲裁庭首次开庭前提出申请。这是因为一旦仲裁庭开庭，该仲裁委员会便已经取得了对此案件的管辖权，当事人再申请认定仲裁协议的效力已经没有任何意义，在法律上也是不被允许的，所以 A 选项是错误的。本题答案为 D。

［难度系数］　*

3［答案］　A

［考点］　仲裁协议

［解析］　《仲裁法》第 5 条规定："当事人达成仲裁协议，一方向人民法院起诉的，人民法院不予受理，但仲裁协议无效的除外。"《仲裁法解释》第 8 条第 1 款规定："当事人订立仲裁协议后合并、分立的，仲裁协议对其权利义务的继受人有效。"本案中，甲公司和乙公司签订仲裁协议之后，甲公司被并入丙公司，丙公司作为甲公司的权利义务继受人，该仲裁协议对丙公司有效，故乙公司和丙公司之间存在有效的仲裁协议。但仲裁协议只排除法院管辖权，不禁止当事人选择诉讼以外的其他纠纷解决方式，故在有仲裁协议的情况下，当事人仍然可以选择通过和解的方式解决纠纷。选项 A 表述正确。

选项B、选项C考查的是仲裁协议的内容。《仲裁法》第10条规定:“仲裁委员会可以在直辖市和省、自治区人民政府所在地的市设立,也可以根据需要在其他设区的市设立,不按行政区划层层设立。仲裁委员会由前款规定的市的人民政府组织有关部门和商会统一组建。设立仲裁委员会,应当经省、自治区、直辖市的司法行政部门登记。”《仲裁法》第18条规定:“仲裁协议对仲裁事项或者仲裁委员会没有约定或者约定不明确的,当事人可以补充协议;达不成补充协议的,仲裁协议无效。”本案中,当事人约定的仲裁委员会为S市C区仲裁委员会,但S市为直辖市,直辖市下一级区是不能设立商事仲裁机构的,故双方当事人约定的仲裁机构不存在,此时可以视为双方当事人对仲裁委员会的约定不明确,仲裁协议因此而无效,但无效的原因并非选项C所说的主体变更。选项B、C表述错误。

最高人民法院在2017年通过司法裁判的方式指出装饰装修合同案件为专属管辖案件,具体理由为:根据《民事案件案由规定》,装饰装修合同纠纷属于第三级案由建设工程合同纠纷项下的第四级案由,是与建设工程施工合同纠纷相关的案件。根据《民事诉讼法》第34条“下列案件,由本条规定的人民法院专属管辖:(一)因不动产纠纷提起的诉讼,由不动产所在地人民法院管辖……”以及《民诉解释》第28条第2款“……建设工程施工合同纠纷……按照不动产纠纷确定管辖”的规定,装饰装修合同纠纷应参照不动产纠纷确定管辖,即由不动产所在地人民法院管辖。本案为室内装修案件,属于专属管辖案件,应由不动产所在地即B区人民法院专属管辖。但是专属管辖是指法律强制规定某类案件只能由特定法院管辖,其他法院无管辖权,也不允许当事人协议管辖,其排除的是其他法院的管辖权,并不排除仲裁管辖权,故仲裁协议不会因此而无效。选项D表述错误。

[**难度系数**]　* *

4 [**答案**]　BC

[**考点**]　仲裁协议效力的确认

[**解析**]　《仲裁法解释》第7条规定:“当事人约定争议可以向仲裁机构申请仲裁也可以向人民法院起诉的,仲裁协议无效。但一方向仲裁机构申请仲裁,另一方未在仲裁法第二十条第二款规定期间内提出异议的除外。”由此可知,除了本条规定的但书外,仲裁协议既约定仲裁,又约定诉讼的,仲裁协议无效。本题中,甲公司和乙公司在买卖合同中约定,合同履行发生争议,由北京仲裁委员会仲裁或者向H区法院提起诉讼,该仲裁协议原则上是无效的。A选项说仲裁协议原则有效是错误的。

B选项考查仲裁管辖权。我国《仲裁法》将案件管辖权授予仲裁委员会而非仲裁庭。但无论是从实践中还是从仲裁庭与仲裁委员会的关系看,通常是由仲裁庭认定仲裁管辖权,而其取得管辖权的依据则在于仲裁委员会的授权。在我国,仲裁委员会一般通过仲裁规则将仲裁案件的管辖权授予仲裁庭。例如,《上海国际经济贸易仲裁委员会(上海国际仲裁中心)仲裁规则》第6条第1款规定:“仲裁委员会有权对仲裁协议的存在、效力以及仲裁案件的管辖权作出决定。如有必要,仲裁委员会也可以授权仲裁庭作出管辖权决定,仲裁庭依此授权作出管辖权决定的,可在仲裁程序中单独作出,也可在裁决书中作出。”因此,B选项说法正确。

《仲裁法》第20条第2款规定:“当事人对仲裁协议的效力有异议,应当在仲裁庭首次开庭前提出。”本题中,乙公司虽然提出了异议,但其提出时间为仲裁庭首次开庭的答辩阶段,而不是首次开庭前,此时仲裁庭享有管辖权。因此,应当对乙公司的申请予以驳回,继续审理本案。C选项说法正确。

D选项考查认定仲裁协议效力的管辖法院。《仲裁法解释》第13条第1款规定:“依照仲裁法

第二十条第二款的规定,当事人在仲裁庭首次开庭前没有对仲裁协议的效力提出异议,而后向人民法院申请确认仲裁协议无效的,人民法院不予受理。”因此,本案中,乙公司无权向法院申请确认仲裁协议无效。D 选项说法错误。

[难度系数] *

第二章 仲裁程序

考点一 仲裁当事人

[答案] B

[考点] 仲裁程序中当事人的确定

[解析] 本题考查劳务派遣案件仲裁过程中当事人的确定。《劳动争议调解仲裁法》第 22 条规定:“发生劳动争议的劳动者和用人单位为劳动争议仲裁案件的双方当事人。劳务派遣单位或者用工单位与劳动者发生劳动争议的,劳务派遣单位和用工单位为共同当事人。”由此,本案中,马迪应作为申请人,劳务派遣单位阳光劳务公司和用人单位五湖公司共同作为被申请人。本题正确答案为 B,选项 A、C、D 均错误。

[难度系数] *

考点二 仲裁保全

[答案] AC

[考点] 仲裁证据保全

[解析] 仲裁证据保全分为仲裁前证据保全和仲裁中证据保全。仲裁前证据保全,是指在仲裁程序开始之前,因情况紧急,人民法院基于利害关系人的申请,对可能灭失或者以后难以取得的证据采取的强制性保护措施。仲裁中证据保全,是指仲裁裁决作出之前,对有可能灭失或者以后难以取得的证据,经当事人申请,由法院所采取的对证据加以保护的一种临时性的强制措施。为使考生更好理解,现将两者比较总结如下:

项目		仲裁前证据保全	仲裁中证据保全
联系		都需要依当事人申请进行,都需采取书面形式	
区别	受理机构	法院	受理案件的仲裁委员会
	保全法院	(1)证据所在地人民法院; (2)被申请人住所地人民法院; (3)对案件有管辖权的法院 (诉前证据保全也没有规定级别问题)	(1)国内仲裁案件由证据所在地的基层法院; (2)涉外仲裁案件由证据所在地中级法院

对照上表可知,甲县法院为被申请人住所地法院,选项 A 正确。仲裁中保全只能通过仲裁委员会向法院提出,选项 B 错误。选项 D 应提交证据所在地基层法院,而非中级法院,选项 D 错误。

选项 C 涉及仲裁证据保全的担保问题。《仲裁法》未对证据保全需要提供担保作出规定,应参照《民事诉讼法》关于证据保全的规定。《民事诉讼法》第 84 条第 3 款规定:“证据保全的其他程序,参照适用本法第九章保全的有关规定。”可知,仲裁证据保全的其他程序应适用《民事诉讼法》

关于保全的有关规定。《民事诉讼法》第 104 条第 1 款规定:“利害关系人因情况紧急,不立即申请保全将会使其合法权益受到难以弥补的损害的,可以在提起诉讼或者申请仲裁前向被保全财产所在地、被申请人住所地或者对案件有管辖权的人民法院申请采取保全措施。申请人应当提供担保,不提供担保的,裁定驳回申请。”可知,利害关系人申请仲裁前证据保全必须提供担保。《民事诉讼法》第 103 条第 2 款规定:“人民法院采取保全措施,可以责令申请人提供担保,申请人不提供担保的,裁定驳回申请。”可知,仲裁中证据保全法院可责令提供担保。本案并未明确是仲裁前还是仲裁中,所以就仲裁的证据保全而言,法院可以责令当事人提供担保。因此,选项 C 正确。

[难度系数] * *

考点三 仲裁庭的组成

1 **[答案]** B

[考点] 仲裁庭的组成

[解析] 仲裁是当事人双方所同意的约定程序,以当事人双方真实意愿所组成的仲裁庭,按照当事人约定程序所作出的裁决才具有效力。仲裁机构在仲裁庭的成立,仲裁员的选定、重组的过程中发挥着重要作用,但其角色主要在于保障仲裁庭的公正性、独立性以及仲裁程序的顺利进行。从仲裁员组成仲裁庭的方式的角度而言,应由当事人双方各指定一名仲裁员,第三名仲裁员由当事人双方共同选定。但实际情况是,由于现实利益纠纷的存在,当事人双方其实很难就仲裁庭的选择达成一致。在这种情况下,为保障仲裁程序的顺利进行,以及仲裁权的正当实现,第三名仲裁员往往由仲裁委员会主任指定。正如我国《仲裁法》第 32 条所明确规定的:“当事人没有在仲裁规则规定的期限内约定仲裁庭的组成方式或者选定仲裁员的,由仲裁委员会主任指定。”

所以,仲裁规则应与《仲裁法》的规定保持一致。我国《仲裁法》第 58 条第 1 款规定了六类撤销仲裁裁决的事由,包括:(1)没有仲裁协议的;(2)裁决的事项不属于仲裁协议的范围或者仲裁委员会无权仲裁的;(3)仲裁庭的组成或者仲裁的程序违反法定程序的;(4)裁决所根据的证据是伪造的;(5)对方当事人隐瞒了足以影响公正裁决的证据的;(6)仲裁员在仲裁该案时有索贿受贿、徇私舞弊、枉法裁决行为的。上述第 3 项中,仲裁庭组成违法和仲裁程序违法是两种情况。本案没有按照当事人的约定组成仲裁庭,属于仲裁庭组成违法。因此,B 选项较 C 选项而言更为恰当。

至于 A 选项,完全没有必须独任对独任的规则,错误。仲裁庭组成不合法不是可以重新仲裁的法定事由,故 D 选项也是错误的。本题答案为 B。

[难度系数] * *

2 **[答案]** D

[考点] 仲裁程序中的回避

[解析] 选项 A 考查回避的决定主体。《仲裁法》第 36 条规定:“仲裁员是否回避,由仲裁委员会主任决定;仲裁委员会主任担任仲裁员时,由仲裁委员会集体决定。”本案中,苏某并非仲裁委员会主任,其回避由仲裁委员会主任决定,选项 A 错误。

选项 B、C、D 考查回避的后果。《仲裁法》第 37 条规定:“仲裁员因回避或者其他原因不能履行职责的,应当依照本法规定重新选定或者指定仲裁员。因回避而重新选定或者指定仲裁员后,当事人可以请求已进行的仲裁程序重新进行,是否准许,由仲裁庭决定;仲裁庭也可以自行决定已进行的仲裁程序是否重新进行。”本案中,仲裁员苏某因回避不能履行职责,应当依照《仲裁法》重新选定或者指定仲裁员,苏某之外的两位仲裁员并不需要重新选定或者指定,不必重新组成合议庭。选项 B 偷换概念,错误。仲裁员回避后,当事人申请且仲裁庭准许或仲裁庭自行决定的,已经进行的仲裁程序也可以重新进行,选项 D 正确。已经进行的仲裁程序可以而不是应当继续进行,选项 C 错误。

[难度系数] * *

考点四 仲裁中的和解、调解和裁决

1 [答案] AD

[考点] 仲裁调解

[解析] 《仲裁法》第 51 条规定:"仲裁庭在作出裁决前,可以先行调解。当事人自愿调解的,仲裁庭应当调解。调解不成的,应当及时作出裁决。调解达成协议的,仲裁庭应当制作调解书或者根据协议的结果制作裁决书。调解书与裁决书具有同等法律效力。"可见,仲裁庭正确的结案方式应当是根据调解协议制作调解书或者根据调解协议的结果制作裁决书,选项 A、D 正确,选项 B 错误。

《仲裁法》第 52 条规定:"调解书应当写明仲裁请求和当事人协议的结果。调解书由仲裁员签名,加盖仲裁委员会印章,送达双方当事人。调解书经双方当事人签收后,即发生法律效力。在调解书签收前当事人反悔的,仲裁庭应当及时作出裁决。"仲裁调解书经双方当事人签收后生效,而不是将调解协议内容记入笔录并由双方当事人签字后发生法律效力,选项 C 错误。

[难度系数] * *

2 [答案] AD

[考点] 仲裁裁决

[解析] 《仲裁法》第 53 条规定:"裁决应当按照多数仲裁员的意见作出,少数仲裁员的不同意见可以记入笔录。仲裁庭不能形成多数意见时,裁决应当按照首席仲裁员的意见作出。"《仲裁法》第 54 条规定:"裁决书应当写明仲裁请求、争议事实、裁决理由、裁决结果、仲裁费用的负担和裁决日期。当事人协议不愿写明争议事实和裁决理由的,可以不写。裁决书由仲裁员签名,加盖仲裁委员会印章。对裁决持不同意见的仲裁员,可以签名,也可以不签名。"本案中,由于李某和张某的意见已经形成多数意见,应按其意见裁决。刘某为持不同意见的仲裁员,可以不在裁决上签名。因此,选项 A 正确,选项 B、C 错误。

《仲裁法》第 57 条规定:"裁决书自作出之日起发生法律效力。"因此,选项 D 正确。

[难度系数] * *

第三章 司法与仲裁

考点一 申请撤销仲裁裁决

[答案] BC

[考点] 申请撤销仲裁裁决

[解析] 选项 A 考查的是申请撤销仲裁裁决案件的管辖法院。本案中,仲裁委员会所在地为广州,故根据《仲裁法》第 58 条的规定,广州市中级人民法院对雅诗公司申请撤销仲裁裁决的案件

有管辖权，杭州市中级人民法院无管辖权。选项 A 表述错误。

选项 B、C、D 考查的是非涉外仲裁司法审查案件的报核问题。最高人民法院《关于仲裁司法审查案件报核问题的有关规定》第 2 条第 2 款规定："各中级人民法院或者专门人民法院办理非涉外涉港澳台仲裁司法审查案件，经审查拟认定仲裁协议无效，不予执行或者撤销我国内地仲裁机构的仲裁裁决，应当向本辖区所属高级人民法院报核；待高级人民法院审核后，方可依高级人民法院的审核意见作出裁定。"第 3 条规定："本规定第二条第二款规定的非涉外涉港澳台仲裁司法审查案件，高级人民法院经审查，拟同意中级人民法院或者专门人民法院以违背社会公共利益为由不予执行或者撤销我国内地仲裁机构的仲裁裁决的，应当向最高人民法院报核，待最高人民法院审核后，方可依最高人民法院的审核意见作出裁定。"

故对于非涉外涉港澳台地区司法审查的案件，若法院认定应予撤销仲裁裁决，原则上只需向高级人民法院报核即可，但在从违背社会公共利益为由的情形下，高级人民法院若拟同意应予撤销仲裁裁决，还应该向最高人民法院报核。本案中，不涉及公共利益问题，因此只需向高级人民法院报核即可。选项 C 正确，选项 D 错误。

另外，司法解释只要求在应予撤销仲裁裁决时进行报核，并未要求在不予撤销时进行报核，故如中级人民法院认定不应撤销仲裁裁决，可直接作出裁定，选项 B 表述正确。

[陷阱点拨] 此类题型中，考生需要注意仲裁司法审查案件的报核程序。报核制度针对拟认定仲裁协议无效、撤销仲裁裁决和不予执行（不予承认和执行）仲裁裁决的情形，最高人民法院《关于仲裁司法审查案件报核问题的有关规定》对此作出了规定。

（1）涉外涉港澳台地区仲裁——三级法院报核：各中级人民法院或者专门人民法院办理涉外涉港澳台仲裁司法审查案件，经审查拟认定仲裁协议无效，不予执行或者撤销我国内地仲裁机构的仲裁裁决，不予认可和执行香港特别行政区、澳门特别行政区、台湾地区仲裁裁决，不予承认和执行外国仲裁裁决的，应当向本辖区所属高级人民法院报核。高级人民法院经审查拟同意的，应当向最高人民法院报核。待最高人民法院审核后，方可依最高人民法院的审核意见作出裁定。

（2）我国内地仲裁（非涉外涉港澳台地区）——两级法院报核：各中级人民法院或者专门人民法院办理非涉外涉港澳台仲裁司法审查案件，经审查拟认定仲裁协议无效，不予执行或者撤销我国内地仲裁机构的仲裁裁决的，应当向本辖区所属高级人民法院报核。待高级人民法院审核后，方可依高级人民法院的审核意见作出裁定。

（3）我国内地仲裁的特殊规定——三级法院报核：上述关于非涉外涉港澳台仲裁司法审查案件，高级人民法院经审查，拟同意中级人民法院或者专门人民法院以违背社会公共利益为由不予执行或者撤销我国内地仲裁机构的仲裁裁决的，应当向最高人民法院报核，待最高人民法院审核后，方可依最高人民法院的审核意见作出裁定。

考生在遇到此考点的时候，应该注意区别仲裁案件是否涉外涉港澳台地区，以及非涉外案件中是否存在两种例外情形。

[难度系数] * *

考点二　仲裁裁决的执行与不予执行

[答案] BD

[考点] 不予执行仲裁裁决

[解析] 选项 A 考查的是仲裁裁决的执行法院。最高人民法院《关于人民法院办理仲裁裁决

执行案件若干问题的规定》第2条第1款、第2款规定:“当事人对仲裁机构作出的仲裁裁决或者仲裁调解书申请执行的,由被执行人住所地或者被执行的财产所在地的中级人民法院管辖。符合下列条件的,经上级人民法院批准,中级人民法院可以参照民事诉讼法第三十八条的规定指定基层人民法院管辖:(一)执行标的额符合基层人民法院一审民商事案件级别管辖受理范围;(二)被执行人住所地或者被执行的财产所在地在被指定的基层人民法院辖区内。”由此可知,在一定条件下,申请执行仲裁裁决的案件可以交由基层人民法院执行。本案中,虽然无法判断是否存在可以指定基层人民法院管辖的情况,但是选项A表述过于绝对,错误。

选项B考查的是不予执行仲裁裁决案件的审查。最高人民法院《关于人民法院办理仲裁裁决执行案件若干问题的规定》第11条第1款规定:“人民法院对不予执行仲裁裁决案件应当组成合议庭围绕被执行人申请的事由、案外人的申请进行审查;对被执行人没有申请的事由不予审查,但仲裁裁决可能违背社会公共利益的除外。”由此可知,对不予执行仲裁裁决申请的审查应该通过合议庭的方式进行,故选项B表述正确。

选项C、D考查的是在仲裁裁决作出后,案外人的救济问题。《民事诉讼法》第236条规定:“当事人、利害关系人认为执行行为违反法律规定的,可以向负责执行的人民法院提出书面异议……”法律明确规定提出执行异议的主体为当事人和利害关系人,其中利害关系人是指除当事人以外,因强制执行而侵害到其法律权益的公民、法人或其他组织。本案中,乙方为工程的承包方,工程价款的给付涉及乙方的利益,故乙方属于利害关系人。在认为法院的执行行为违反法律的规定时,乙方可以提出执行行为异议来维护自己的合法权益。

最高人民法院《关于人民法院办理仲裁裁决执行案件若干问题的规定》第9条规定:“案外人向人民法院申请不予执行仲裁裁决或者仲裁调解书的,应当提交申请书以及证明其请求成立的证据材料,并符合下列条件:(一)有证据证明仲裁案件当事人恶意申请仲裁或者虚假仲裁,损害其合法权益;(二)案外人主张的合法权益所涉及的执行标的尚未执行终结;(三)自知道或者应当知道人民法院对该标的采取执行措施之日起三十日内提出。”本题中,工程承包给了乙方,但是甲、丙、丁三方避开乙方,签订了付款情况说明,并且丁方作为实际施工人通过仲裁方式获得了工程价款,可能存在甲、丙、丁三方虚假仲裁,侵犯乙方合法权益的情况。所以乙方符合司法解释规定的案外人申请不予执行仲裁裁决的条件,可以作为案外人,通过申请不予执行仲裁裁决的方式维护自己的合法权益。综上,乙方既可以提出执行行为异议,也可以提出不予执行仲裁裁决申请。选项C表述错误,选项D表述正确。

[难度系数] * *